U0653840

科学思维书架

郑 念 王康友 主编

RETHINKING SCIENTIFIC LITERACY

科学素养的反思

【加】沃尔夫-迈克尔·罗思（Wolff-Michael Roth）◎著
【美】安杰拉·卡拉布列斯·巴顿（Angela Calabrese Barton）

张 锋 李水奎◎译

上海交通大学出版社
SHANGHAI JIAO TONG UNIVERSITY PRESS

内容提要

    本书系"科学思维书架"之一。本系列出于学习借鉴发达国家科学思维以及科学素养研究成果之目的,为我国的科学传播与科学理性研究提供支持和参考而引进本书。本书对科学学习作为一种工具的改善有全新的观点。通过聚集课堂内外的案例研究,作者阐明了学生的日常生活中与科学的相关性,提供了一个科学素养与社会责任、社区发展难舍难分的新视角。

Rethinking Scientific Literacy 1st Edition / by Wolff-Michael Roth and Angela Calabrese Barton / ISBN 978-0-415-94842-5

Copyright © 2004 by Taylor and Francis Books, Inc.

Authorized translation from English language edition published by Routledge, an imprint of Taylor & Francis Group LLC. All rights reserved.

Copies of this book sold without a Taylor & Francis sticker on the cover are unauthorized and illegal.

本书贴有 Taylor & Francis 公司防伪标签,无标签者不得销售。

本书中文简体版专有出版权属于上海交通大学出版社,版权所有,侵权必究。

上海市版权局著作权合同登记号:图字 09-2017-233

图书在版编目(CIP)数据

科学素养的反思/(加)沃尔夫-迈克尔·罗思(Wolff-Michael Roth),(美)安杰拉·卡拉布列斯·巴顿著;张锋,李水奎译. —上海:上海交通大学出版社,2018
(科学思维书架/郑念,王康友主编)
ISBN 978-7-313-20129-4

Ⅰ.①科… Ⅱ.①沃… ②安… ③张… ④李… Ⅲ.①科学教育学
Ⅳ.①G40-05

中国版本图书馆 CIP 数据核字(2018)第 259259 号

科学素养的反思

著　者:	[加]沃尔夫-迈克尔·罗思 　　　　[美]安杰拉·卡拉布列斯·巴顿	译　者:	张　锋　李水奎
出版发行:	上海交通大学出版社	地　址:	上海市番禺路 951 号
邮政编码:	200030	电　话:	021-64071208
出 版 人:	谈　毅		
印　制:	上海盛通时代印刷有限公司	经　销:	全国新华书店
开　本:	880mm×1230mm　1/32	印　张:	9.75
字　数:	220 千字		
版　次:	2018 年 11 月第 1 版	印　次:	2018 年 11 月第 1 次印刷
书　号:	ISBN 978-7-313-20129-4/G		
定　价:	68.00 元		

版权所有　侵权必究
告读者:如发现本书有印装质量问题请与印刷厂质量科联系
联系电话:021-37910000

编 委 会

主编 郑　念　王康友

编委（按姓氏笔画）

王一方　王康友　刘孝廷　刘　兵　汤书昆

孙小淳　杜　鹏　李　斌　张新庆　张增一

周　程　郑　念　袁江洋　颜　实　潘　涛

科学思维，开启智慧的钥匙

一

信息社会、全媒体时代，人人都是传播者，又是信息接收器，自媒体无处不在。这就会导致两种不同的情况：一是话语权的分散和民主意识的觉醒；二是权威话语权的缺失，甚至谣言满天飞，真假难辨，敢说大话假话的人到处忽悠人，骗钱发财；迷信与伪科学搭上科学的便车；主流价值观难以树立，文化冲突日益加剧。

在这样一个时代，人们面临的最大挑战是什么？换句话说，这个时代带来的最大问题是什么？最大风险又是什么？显然，光有知识是不够的。"有知识没有智慧，知识是干枯的"，智慧就意味着正确的方法和思想。因此，只有达到学、知（思）、行的统一和结合，才能满足时代的需要和体现素质的内涵，也才是具备科学思维的表现。

科学思维的本质是理论和证据的协调。从科学理论的演化角度讲，科学思维有两个阶段。一是研究阶段，即设计实验并检验理论；二是推论阶段，即将所得到的结果解释为支持或拒绝理论的证据，并在必要时考虑备选解释。科学思维的内涵是科学精神和科学方法的统一。科学精神可以概括为科技共同体在追求真理、逼近真理的科技活动中形成的一种独特气质，包括探索求真的理性精神，实验取证的求实精神，开拓创新的进取精神，敢于怀疑的批判精神，竞争协作的包容精神、执着敬业的献身精神。科学方法则是科学探索中所使用的理性思维方法，包括实验、观察、逻辑、归纳、演绎、统计分析、社会调查、评估和判断等。

科学思维有助于我们正确地认识世界和改造世界。科学思维作为正确的思维模式和思维方法，为我们正确认识和改造世界的活动提供了思想武器：一方面，我们可以自觉地遵循形式逻辑的要求，反对相对主义、诡辩论等错误；另一方面，我们还可以运用辩证方法，去反对形而上学思维形式和思维方法，用联系、发展和矛盾的眼光看问题，全面动态地把握世界。

科学思维促进各门学科的发展。现代科学的发展离不开正确的思维模式，科学思维能够使我们判断事实是否与理论相符合，有利于我们综合运用各种科学思维方法，面对新情况，解决新问题，从而有所发现、有所发明、有所创造。自然科学各门类学科的产生和发展都离不开科学思维的推动。

科学思维是人们思想交流的基础，也是公民科学素质的重要内核。人与人的交流离不开正确的思维，科学思维就像融合剂，不同民族和信仰的人们可以在科学知识的世界中和谐共存；科学思维是精确的、可以检验的，有普遍的适用性，所以，它能使我们了解假设和推论、臆断和证明之间的区别，能帮助我们增强辨别能力；科学思维还可以帮助我们正确地对待"思维定势"：一方面利用思维定势快速解决问题，另一方面又不被思维定势的负面影响所左右。

科学思维可以让我们正确对待未知，避免陷入无端的惶恐。如果人类生活在一个自己难以理解的世界上，就如同将动物转移到陌生的环境里动物会惊恐一样，人类也会因经常性的惊慌失措而苦恼。现代社会虽然科技发展日新月异，但仍然充满未知。面对未知的情况,如果缺乏科学知识就会被所谓的神秘现象困扰,进而导致杞人忧天,传谣信谣,引发群体性恐慌。面对未知,如果我们具备基本的科学思维,就可以运用简单的方法加以评估和判断,就可以正确应对,避免恐慌。

科学思维可以帮助我们自觉地掌握正确的思维方法和工作方法,尤其可以帮助我们养成良好的思考习惯,不为一时的假象所迷惑。在实际工作中,尽管科学的思维方法不能确保每项工作都取得成功,但毫无疑问,科学思维一定比其他思维方法更可靠,可以使我们少走弯路,尤其在某些现象较为复杂、谬误来源极多的学科中,运用科学的思维方法就显得更加重要。这是因为,与科学思维相伴随的科学方法,可以使我们正确地预测未来,把握方向,因而可以减少盲目性,减少对未知的恐惧。

现实社会中,很多求助于神灵的民众,正是不能很好地运用科学思维和方法,而对未知产生恐惧,于是转向超自然的神秘力量。殊不知,正如《国际歌》中所唱的,"从来就没有什么救世主,也不靠神仙皇帝,要创造人类的幸福,全靠我们自己。"马克思主义者历来用唯物主义的认识论,用科学的思维方式作引导,唤醒民众,才能打破旧世界,创造新社会,实现人类共同的美好理想。正是由于中国共产党坚持以马克思主义作为指导思想,才使中国发生了翻天覆地的变化。在实现中华民族伟大复兴中国梦的过程中,我们要进一步发挥正确理论的指导作用、科学思维的认识功能、科学方法的解决问题功能,以不断解决发展过程中的矛盾、问题,克服不平衡、不充分发展现象。科学思维不仅是科学研究和探索中的正确思维方法,同时也是解决社会发展问题的法宝,是开启智慧的钥匙。

二

在人类文明的发展历程中，人们对宇宙和自然充满好奇，并始终保持着求解未知、探索未来、揭示神秘的浓厚兴趣。正是这种好奇和兴趣，成为人们探索自然、社会和人类自身的不竭动力。人类社会在与大自然进行斗争的漫长岁月中，不断适应、选择和进化，逐渐形成不同的知识体系、认知方法和理解途径。纵观人类社会发展的历史，在探索自然、社会的过程中，思维的发展对于知识体系的形成和接近真实的反映，具有重要的意义。正是科学思维的形成，才使人类的认识朝着揭示事物真相的方向发展，才导致科学知识体系的产生。尽管与人类社会的历史相比较，科学的思维方式和知识体系、认知方式和理解途径产生的历史很短，但是，科学技术的发展却很快，与之相应的知识体系、认知方式和思维形式，已经成为探索未知、揭示真相和实现创新的主要路径，成为推动世界发展的主要力量，成为人类社会发展的巨大动力。

翻开人类社会发展的历史，我们发现，我们的祖先付出了无数的艰辛、努力和牺牲，经过数千年跨越民族界限的积累，才有今天的进步，使人类从懵懂走向成熟、从迷信转向科学、从人身依附达到自由发展！我们这些当代的继承者，当然不能无视先贤的努力和辛劳，拾其糟粕，丢弃精华，重新陷入迷信的泥淖，失去探索前进的动力，并使我们的后辈重新陷入迷茫之中。因此，我们有责任、有义务、有能力，把人类的优秀文化遗产、科学发现、宇宙真理传承下去，让后辈沿着先辈的正确轨迹前行，站在巨人的肩膀上，看得更远，走得更好。对此我们应该有清醒的认识，才能做到在继承中创新，在创新中发展。

从知识体系来看，人类社会通过长期的创造和积累，逐渐形成了科学、非科学和伪科学的知识体系。

科学的知识体系包括科学知识、科学方法、科学精神和科学思想，以及由此产生和转化而来的技术知识、工程、方法和思想。其中的每一个方面都是一个知识系统，都是科学知识体系在不同领域的运用，都是构成科学知识体系的重要内容。科学知识体系内容丰富、结构复杂、思想精深，是到目前为止人类在探索自然、社会和人类自身发展中所取得的最先进成果，已经成为一个国家、民族和地区发达水平、文明程度的重要标志。不同国家和地区发达的程度、发展的快慢、前途的好坏，在一定程度上取决于对这些先进成果的理解、继承和运用，取决于对现有科技的掌握和创新，取决于未来科技新知识的创造、生产和使用。而要真正实现继承和创新，就要不断提高公众的科学文化素质，让更多的人理解、支持科学事业，积极投入科学探索的行列中，并不断取得新发现、新理论和新成果。所以，我们不仅要继承和传播现有的科技知识体系，还要培育科技事业的接班人，培育科学探索的下一代。现代社会是学习型社会，普及科学技术是一个终身教育和学习的任务，科普教育是整体教育的重要组成部分，基于教育而又不囿于教育。科普就是要唤醒公众学习科学技术知识的主动性，提升科学探索的热情，克服迷信和对未知的恐惧。正是科普的这种功能，把教育和学习延伸到全体公民，延伸到人的一生，延伸到学校的围墙外。

非科学知识体系包括宗教、艺术、文学和习俗。所谓非科学主要指其获得知识的方法不依赖于科学方法，形成的知识不可检验，大多数结果不可重复。比如宗教的知识体系、艺术的成就和成果、习俗方面的地方知识和隐性知识，都是非科学知识体系。但是，我们要注意的是，非科学知识并不一定是伪科学，有些知识不能被科学检验，但并非没有用，有些技术可以通过师带徒或者通过体悟、"修炼"和训练的方法获得,有的习练者甚至可以取得一定的成就,但由于难以模式化、定量化和智能化,仍然不符合现代科学发展的范式,仍然存在风险和不确定性,不适宜进行广泛推广和传播,不能作为科普的内容。

伪科学知识体系则是指科学技术研究过程中发生的错误、失误被认为是新发现、新发明、新成果,以及各种超自然现象的声称以科学的名义登堂入室,冒充科学,以骗取公众的钱财为目的。主要包括:算命术、预测学(如占星术、血型与性格、生物节律、五行八卦、纸牌算命等);各种超自然声称,如伪气功、通灵术、魔杖探矿等。

从认知和传承的角度来看,可以分为已知和未知两大领域。对待不同的领域有不同的态度,不同的态度会导致不同的认识结果。

对待已知领域,人类与其他动物不同。人类会主动在已知领域进行教育和传承,通过建制化教育、家庭教育、社会教育等方式,系统地学习和获得知识;通过科普、宣传、传播等方式,传承技艺、思想和文化。并且在这个过程中不断纠正错误的知识,提高认知水平,深化认识层次。这也是不断进行的知识积累过程,这种积累达到一定程度就会从量变到质变,最后实现认识的飞跃。随着科技的发展、社会的进步,已知领域会逐渐扩展,认识方法也相应地日益科学和理性。

对待未知领域,人类在不同时期有不同的方法和态度。在人类社会的早期,由于认识自然的能力和技术十分低下,面对强大的自然力量,比如地震、洪水、风雨雷电、生老病死,人们在极力抗争并不断提高认识水平的同时,对于一些暂时无法解决的问题,只好求助于超自然力量。通过一定仪式,寻求保佑和庇护,希望借助超自然力量,征服自然,消灾弥难,实现人与自然的和平共存。随着人类社会的发展,人们在漫长的探索过程中,通过积累和传承,形成了正确探索未知领域的方法,尤其是现代科学诞生以后,这种探索已经突飞猛进,产生了质的飞跃。但是，由于在人类探索自然界奥秘的过程中，始终存在着时空无限性和人类认识能力有限性的矛盾，虽然科学提供了先进技术和方法，能够拓展探索的空间范围和认识深度，却无法穷尽未知，总有难以理解和无法解决的问题，也难免会暂时去寻找心灵的栖息地。即便是科学家，对于一些暂时还束手无策的问题，有时也会求助于或者追问超自然力量，一些科学家也会走进神学的"殿堂"，暂时休憩，寄希望于神圣意志来解释科学研究中的难题。这正如一些"大德高僧"利用科学的发明和发现来解释神学和刻画神秘并不意味着宗教神学就是科学一样，这些暂时歇息的科学家同样也不能被认为就是科学的叛徒。

对待未知领域的不同态度是形成不同知识体系的基础。把未知交给上帝，就必然导致崇拜、迷信和盲从，其形成的知识体系就是宗教、臆想、神秘、超自然的；其"实体"必然是上帝、鬼神、灵魂和超自然力。这种探索和求知的结果，让人类认知水平回到蒙昧阶段，制约了人类探索自然奥秘的动力，由于缺乏试验的基础和支撑，其理论无论如何自圆其说，如何美丽动人，都是虚幻和骗人的。它既不能转化为现实技术和生产力，更不能促进经济社会发展和科技进步，还会消磨人们探索真理的意志和动力，阻碍科技发展。在日益全球化和充满竞争的当今社会，这将会使我们失去发展的大好时机。

把未知交给科学，就是用先进的知识体系，系统的求知方法，不断创新的目标取向，来探索未知、求解问题、寻找答案。近代自然科学的发展，使人类社会的文明程度达到前所未有的新高度，使人类社会在最近20年生产和积累的知识比历史上所有时期的总和还要多，使人类社会的物质丰富程度比历史上任何时期都要高。在人类发展的历史过程中，任何知识体系只有经过教育、传承、普及的过程，才能被认识、掌握和运用。科学知识也不例外,科学的教育、传播、普及的过程,在当今社会就是科普的过程。

从求知路径的角度看,人在求知过程中,具有一些特定的方法。公认的方法有四种:信仰、权威、直觉和科学的方法。

信仰的方法常在宗教领域中使用。虔诚是其知识可靠性的唯一法门,他们宣扬"信则灵"。因此,不管宗教所描述的故事是否为事实、是否真实可靠,相信是获取这类知识的唯一方式,而且这类知识也只对信徒有效。宗教知识一旦被怀疑,或是被证明是虚假欺骗,宗教会用更多的谎言来掩盖。权威的话语或指示也是一种知识的来源和行动的指南。尤其在君本位的社会中,君主的话语就是权威,不容许有任何怀疑和批判,其他人只能遵循或执行。权威与信仰的求知方式没有本质的区别,只不过前者信神,后者信的是具有权威的人。两者都把知识当作一成不变的教条,都是基于相信而不是实证。因此,在超过了特定历史条件和地域范围的情况下,这种知识就成为束缚人们思考的枷锁,成为社会进步的羁绊,成为探索的阻碍力量。

直觉的方法是一种经验感觉和基于经验所产生的对外界的反映,大多是文学、艺术、创作领域的创造性求知方法。在科学研究领域,一些有经验的科技工作者,也会具备一种直觉思维的能力,并且通过这种能力,克服长期悬而未决的问题,使人豁然开朗,达到"柳暗花明又一村"或者"无心插柳柳成荫"的效果。

科学的方法是一个体系,由观察、实验、逻辑、推理、演绎、归纳、运算等方法组成。这些方法是以自然存在为基础,以现有的知识体系、公理、定理和规律为基础,使用逻辑推理方式,进行推论、求证其结果;科学方法中还存在抽象思维,有些预测虽有合理性,但基于现有理论和知识却暂时得不到实证,需要时间来证明,直到发明了更先进的研究技术和手段以后，才能进行论证。如爱因斯坦广义相对论的很多预言就是在数十年以后，才被观察和试验所证实的。

三

科普就是把科学探索的结果以及所形成的知识体系，用科普技术向公众进行传播，并在公众中宣传普及科学方法、科学思想和科学精神，以提升公众的科学素养和使用科学技术解决问题的能力。同时，科普要激发公众尤其是青少年对科学的兴趣，让他们愿意投身科学研究工作，能够用科学的方法去解决问题，用科学思维去思考问题，用科学精神去探索未知。

所谓科普技术，是指科普过程中所采用的技术及方法体系，包括科普创作、传播、教育、终端表达等的技术、途径和方法。

科普创作技术或技巧指运用科普特有的表达方式，把科学技术知识(原理、方法、精神)进行创作、转录、翻译成公众能够接受的形式进行传播、宣传和普及，其中要运用到文学、艺术中的许多表现手法，比如拟人、比喻、形象化等。这就要求科普创作人员，既要有科学技术知识功底，又要有文学功底；既要懂科学，又要懂艺术。因此，科普创作并不是一件容易的事，非要下苦功夫不可。那种在文学作品中掺杂一些科技名词就认为是科普作品的认识是错误的，那种用科技名词包装玄幻作品而冒充科幻的做法也是极其有害的。

科普传播技术则是科普技术与传播技术的结合，传播技术是科普技术的一种，两者既有交叉，也有区别。传播技术更是一种信息传递技术在传媒中的运用，不仅可以传播科普内容，也可以传播别的内容，比如新闻、各类知识甚至是迷信伪科学。但科普传播要求内容上的科学性和通俗性，传播的是通过转化、创作的科技知识；表现方式上，一般采取易于理解、互动、参与、实验等形式。受众在科普过程中，既是在接受教育、学习，也是在体验和参与。

科普教育则是指通过科普的形式使公众接受教育，树立正确的人生观、价值观。在一定程度上，科普教育是科普的效果体现，也是一种教育技术。就像科普和校外教育是学校教育的一种补充形式，科普也是一种通俗的教育方式，不仅适用于学生，还适用于对非专业、校外的"学生"进行教育，因此，科普教育更具有社会性，有更广泛的市场。

科普终端表现技术是在互联网、手机新媒体、移动端的信息化大背景下，科普内容载体的发展和表现形式的创新，这种终端表现技术具有移动化、泛在化、视频化、全时化的特征，无论何时何地都可以就近随时获取所需科普内容，同时具有可转发、可互动、可娱乐等科普技术的共同特点。

科普技术与传播技术有本质的不同。以上提到的科普技术，首先要求内容具有科学性，可靠正确，并运用科普创作技术，比如，科普科幻作品创作、展品展览创作和策划、数字媒体显示创作技术等，使传播内容既要正确，还要让大家能懂。但传播则追求的是新闻效应，所谓"语不惊人死不休"。如果源头是污水，传播技术越强大，污染就越严重；如果内容是错误的，传播越广，危害也就越大。但是，科普传播则是借助传播技术包括传播渠道、传播工具、手段、方式等来传递科普内容；除此之外，还借助现代信息技术进步所带来的终端呈现技术，包括印刷、声像、多媒体、新媒体、VR、AR、MR 等技术，来增加对科普用户的黏性，提升科普效果。这也是科普与科技传播的主要区别之一。

科普是一种方法，一种提升公众基本科学素养的方法，使他们对于一些似是而非的传播内容能够进行基本的判断和选择，对于生产生活中遇到的一些科学技术问题能够进行分析、识别、寻求答案；对于一些骗人的伎俩能够识破或者保持怀疑的态度，对于未知领域既保持好奇而又不轻易下结论。这就要求：在知识层面，具备基本的科技知识，了解基本的科学原理；在方法层面，能够用科学的方法去求知和论证；在精神和思维层面，具有科学思维，比如怀疑的精神、批判的精神和评估思维。

现代社会已经进入大数据、云计算、物联网的新时代，以移动、泛在和智能为特征的智慧型社会正在兴起，人类早已抛弃结绳记事、刻痕计时的古老技术，扬弃了珠算、筹算的传统技能，走向智能计算机、光量子计算机的新时代。如果我们仍然止步于几千年前的认识，把人类远古时期面对强大的自然而无能为力、只能祈求上苍的认识当作真理，则无异于作茧自缚，坐井观天。

科学、非科学甚至伪科学，都是人类探索自然过程中形成的知识体系，是人类劳动结出的果实，在不同时期发挥着各自不同的作用。非科学和科学两种价值观之间的一个重要区别在于：非科学的价值观是基于感情、信仰、习俗或权威的未经检验的价值观，它根植于某种毋庸置疑的信念；而科学价值观是受到认知和理性探索的知识影响的价值观，基于实证的、可重复的、可验证的方法体系。前者以主观主义为代表，且受到后现代主义者的追捧；后者以客观主义为代表，表现为客观相对主义和客观结构主义。

无论是从自然进化还是从社会文化进化的角度看，基于感情、信仰、习俗或权威的价值观，是人类社会发展过程中的一个阶段性产物，是在科学不发达情况下人类感性认识的成果，并且对人类的发展作出过积极的贡献，在特定的场合下仍然会发挥其应有的作用。但是,随着科学技术发展中所揭示出来和日益凝聚而成的精神要素不断融进人类的价值观念,成为人类选择、判断的价值原则和技术手段,那么受到认知和理性探索的知识影响的价值观必将发挥越来越重要的作用,成为我们构建道德体系和伦理判断的价值基础。

很显然,科学探索的成果能够不断改进我们的价值观,能够促进道德进步,在需要的时候和合适的地方发挥理性的价值观引领作用。我们已经拥有一套约定俗成的判断,在应用医学、心理学、工程、教育咨询和其他领域得到实践的检验。同样,我们也有一套约定俗成的伦理判断,在实践中和在规范的知识体系中受到了检验;而且随着科学的进步,新的规范也会不断被引进到这种判断中来,使人类社会不断兼具公平、效率、正义、诚实、理性、和谐的核心价值理念。

可见,科学不仅具有强大的物质力量,而且具有强大的精神力量。科学技术是推动世界发展的力量已经成为共识,这不仅体现在它给人类带来丰富的物质生活和精神享受上,而且,它极大地改变着人们的观念,提升人们的精神、道德、价值水准。随着科学技术和社会经济的进一步发展,科学技术的精神财富还会得到进一步挖掘。目前,我们对科学技术的精神层面及其所具有的价值认识还远远不够,这不仅是因为长期以来形成的顽固观念还在习惯性地统治着人们的思想,而且,社会进步和观念变化往往是螺旋式前进的,不时会出现"复辟"的思潮,同时也说明科学思维和科学方法还未得到系统普及,科学思想没有深入人心,具备科学知识的人不一定具备科学思想和科学精神。这也恰恰说明,科学普及工作还任重道远。

在人类社会发展的进程中,唯物主义和唯心主义、科学和伪科学、科学和迷信,总是在不断地进行着较量。在这个过程中,唯心主义思想家也在不断地修正自己的观点,使之与当下的观念相吻合,这就蒙蔽了部分公众，认为迷信和伪科学也很有道理，从而成为其信徒。甚至有些科学家，在遇到一时难以解决的问题时，也会滑到唯心主义的阵营里去。这也说明科学的精神作用是强大的，这种精神力量唯物主义者不去加以利用，唯心主义者就会加以利用，成为他们的法宝。任继愈先生曾一针见血地指出：自然科学不但影响着唯物主义，同时也影响着唯心主义。哲学史和科学史表明，狡猾的唯心主义，一般并不赤裸裸地反对科学和常识，它是把自己伪装成科学，利用科学暂时解决不了的问题，作出唯心主义的结论。每当科学思想发生深刻变革的时候，这种情况就显得更为突出。历史上不断发生这样的事情，随着自然科学的新发展，唯心主义哲学也相应地改变着自己的面貌，只不过它的改法与唯物主义不同而已（任继愈，中国哲学史，第一册，第8页。人民出版社，2000年3月第20次印刷）。可见，科学代表进步的力量，是人类社会文明进步的成果，我们不仅要发挥其物质上的作用，也要挖掘并发挥其精神力量的作用。

在互联网和全媒体时代，科学思维的培养非常重要。在当前的信息化社会，各种知识、信息充斥在公众周围，人们在互联网上冲浪拾贝，在日益方便地获取信息的同时，也可能由于信息过载而导致学习疲劳，产生厌烦情绪，甚至走向反面，失去了好奇心、求知欲，这比什么都可怕。在此情况下，就需要人们具备一种科学思维尤其是评估思维，具备一种评估、判断、选择的能力，可以在众多的信息、知识中，通过评估，进行判断和选择，以避免在信息化浪潮的冲击下随波逐流，从而达到学习和创新的目的。当今时代的科普，如果只是传播一些科技知识，就很难形成真正的科学素质。从知识本身的价值看，知识必须服务于社会、促进社会发展和人的素质提升，才有价值。同样,如果科普只是传播一些科技知识,就很难完全体现科普的价值,也无法实现科普的社会责任。知识本身是中性的,所以科普在传播知识时就必须具有价值导向,尤其是要承担起应有的社会责任,为建立正确的社会价值体系发挥引领作用。

当前,科普要为建设与市场经济相适应的社会文化服务,这种文化的核心内容就是科学文化,而科学精神与科学思维无疑是科学文化的内核,也是创新文化的精髓。在当代创新创业大环境下,科普不仅要提高知识,更要服务社会,为社会发展提供优质的空气、肥沃的土壤、干净的水源,这样才能确保社会不断进步。但在今天,仍然有一些人希望放弃人类理性和自由,回到前现代社会存在的神秘传说中去。科普的任务还十分艰巨,自中世纪欧洲文艺复兴运动以来的科学启蒙还需要继续,人类需要对自己的未来承担起责任。

总之,从知识的生产和发展过程看,知识的获取和运用需要正确的方法,知识的表达需要思想的指导,知识转化为行为更需要精神力量的驱使。正因为如此,我们说知识是用来转化为智慧的,是需要运用和使用的,不能转化为智慧和力量的知识是干枯的,是没有生命力的。鉴于此,"科学思维书架"从思维的角度出发,探索科学普及新路径,以提升人们识别、运用和转化知识的能力,真正提升人们的科学文化素质,提升人们处理社会事务和参与科学决策的能力。本丛书旨在告诉大家,人类在探索自然奥秘和社会发展规律过程中形成的科学原理、方法、技术手段和精神理念,哪些是有用的,哪些是错误的;告诉大家,哪些是路,哪些是坑,至少到目前为止,前人已经探明的路,后人不需要另走弯路,跳一次深坑,这也是"科学思维书架"的本意，尽管可能还难当重任，但如能作为后贤前行的垫脚石和铺路砖，那么本丛书的目的便已经达到。

中国科普研究所研究员　郑　念

致 谢

本书与许多课题项目一样是在特定条件下开展实施,为人们努力阐释自我观点提供支持、鼓励甚或是某种阻力。本书充满历史性,因此,必须要借助一定的历史背景才能很好地理解它。书中的许多观点源于前人的著作,但经大刀阔斧的再创造后,以新的形式和内容再现。在此,我们向直接或间接启发本书观点的前人及其著述表示致谢。

第 2 章的大量修改润色源自《公众理解科学》(*Public Understanding of Science*)[①]上发表的一篇文章。第一章和第二章包含原刊于《课程研究杂志》(*Journal of Curriculum Studies*)[②]的内容。第五章的前身为 2002 年美国科学教育研究协会(National Association for Research in Science Teaching,NARST)年会上的一个讲座[③],后经大量改动润色而成,并于 2003 年获得 NARST 颁布的

① Wolff-Michael Roth and Stuart Lee, "Scientific Literacy as Collective Praxis," *Public Understanding of Science*, vol. 11 no. 1(2002),33 - 56.

② Wolff-Michael Roth, "Scientific Literacy as an Emergent Feature of Human Practice," *Journal of Curriculum Studies*, vol. 35, no. 1(2003),9 - 24.

③ Wolff-Michael Roth, "Constructing Dis/ability in Science," paper presented at the annual meeting of the National Association for Research in Science Teaching, New Or-lean, LA(April 2002).

"科学教育领域最具影响力与潜力论文奖"。无独有偶,第七章也始于美国教育研究协会(American Education Research Association,AERA)年会上的一个展示,亦经大量变更改进才成为现在的版本①。第2、3、6、7章中记录的研究项目得到加拿大人文科学研究理事会(Social Sciences and Humanities Research Council of Canada,SSHRC)的两笔拨款资助。我们亦在此感谢西尔维·布顿妮(Sylvie Boutonne)、G·迈克尔·鲍恩(G. Michael Bowen)和斯图尔特·H·李(Stuart H. Lee),感谢他们在教学和数据收集过程中的贡献。此外,我们衷心感谢协助通读原稿、批判观点的各位同仁,其中居功至伟的当属肯·托宾(Ken Tobin)和玛格丽特·艾森哈特(Margaret Eisenhart)。我们还需特别感谢献出宝贵时间与迈克尔·罗思(Michael Roth)探讨观点的斯图尔特·H·李(Stuart H. Lee)。

第4章的部分内容曾刊登于杂志《理论与实践》(*Theory into Practice*)。斯宾塞基金会博士后项目(The Spencer Foundation Postdoctoral Fellows Program)和美国国家科学基金会(REC 0096032)亦提供支持,使第4章和第5章所载研究得以顺利开展②。针对第4章所载研究,在此对金伯利·杨(Kimberley Yang)在数据收集过程做出的贡献表示感谢。在第5章,对考特尼·圣普利克斯(Courtney St. Prix)、达娜·雷斯科(Dana Fusco)和萩原须美(Sumi Hagiwara)在课后科学项目和数据收集过程做出的贡献表示感谢。

① Wolf-Michael Roth and Stuart Lee, "School Science in and for the Community: An Activity Theoretical Perspective," paper presented at the annual meeting of the American Educational Research Association, Seattle, WA(April 2001).

② Angela Calabrese Barton, "Margin and Center: Intersections of Urban, Homeless Children and a Pedagogy of Liberation," *Theory into Practice*, vol. 37, no. 4(1998),296 - 305.

我们也十分感谢安吉(Angie)从哥伦比亚大学教师学院获得的支持，感谢参与研究的各位管理人员和家长学生。我们亦衷心感谢斯宾塞基金会对第8章所载研究的资助，本章内容基于美国教育研究协会(AERA)年会上的一篇文章完成；在哈丽玛(Haleema)所展示的三个案例研究中，其中一个案例的部分内容曾出现在《国际科学教育杂志》(*International Journal of Science Education*)上的一篇文章里。这些章节中阐述的内容均为作者的个人观点，由作者独自承担所有责任，与斯宾塞基金会无关。最后，我们衷心感谢德克萨斯大学奥斯汀分校和巴基斯坦拉合尔市阿里教育研究所(Ali Institute of Education)提供的支持。

　　安杰拉·卡拉布列斯·巴顿(Angela Calabrese Barton)亦特此感谢她的研究团队中部分成员持续不断的支持，以下是曾为研究贡献具体观点和意见的人员名单：贾森·埃尔默(Jason Ermer)、古斯塔沃·佩雷斯(Gustavo Perez)、埃琳·特纳(Erin Turner)、塔纳西亚·伯克特(Tanahia Burkett)和凯瑟琳·圣路易斯(Kathleen St. Louis)。她还想借此机会感谢丈夫斯科特(Scott)长期以来的支持。

前　言

　　我们虽然身处学海无涯的时代,但不幸的是,大多时候充足的时间和资源并没有用于实际研习那些我们认为重要,或许可以改变我们群体生活的方式。

　　当今,向社会、伦理和知识宣战的批判教育从未如此重要,我们却把教育当作市场上任意买卖的商品,跟汽车和电视无异;不然就是用国家或各州的标准化测试和课程使教育千篇一律。当然,这类"改革"理应都是为了打造更具竞争力、更严丝合缝的学校体系。然而,实施过程得到的结果往往与初衷背道而驰。这类政策经常加剧不平等现象(Apple 2001;McNeil 2000),导致我们舍弃那些已被证实、甚至更为高效的实践做法(Apple, et al. 2003;Apple and Beane 1995)。

　　问题部分在于我们思考教育的方法不足,未能充分考虑需要学习的知识。无论是在我们的社会还是在许多其他社会中,教育都不能孤立存在。教育不是中立的媒介,无法高于所有意识形态冲突和广泛社会的不公。相反,教育深深植根于不同文化、经济和政治力量的形成过程和反抗斗争历程,正是这些因素主宰着我们的社会。因此,认真思考教育的同时,我们也在认真思考权力,认真思考不同群体得以坚持自己的观点、信念和惯例的社会机制。虽然教育不能完全、简单地看作是政治问题,但是,若完全忽略教育在梳理造成权力差别的意识形态和组织结构，在再造或争夺这类权力中可能起到的作用，我们就忽略了教育也是一种文化和社会行为的事实。

数十年论辩与争鸣后，这些常见的观点已经毋庸置疑。不过，虽然这些关键论点日益为大众接受，其中至少还存在两个问题。第一，这些论点的大部分内容之"常见"恰恰成了其阿喀琉斯之踵；虽然情况已有转变，但它们一直属于文化和历史的一部分，不像科学和数学那样长期在特定的专业背景中发展演变。第二，即使这些观点已经成熟成型，但具体该如何将其应用到教育政策和实践中则仍然是个棘手的问题。这正是《科学素养的反思》的切入点。

罗思和巴顿大大帮助我们理解这些议题，并思考如何用切中要害又切实可行的方法来解决问题。他们从一个"困难"却绝对关键的问题切入：现在，"学校科学和权力差别有何联系？两位作者给出的答案既犀利又生动，因为显然他们自己就完全不满意如今科学和科学素养在广大社会和各大院校中扮演的角色。随后，他们甚至圆满完成了其他人不敢下手的问题。他们提出以下问题，并给出自己的答案：我们该如何重建科学素养，让它与人们的现实生活、与捍卫社会公正的斗争公开结合，因此当权力差别受到挑战时，社会公正可在生活中大放异彩？

作为回应，作者认为，素养概念或被称为"变化的能指"（sliding signifiers）；它们含义丰富，具体取决于使用的群体和目的。素养本身是一种社会建构的形式，由广泛的社会实践、社会关系、价值观、目标和利益所塑造，并反过来反映上述因素。然而，它的意义日渐定型，以功用性的定义为轴心，被人们视作用于取得经济进步、训练严格风纪、在国际化测试中获得亮眼成绩的一系列技能。然而，我也曾在自己早年出版的一本书中阐述，教育的目标不应是创造"实用的素养",而应该是批判的、有力的、关乎政治的素养,从而真正地推动知识的增长,让我们参与其中的社会各界得到管控(Apple 2000)。这种对于素养的理解更是触及实质问题,也是这本新书如此重要的根本原因。

事实证明,罗思(Roth)和巴顿(Barton)也能讲述绝佳的故事。他们在书中提供大量细节丰富、引人深思的案例,讲述孩童和成人如何参与批判性科学素养的实践。无论是"住"在收容所里的孩子,还是被贴上"智力欠缺"标签的儿童,无论是其他国家的学校,还是当地社区里的成人,每个群体在实践中都得以呈现;他们参与严肃科学素养的大量实践,重建"素养"的过程让他们能够以个人或集体形式采取行动,让自己生活的世界变得更好。就我所知,科学教育领域的书籍里尚无出其右者。

不过,这本书的受众并不仅仅面向科学人士和科学教育从业者。《科学素养的反思》应该为更多人所知,它适合任何关注教育机构改革,使教育能更快响应社会、伦理、知识问题的相关人士;适合有理由对素养定义的断章取义及其局限性忧心忡忡,担心教育沦为应付考试的死记硬背,甚至沦为仅用于在日益不公的劳动市场上求职的工作技能的全体公民。在这个对学校和社会进行保守重构的当下,我们需要有根有据的论点和充分可信的案例,来打造名副其实的教育。罗思和巴顿恰逢其时地为我们提供了这样的论点和案例。

迈克尔・Q・阿普尔(Michael W. Apple)

约翰・巴斯科姆荣誉教授(John Bascom Professor)

课程与教学和教育政策研究系(Curriculum and Instruction and Educational Policy Studies)

威斯康星大学麦迪逊校区(University of Wisconsin,Madison)

参考文献

Apple, Michael W. (2000) *Official Knowledge*. New York: Routledge.

Apple, Michael W. (2001) *Educating the "Right" Way: Markets, Standards, God, and Inequality*. New York: RoutledgeFalmer.

Apple, Michel W. et al. (2003) *The State and the Politics of Knowledge*. New York: RoutledgeFalmer.

Apple, Michael W. and Beane, James A. (1995) *Democratic Schools*. Alexandria, VA: Association for Supervision and Curriculum Development.

McNeil, Linda (2000) *The Contradictions of School Reform*. New York: Routledge.

目　录

第 1 章　科学：群体实践、素养、权力，努力让世界变得更好

整个时代处于无序之中。2001 年 9 月 11 日是我们永远无法忘却的一个日子——那天，我们不得不亲历科学教育引发的负面影响。科学和科学教育使技术成为现实，而技术却被用于制造恐怖行为，它让我们目睹了世贸中心双子塔毁于一旦，成千上万的职员葬身其中。恐怖袭击事件发生数周后，我们又目睹了美国的回应。我们看到了更多的恐怖行为，科学教育工作者培养出来的工程师和技术员一手研发的 B-52 轰炸机，却被用于摧毁阿富汗的村庄，使更多无辜百姓伤残，其中绝大多数是妇女和儿童。当然，紧随一连串事件而来的，还有人道主义项目的资金援助，各国也加大了科学领域的投入，开发"星球大战"相关技术、"外太空摧毁载具"（EKV）以及其他"碰撞-杀伤"技术，还有在阿富汗俯拾皆是的杀伤性地雷等小炸弹。

2001 年 12 月 6 日，大赦国际主席在诺贝尔和平奖百年研讨会上发言，表示 9·11 恐怖袭击践踏人权，政府的应对措施名义上是为促进安全，实际上却是对公民自由与人权的限制。同样，限制公民自由与人权的手段与技术相关，如机场安检对普通公民脸部进行自动记

录和识别,而一旦这项技术得到大规模应用,能对常规旅客的一举一动进行跟踪。科学家和经过科学培养的工程师、技术员们参与了此类技术的设计开发。而且,他们还在进一步研发这样使生灵涂炭、限制人类自由的武器和"安全系统",正如美国能源部部长斯潘塞·亚伯拉罕(Spencer Abraham)对国土安全所表述的:

> 我们拥有世界一流的科学和工程装备,拥有顶级的富于创造性的研究者,过去五十多年来维护着我们的国家安全。很长时间以来,这些设备和人力资源也已接受训练来预防恐怖主义威胁,正是由于这种先见之明,这类技术才在今天得以投入部署①。

同样,科学家处在科技发展的前沿,正如劳伦斯·伯克利(Lawrence Berkeley)国家实验室向负责"加强国土安全""打击恐怖主义"活动的美国相关官员提供专业知识与项目经验时所提出的。换言之,对于恐怖主义、战争以及反抗活动,其原因、结果、认知和应对措施都与科学、技术,还有人、文化、风俗和伦理等息息相关。科学已深深融入当今世界的各个方面,但它可能带来好的影响也可能产生负面作用,如美国世贸中心的恐怖袭击以及紧随其后的炭疽热恐吓事件,如英国由于口蹄疫危机对牲畜大规模宰杀,如公众对转基因作物(GMO)和经济全球化的担忧等各类事件发生,昭然若揭。因此,我们必须清晰地认识,在当前的科学教育中科学素养不仅是要提

---

① 这句话出现在一些新闻稿中,参见美国能源部科学办公室的网站,其座右铭是"面向美国未来的科学"。参见 http://www. er. doe. gov/feature_articles2001/December/Homeland_Security/Homeland Security. html.

倡推崇的,而且是要深入批判性思考的问题素养。

每天晚上,电视荧屏上时常会出现与科学和科学家相关的影像。在市场上销售了三十年的药物被勒令下架,因为最新研究证明它可致癌。遗传学家制造出的植物的种子不育,来年不能用于农作物种植。除了一些转基因和全球化的反对人士外,很少人关心和质疑这些事物,并要求科学家对他们的行为做出解释。工业界经常利用科学家作为自己的喉舌,告诉电视观众不要随便发表言论,因为他们会说自己才是最懂行、最权威的。回溯科学的"进步"史(核武器、转基因、药物等),我们不禁怀疑,作为个体或群体的科学家是否知道什么是对社会最有益的。无限制地奉行科学发展至上,而缺少相应的社会伦理维度的关怀,这将使技术科学发展失去控制。作为公民和科学教育工作者,在观看夜间新闻的整个过程中,我们不禁要扪心自问,"我们应该怎样、在哪里让当代和后代围绕科学家的工作和成果与科学家进行对话交流?""当前我们要以什么方式、在什么地方让科学素养崭露头角?"关于什么是科学素养的传统回答,是让孩童和年长学生直面被模糊和歪曲了的科学家眼中的科学形象。他们提出,科学是一个纯粹的学科,往往需在特定的、完全独立的教室里传授,超越常识、美学、经济学、政治学或其他日常生活特征。科学教育往往是在灌输某种特定的世界观,这使年轻人不会质疑科学的最基本假定。当前,科学素养意味着质疑自然,但你不能反过来质疑科学和科学家。当前最糟糕的是关于科学素养的虚夸言辞,即科学是为所有人服务。最理想的状态是所有人(如所有美国人)都必须学习并显示自己拥有一定的基本知识和技能。想象一下,每个人都能站在同样的("科学")角度认识理解转基因、人类基因组操作和药物使用(如贴有"注意力缺陷多动障碍"标签的药物,让儿童服用并让他们乖巧

3

听话)。传统上,培养科学素养、认知和学习的方法是基于站不住脚的、个人主义(新自由主义)的思想体系之上的,并未考虑个人与社会、知识与权力,或科学、经济学、政治学之间的根本联系。我们有必要从社会角度出发,重新思考当前的教育目标。科学素养无法预先写入教科书,也不能灌输给不问世事的学生,它应该被理解为一项社会实践。就危及我们的星球的一些议题而言,科学素养还需要得到集体责任和社会意识的支撑。我们需要把科学素养看作一种可识别、可分析的特性,它产生于(即兴创作的)种种人类互动,而这往往是一个集体实现、模糊不定的过程。

科学与素养

毫无疑问,自从这个概念诞生以来,科学素养产生了越来越重要的影响,科学教育改革日益提上议事日程。针对事关国家的重要事件(针对特定事件),国家竭力采取各种措施来应对。对于美国人来说,苏联成功发射人造卫星就是他们要应对的重大事件;对于德国来说就是国际学生评估项目(PISA)测试结果发布;对于加拿大来说则是数学和科学教育国际评价(TIMMS)的测试结果的不理想。一般来说,不同年龄阶段学生的知识与技能匮乏很受关注。即使在此书的写作过程中,我们无意中听说科学教育者对哈佛大学的毕业生嗤之以鼻,嘲笑他们不知道冬季日地距离近一些,夏季日地距离远一些。科学教育领域的改革项目和概念转变研究一贯从模型、理论、概念和原则的角度定义科学和科学知识,界定所有学生应该知道、理解并应用哪些内容。不同的改革议程均坚持一点,即有意义、可持久的教育必须注重全面和长期发展。这类措辞还坚称,改革必须以所有儿童、所有年级、所有科目为中心。虽然看似包罗万象,改革口号却长期以来少有变革，重点依然放在不同自然环境与社会背景中每人需要知道、需要做到的事情。按照这种方式列举的知识和技能往往高度注重技巧，与日常生活脱轨。试看以下由美国科学促进会制定的《基准》：①

中子具有与质子的完全相同的质量，但是中子不带电荷。虽然中子对原子的相互作用影响甚微，但是，他们却影响着原子核的质量和稳定性。同一元素的同位素具有同样质量的质子（和电子），但是中子的数量却不同。（物理背景，物质的结构，9—12年级）

活细胞由少量化学元素组成，主要为碳、氢、氮、氧、磷和硫。碳原子之间容易相互组成链和环，从而形成复杂的分子。（居住环境，细胞，9—12年级）

细胞之间通过交流来协调它们的各种活动。某些细胞分泌的物质只是散布在细胞附近；另外一些细胞分泌荷尔蒙，它们是由血液携带的分子，可到达很广泛的细胞上，并附着在具有特别受体的细胞中。沿着神经细胞，电脉冲传送的信息比扩散和血液传送快得多。有些药物模仿或阻断了那些传输神经或荷尔蒙信号的分子，进而打乱了大脑和身体的正常功能。（人类有机体，基本功能，12年级）

我们往往基于以下观点，断定社会需要具有普遍的科学和技术素养——二十一世纪的高效劳动力团队需要具有一定的科学知识。

① 引自2061计划网站，网址：http://www.project2061.org/.

然而与此同时,(科学)教育者们似乎都把不求甚解视为完全正常,认为我们不需学习一些小引擎运转的背后原理,(如汽油动力割草机,电动搅拌机)也不需知道如何修理。他们坚称,我们只需掌握世上远离日常经验的专业知识。这些知识不仅艰涩高深,也跟大多数人的生活毫不相干。另一方面,我们却的确经常碰到引擎、自行车或电器故障的情况。有一位母亲跟两个上高中的儿子住在无家可归者的家庭避难所,她曾经这样告诉我们:

> 我觉得,现在的学校到底都在给孩子教些什么?除非他们要成为数学天才或者一心钻进科学界,否则大部分知识都毫无意义,因为这些知识没法帮助学生进入职场。即使是今天的大学,他们也是围绕着书本学习。我知道那也很重要,但他们要认真学习的东西太多了,但这些知识没法应用到生活中。我的意思是,对我来说,好的教育还需要回过头来亲身实践,教孩子如何才能成功,而不是只传授排在前十名、前二十名或前百名的学生需要的知识。不然,其他的孩子怎么办?归根结底,还是学校系统的设置问题。他们没有给我们的孩子提供其他选项,仿佛上不了大学就注定失败。那可不算是一个选项,而是最后通牒。

除了对所有学生的科学素养夸夸其谈,学校科学(教育)并无实质改变;学生依然需要应付基础事实和理论,就如前文摘自《基准》的重点内容。对于科学知识的主张,不同根据、不同标准往往有天壤之别,有的固守原住民的标准,遵循文化历史发展中口头传授的权威性;有的则具有女性色彩,带着"对有机体的感情"接触科学。换言之，穷人、有色人种和女性可能在学校传授的科学科目上表现欠佳（或对其水土不服），原因恰恰在于教学中强调的科学实践之本质和科学知识之形式。这样，少数族裔（如非裔美国人、第一民族等）和女性往往对学习或投身科学事业（仿佛科学素养毫无其他用处）望而却步也就不足为奇了，因为教学中的认知方式和日常活动都是从男性立场出发，对白人、中产阶层有利。学生们自己决定或听从忠告退出科学领域，因为要想在科学领域获得成功，就必须采取白人的或男性化的方式，或是他们发现科学事业轨迹发展跟其人生目标或当前需求不相称。理科班已经成为一种控制策略，是为了让学生去"理解并实践科学"，而非像在公正社会状态下，在赋权范围内学生的贡献、批判和参与能力得到充分重视。当前纳入国家重要议程的科学素养很少向不同受众进行宣传，其中许多人在传统方式影响下被排挤出科学范围。

　　至于其他人，由于往往身处改革运动之外，因而固守着真正持久的科学素养无法在全体公民中实现，只有小部分人能够达到相应水平的观点。其中一位评论家诺曼·莱维特（Norman Levitt）坚称，科学是属于精英的事业，"超凡的才智和特别的技能，达到远超常人的水平，是取得成功的必要条件。"[1]另一位评论家莫里斯·沙默思（Morris Shamos）认为："极少数能够明辨是非的教育者真正相信，科学教育的任何改革或修补能把全人类，或至少是大部分美国人的科学素养提升到合理水平，无论人们对它下的定义如何。"[2]基于他对社

6

① Norm Levitt, *Prometheus Bedeviled: Science and the Contradictions of Contemporary Culture* (New Brunswick, N. J.: Rutgers University Press, 1999), 4.

② Morris H. Shamos, *The Myth of Scientific Literacy* (New Brunswick, N. J.: Rutgers University Press, 1995), 191.

会上科学家和工程师数量的估计,以及约翰·米勒(John Miller)的基准研究,沙默思总结出最多只有5％的美国成年人具有足够的科学知识,可在与科技相关的社会议题上做出独立判断。沙默思也承认,根据他的独立衡量标准,那一个或多个具有科学素养的个体应该影响乃至指导决策过程。不过,他所指的不包括外部专家,因为他们可能以其他个人、组织或机构的轻重缓急为准则;应该纳入考量的是其他同组成员。这些专家即使不向其他成员灌输自己的知识经验,也应让其他成员关注到真正的问题所在,由此排除毫无根据的谣言和猜测。然而,沙默思并未提出具体的操作方法——如何能在评定标准各异的情况下关注真正的问题所在呢?

另一个常遭忽视的问题是,要某一领域的文化濡化,如科学,需要不断适应隐含于特定文化的认知与行为方式中的价值体系。因此,若我们的目标是让更多人(无疑是学生和成人)重视科学,就像科学工作者一样,事实上能够以批判眼光投身科学的人可能更少。学习建构和解读图表或许并非一种中立的行为,而是(以隐蔽的方式)渗透了我们非语境化的科学世界观。因此,这种要求可能存在很大问题,即我们应当努力改善具有高欣赏力的公众的教育,因为他们积极支持要资助除了军事需求发展以外的科技发展。

改变动因

近年来,思考科学与科学教育的新方式不断涌现。在《改变科学教育动因》(*Changing the Drivers for Science Education*)一书中,作者彼得·芬沙姆(Peter Fensham)指出,(学校)科学的理论阐述源自科学本身及其分支,即科学教育。长期以来,科学教育工作者和科学家建议，面向全体公民的科学在形式和内容上接近科学家的科学。[1]
芬沙姆提出，我们需要重新思考科学教育动因应该是什么。他建议，
要使科学教育成为我们生活世界中具有生命力的一项事业，我们需
要从社会这一更加广泛的立场和角度出发来进行理论总结思考。如
果这样，科学作为人类努力探索的重要事业之一，就能在整个学校教
育工作中得到应有的地位。

　　然而，尽管我们同意，对于身处风险社会，将教育考虑纳入社会
议题非常重要。我们认为，芬沙姆提出的方法有其局限性，一方面，
他未对学校教育提出批判，另一方面，其方法仅从一个（课程）理论家
的角度来重新思考科学教育。从社会角度重新思考科学教育，可使
整个学校教育不再成为制造社会不公的机构。因此，无怪乎当前存
在一些论点，认为需要设法使科学教育脱离机构限制。我们早有先
例，不仅（未经科学培训的）普通人能够在需要科学发挥作用的医疗、
环境或争议性话题上占据一席之地，而且学校科学也能以一定方式
对社区生活产生意义。[2] 至于第二点局限，长期在校内外开展科学实
践教学的经验告诉我们，脱离实践来重新思考教育，将会加剧理论与
实践的鸿沟。我们很容易指出某种新方法不能起效，因为理论可行
不等于实践亦然。[3] 为克服这种制约，我们需要认真研究具体的改良

7

---

[1] Peter Fensham, "Changing the Drivers for Science Education," *Canadian Journal of Science, Mathematics and Technology Education*, vol. 2, no. 1(2002), 9 - 24.

[2] Wolff-Michael Roth and Michelle K. Mcginn, "Deinstitutionalizing School Science: Implications of a Strong View of Situated Cognition," *Research in Science Education*, vol. 27, no. 4(1997), 497 - 513.

[3] Michelle K. Mcginn and Wolff-Michael Roth, "Toward a New Science Education: Implications of Recent Research in Science and Technology Studies," *Educational Researcher*, vol. 28, no. 3 (199), 14 - 24.

措施,这样才能呈现科学教育能够真正发生改变的路径,而不只是可能改进的方法。

关于公众理解科学的研究建构出了这样一种印象并使我们相信:相比传统的二元对立,即"科学专业知识"和对科学知识的无知与排斥,实际上科学家和非科学家之间的交流互动要更为复杂、活跃。[1] 在一个社区的日常世界中,科学的形象并不条理清晰,并非是客观准确的知识和实践体系。相反,科学经常是难以预料和充满争议,也无法就当前的具体(局部)问题给出答案。在日常生活中,相比科学思维,公民思维或能成为更全面、更有效的行动基础。

对新式改革议程的批判

科学教育者孜孜以求,坚持科学教育应从社会角度进行反思。但是这远远不够的,因为他们并未质疑学校教育中的一些根本问题,而那些问题会导致关于种族、性别、社会地位等传统差异带来的不公。学校教育是一种活动系统,学生在其中受到劝诱、规劝、强制或逼迫而进入学习过程——学习,即我们对目标的传统话语。在这个活动系统当前的运作中,学生被要求参与特定科目的任务、制作手工制品(实验报告、试卷等)以供教师评分。[2] 但是在每一个生产活动中,学生个体同时也制造并重塑着自己的个人身份及社会角色。学生不仅产出结果,交由教师评估,他们自身也成为产品,成为某一类

---

[1] 参见 Alan Irwin and Bryan Wynne, eds. , *Misunderstanding Science? The Public Reconstruction of Science and Technology*(Cambridge: Cambridge University Press, 1996).

[2] 有关这种人为创造产品商品化并采用分数(等级)来评价的研究尚未充分开展。但是已充分表明许多(非中产阶级)学生在学校教育中被疏远的经历,与工厂工人用劳动产品获得工资的经历相似。

对象——好学生、差学生、肄业生、电脑极客等。在这些名词里，我们无法看出近来提出的以社会为中心的改革方案能够带来怎样的变化。相反，用社会专家取代科学专家，并不能改变或废除当前的学校教育形式，当前的活动系统可能再次产生社会不公。在许多西方国家，少数人的经济利益主宰一切，这就意味着教育带来的社会仍会充满不公正和不公平。科学教育在其中起到一定作用，通过把分数作为给学生分级的工具，不断重新制造这样不公正、不公平的社会。处于阶级顶端的人几乎能毫无限制地接触到未来的学习资源，而级别更低的人则无法获取同样的资源。

紧随其后的是恶性循环。来自不同背景的学生参与科学课堂学习，却面临着完全相同的知识体系，并被要求在学年结束时接受测试。由此可知，科学的定义不在于个人如何通过独立或集体的方式，在家里或在学校成功使用科学知识、制造出科学产品，用以满足需求、解决疑难、为个人或社区的未来起到实际作用。相反，成功被定义为用预先决定的答案回答事先编造的问题，或是基于强制实行的意识形态推导出一套抽象理念。在这个体系中，成功（或失败）都是社会形态的表现形式，受结果影响最深的是在体系内追求成功（受到控制）时牺牲最多的人群，他们将习惯白人或男性化的方式，认为掌握地方性无用的知识优先于社区活动。纽约州可作为典例之一，当地的学生必须取得政府认可的高中文凭，才有资格在州立高等院校得到政府的财政补贴。政府颁发认可文凭的基础是年终在学术领域进行的高利害关系的测试（称为纽约州会考）。因此，对于需要高校补助的学生，能否进入高校就跟他们在考试中的表现优劣（被控制的程度）紧密结合在一起，而考试本身青睐的，是诸如学生对蚱蜢循环系统相关知识的记忆能力。这个体系日益重要，因为联邦资金也跟

9

学生在校内表现挂钩,或是通过项目整笔拨款到各州。

　　传统的科学教育还有其他问题,教育体系本身在以社会为中心的改革方案中仍原封未动。例如,在学校科学教育中(在更广义的学校教育中亦然),产出的手段和课程的目标全由教师管控。因此,活动的目的和学生的动机之间存在矛盾,成果产生不得不通过以课程目标为核心和使用学生们丝毫没有兴趣的方法。这样的矛盾会导致抵触心理,既妨碍教师得到预期效果,也会继续强化一开始导致抵触的条件。

　　此外,针对近期提出的传统科学教育替代方案,还有一些更深入的矛盾与对立。文章一开始的推测是,学习的意义在于扩充我们在世界上采取行动,对世界产生影响的手段。显然,学校里的科学在矛盾中运转,已有大量研究指出,在微世界(及与学校相关的任务)中体现出来的能力与日常环境所需的能力几乎或根本没有联系。换言之,若假设学校(微世界)中的学识能转移到其他活动系统,这个假设本身就存在根本问题。因此,无怪乎批判分析能让我们明白,校内学习是一种防御性的学习,即学习是为了避免产生消极的后果,而不是能够提高个体对其生活条件的掌控能力的扩充性学习。若改革者提出,要从社会角度开展科学教育,却原封不动地承继传统的学校教育活动系统,我们认为这是不可能带来任何改变的。不过另一方面,合法的外围参与的确可帮助学生巩固学习。也就是说,若学生能参与各自社区的"真实"活动,知识转移就不再是问题,因为学生走上了合理参与的轨道,因此不需像今天一样被迫"跨界"。

社区中的科学: 权力,抗争

　　可行的做法之一是把科学素养理解为公众科学,即"公民在开展日常事务时，能够自发与其关注的问题、利益和活动产生联系的科学形式"。① 在我们的研究中，公众科学关乎不同语境，从个人事务（如能否获取安全饮用水）、卫生手段（如最佳的农作方式）、休闲娱乐（如采用可持续、有机的方式开展园艺），到激进主义、有组织抗议活动，不一而足。但是，在社区里，公众的知识是集体且分散的；根本上来说，我们的社会生活正是以劳动分工为基础。需要为背痛寻求建议时，我们会去看医生或按摩医师；当汽车或自行车出故障时，我们会选择汽修店或自行车店。同理，社区中的科学也是分散的；因此，日常社区生活中的科学素养意味着能够在需要的时候找到所需知识。

当前盛行科学素养属于个人特性的观点。我们反其道而行并进一步提出，科学素养应被视为产生公众科学的某些日常情景的一种特性。在这样的语境下，学习的概念就仅仅意味着"部分人跟其他人达成了特定关系，正是在这些关系中，人们得以获取个体参与所必需的信息，拥有足够时间完成任务，并提高相应的技术。"② 这表明，科学教育者不再追求打造教育环境、劝诱学生个体达到特定的表现，而是转而设置情景，接受不同的参与模式，这样就更符合一种让学生为自己的人生和利益决策的民主方式。如果我们希望科学教育对人们的公民身份或日常生活产生意义，我们最好允许学习者参与并实践多种多样的人际关系。一味期待某些关系（制度学派）就能训练学生应对充斥大量不同关系的世界，这只会成为空中楼阁。

---

① Edgar Jenkins, "School Science, Citizenship and the Public Understanding of Science," *International Journal of Science Education*, vol. 21(1999), 703 - 710, at 704.

② Ray P. Mcdermott, "The Acquisition of a Child by a Learning Disability," in Seth Chaiklin and Jean Lave, eds., *Understanding Practice: Perspectives on Activity Context* (Cambridge: Cambridge University Press, 1993), 269 - 305, at 277, emphasis in the original.

我们在本书收集了不同的案例研究，以此证明，批判性的科学素养已经在履行社会责任的过程中与社会素养、政治素养密不可分。本书描写到的孩童、学生和成人都在某种程度上参与抗争让世界变得更好，这不只是为了他们自己，也是为了社区中的其他成员；有时他们也跟教师一样，是与自己的直接利益。我们所展望的这种参与，涉及直面并消除种族、性别、社会阶级等领域的不公。我们提倡，向来习惯全盘接受、不加鉴别的消费者应发生深刻转变，我们不再应忽略以下事实：(a)许多蔬菜已经基因改造；(b)部分牛肉和鱼肉产品以动物性饲料和抗生素喂养而成；(c)许多消费行为不符合保护环境的可持续生活方式。我们提倡，应采用合适的技术，"合适"是指与我们的道德伦理原则相符，而非压榨或压迫来自任何群体的个人，并且对环境和食物供应不能产生有害影响。我们同意德里克·霍德森(Derek Hodson)的观点，他指出，培养科学素养的最终目标在于"培育社会活动家，他们敢于为正直、善良和公正而斗争，努力朝着更利于社会(正义)的方向重塑社会，为生物圈的最大利益努力工作。"①

为生物圈的利益而参与集体行动，并不等于需要成为科学家或只有科学家方可出力，更不一定要采取公开抗议的形式。关心环境问题，(人们可以从在自家庭院或者社区花园种植蔬菜开始)事实上，每座花园乃至采用有机方式、以非转基因植物种出的每一棵蔬菜、每一个水果，都可看作对孟山都等大公司的抵制行为，也是在抵制那些让地球充斥新生物体、却又对新物种对环境产生的长期影响一无所知的科学家(没看出啥问题)。每一株有机植物都是对化工企业的抗

---

① Derek Hodson, "Going Beyond Cultural Pluralism: Science Education for Sociopolitical Action," *Science Education*, vol. 83(1999), 775 - 796, at 789.

议，是那些公司的科学家研发出效力越来越强的化合物，用于消灭"有害"动植物的同时使当地的蓄水层富集化学物质；每一种土生土长的农产品都是对石油工业的抗议，是那些工程师迅速开采着仅剩的化石燃料；每一株土生土长的植物都是对跨国公司的抗议，是他们在第三世界国家设厂生产，剥削当地的土壤和工人。但所有的这些抗议行为更是在提倡环境友好可持续的未来生活方式，这也与美洲西北部海岸印第安原住民的一句谚语不谋而合——我们所生活的世界并不是从祖先那里继承来的，而是从我们的子孙后代那里借来的。

科学：竞争激烈，各显神通

人类天生具有一项基本能力——采取行动，或曰行动力。这种能力让我们除了能对环境做出反应，还能主动改变、塑造所处的物质世界和社会环境。不过，我们之所以能这么做，关键在于劳动分工使得我们可以从事其他与个人生存非直接相关，而关乎社会整体延续的活动。比如说，虽然大部分实验室里的科学家并不直接从事生产，不负责采集食物或屠宰动物，但他们照样能够生活。他们不需要自己建造、维护和打扫实验室，也不需要开发、安装或维修室内的供暖系统。他们不需要自己制造来往于大学校园的自行车或汽车，更不需要了解它们如何工作、何以牢固耐用。他们不需要学习日常使用的电脑如何运作，大多数时候也不需要自己搭建工作所需的电脑。科学家可以寻找夸克粒子，研究基因，或是搭建新的大分子，因为他们就跟其他建筑工人、清洁工、修理工、程序员一样，是社会的组成部分。科学家和其他人共同为社会的延续做出贡献，因此能够确保自己得到生存所需的基本资源。日渐明晰的一点是，重要的不在于个人的知识和技能，而是那些人类能够集体利用、发挥作用的知识和技

12

能。如果我们认同科学家还有许多不了解、需要弄清的事物,那么我们就也应承认,其他人——面包师、建筑工人、农民等,并不需要了解中子的质量等于质子,甚至根本就不用知道质子和中子是什么。如果我们认同,大部分科学家或许并不知道自家的割草机由于汽化器堵塞而不能工作,也不知道该怎么取出汽化器来清洁,那么我们为何指望所有人都了解,一个活细胞主要由碳、氢、氮、氧、氟、硫等少量元素组成?

当然,尤其在当今的工业化世界里,社会等级分明,我们必须平衡权力和社会对成功的定义。(总体来说)科学家具有面包师、建筑工人或(大部分)维修工无法获得的社会和经济特权。科学的投资人(CEO、主要的利益相关方、富人等)甚至拥有更多特权。就如前文提到的住在无家可归者的避难所的母亲,我们也认为要求(并期待)学生学习抽象而精专的知识有其风险,它会限制学生有效锻炼科学素养的能力。但是我们也认同一点,即掌握这样的知识有利于学生获取难以触及的经济和社会特权。在美国这样的社会里,大量少数族裔的学生进入"特殊教育"班级学习,而白人和来自中产家庭的学生则在国家和各州的考试中捷报频频。这就在根本上产生了一个悖论。我们相信,唯一的解决办法就是为所有人、为每一个人重新定义科学素养的本质。

一旦我们认同,教育需要关注个人是集体不可或缺的基本部分,知识和技能的本质在于分工,我们就会开始思考,拥有不同专长的个人应采取怎样的方式共同合作,参与解决当今社区、国家乃至全人类集体面临的复杂问题。此后每一章还将说明,当每个人拥有不同专长,身处不同社会历史和社会文化立场,拥有不同价值体系时,矛盾和权力斗争就可能出现。科学本身就会成为竞技场,成为追逐角力的舞台。同时，科学也往往会成为斗争的工具和手段。因此，科学本身辩证的统一关系，既是斗争的场所，也是斗争的手段。

在下文章节中，我们看到人们不仅作为个人，也在与他人互动的过程中经常处于组成当下语境的社会政治领域中的不同位置。在第2章和第3章，我们看到加拿大一个社区中的居民共同参与科学（语境）并利用科学（工具）。第2章提到的环保斗士和非专业人士彼此利益相关，他们之间的互动被认为是不谋而合，他们也对社会和集体责任给予关注。当这些社会活动家、科学家和本地居民（学生和成人）携手，科学就进一步成为集体活动的成果——人们想尽办法筹集资金，为了改善社区环境、确保当地水域洁净，付出的一切努力最终都成为科学结晶。第3章提到的居民希望争取公正对待，连上早已供应给当地社区其他居民的水管，他们的交流互动就是最典型的斗争。显而易见，科学是一个角力的竞技场——科学顾问是否采用了合适的方法？在其他信息均可得的条件下，他的解释是否正确？同时，科学也是工具，正如居民利用私人顾问的研究结果为自己辩护、反驳。不过，科学也为社区领导所用，阻止上访者获取水源，因为他们会利用改善后的条件来提高自己房产的价值，从而获取个人利益。这一章也重新定义了社区中的科学。在社区里，科学不是处在公众生活、公众监督之外的象牙塔里，代表苦行与禁欲式互动的纯粹实体和实践，科学也具有生命，在各行各业的人们共同努力解决突出问题的过程中焕发活力。

接下来两章聚焦住在美国各地无家可归者的避难所的青少年，他们既参与科学竞赛，又把科学作为奋斗的手段。科学是工具，是行动的方法，他们主要的贡献是推动社区建设花园，从而给穷人聚集的城市社区带去改变。这些年轻人没有接受命运安排，默默忍受被迫

14

生活其中的环境,而是积极投身环境改造。我们正是从他们的行动中看到科学的潜力,见证科学为人善用,从而改变生活条件的重要作用。我们在这些故事中看到,那些年轻人接触并步入科学相关活动的契机,他们希望建设一个更好的世界,渴望发挥个人和社区能动性,勇敢尝试不被政治掌权者认可或重视的方法。他们在社区中的科学实践与在学校科学科目中拿高分的能力并不相关。科学能否成为这些青少年走出贫困、让家庭脱贫的背景和手段尚未可知,但我们的确从他们身上学到一点,即需要改变我们从学术角度出发的成功观念(如学校表现),需要看到生活中的日常奋斗。其中一名年轻人提到,他参与的课后科学活动非常重要,因为他希望让其他人住在自己的社区,而不是时刻渴望离开(在西方社会,提升经济地位往往意味着搬离市中心,抛下那里的亲戚朋友)。

第六章和第七章重点关注七年级的学生。他们跟前两章提到的成人住在同一个社区,也跟后者一样参与科学实践。在这两章里,科学作为竞技场和斗争手段的双重本质被大大弱化,但仍然是伏笔与主线。举个例子,其中一名学生发现,河水里的大肠杆菌数量在流经两个农场后迅速升高。然而,他把研究结果在一个环境团体举办的对外活动中公开后,事情就演变成或需要承担后果的政治宣言。我们还特别研究了一个名叫戴维(Davie)、被学校贴上"有学习障碍"标签的学生,在他的案例里,斗争以另一种形式得以体现。最终结果表明,他在某些情形下会表现出符合该标签的举止行为,如数学课。然而,搜集的数据显示,在其他一些情况下,如在课上学习污染严重的亨德森河时,戴维的表现并不符合学习障碍的标准。因此,对戴维来说,通过学校课程本身就成了一番斗争;如果学校不进行改变,他几乎无胜算。但是,只要得到一些帮助,科学就能成为竞技场和斗争的手段,使他摆脱学习障碍的困扰。

在竞技场投身斗争往往存在危险,其中危险因素并不比上一章更明晰。本章主要讲述三位巴基斯坦女教师的故事。我们认为,对那些女性而言,投身科学活动相当危险,因为那样会把她们的工作直接暴露在社会、文化和政治的紧张局势中,也把她们跟儿童一起参与的科学置于人群、权力的审查下,成为社会进程和制度的一部分。不过,我们也认为,通过把科学作为大背景,利用科学的工具推动权力和关系发生变革,这些女性成功地应对甚至改变了紧张的局势——换句话说,科学意味着互动,意味着用某种方式联结人们和特定的语境。把"争取改变"放在科学的大背景下,原本无望的女性和贫苦儿童就有了推动变革、行正确之事的力量。

一些读者可能会认为,把科学作为独立斗争的工具或手段就足够有力了。我们并不同意这一观点,尤其是当人们把科学视为科学家通常了解的知识和从事的活动这一方面,这一点更站不住脚。应该用辩证的眼光来看待科学教学与学习。作为工具,科学可以用于支持或反对争议性话题的某个立场。但是,更重要的一点是,只有当科学能够批判甚至解构自身时,科学才能成为好的工具。只要科学不被处于统治地位的意识形态(脱离语境的真理)采纳,而被用来审问自身思想体系,这时科学成为竞技场,它被赋予了自主性。

最重要的是,科学需要与其他领域结盟,从而成为诸多服务于民主和公平社会的其中一种竞技场和工具。我们不能全盘接受实验室科学的实践结果,不能继续支持它的霸权。科学必须符合社会责任的要求,不能剥削社会某一群体(穷人、第三世界等)或知名实验室(孟山都)所用的自然环境(农场、鱼塘等)。我们不必接受转基因食物或用动物性饲料喂养的牛肉和三文鱼。再次重申,科学可以成为我们希望投身参与竞争的场所，也可为我们所用，成为我们事业奋斗的工具之一。

16 能动性、学习和身份

　　虽然身份问题极少出现在关于科学、科学素养和科学学习的讨论中，这个问题却跟个人能动性和学习紧密相关。身份问题可促使我们思考谁是活动的主体。从文化历史的角度考虑，身份是活动的产品和副产品。换句话说，通过个人的能动性，参与活动的成员既能产出物质性成果，也能在活动过程中塑造或重塑自我及社区中的其他参与者。因此，个体的身份不可想当然地被视为某一活动的先天的构成，而是应看成是在活动过程或在个体参与不同活动体系时被塑造或重塑的。

　　身份的塑造和重塑过程在人们独立或集体地努力奋斗时尤为明显。当个体进入一个新的文化领域时，奋斗的过程尤为凸显。科学课或争议性社区议题，最适于研究参与者间通过互动建构身份。身份的塑造和重塑是贯穿本书的一大话题——有时言表于外，有时只可意会——不同年龄段的不同个体参与科学活动、将其视为竞技场，或使用科学作为斗争手段。因此，当戴维尝试以回避参与大部分课程的方式来解决老师给的图表任务时，他就成了"有学习障碍"的学生（第六章）。而在另一方面，当他指导其他的七年级学生研究当地河流，并在研究过程中辅助他们画出图表时，他又成了"具有科学素养"的学生。类似地，个体对社区公园的阐述、规划和执行过程促使部分学生在社区中获得成绩、成为活跃分子，而不是成长为另一批成长于内城、受穷和无家可归牵累的"穷二代"。我们在跟年轻人和成年人开展的工作中都可看出这一点，因为我们将他们视为使用并产出科学的个体（这种转变让我们把科学搬离科学教育的中心，让科学走进个体/人类的真实世界）。比如说，达克赛德（Darkside，第四章）每天都得面对给他贴上贫穷、黑人、无家可归、移民后代标签的社会。虽然他在校外活动中用成熟精辟的方法展示并实践了自己的科学素养，在狭隘的传统科学素养观念的重负下，他得到更专业科学训练的可能性依然会受到扰乱或妨碍。也就是说，我们的身份由个人行动的结果所塑造，正如社会和物质世界中的变革均受到我们所采取的行动所影响。无论是对于实践科学的个体，还是对于负责指导和监督学习过程的科学教育界来说，这一点都同样适用。

在投身世界的同时，我们扩充着个人能力，因而扩大着个人的调整空间。能动性增强，就意味着我们正在不断学习。我们并不希望只把有关的科学知识塞给孩子，而是希望他们增强个人主观能动性，扩大他们需要自己操作的空间，增加采取行动的可能性，从而改变生活条件。从这个角度来说，能动性是一个辩证统一的概念，因为它可改变自身（限制或扩大），也在过程中塑造和重塑身份。

我们展望的科学环境是可以为学生和成人的发展都能带来积极的影响，且不会对学生年龄或学校建筑设限。我们希望，学生能够构建积极的人格，其中一些人能在未来从事相关科学行业，另一些能投身社区活动。无论在何种情况下，正式或非正式的科学教育都应解放心灵，允许个体在公正的社会中寻找发现自我、不懈奋斗、定义自身并立足其中。努力奋斗争取安全饮用水的居民们不只是科学家、开发商或农民，更是积极投身改善生活条件的活跃公民。孩子们在收容所和篮球场之间的篱笆下挖洞，从而满足晚上打球的愿望，这也是积极改变改善世界的行动，而在他们奋力抵抗收容所的压迫性规定时，他们也为自己锻造了不屈不挠的身份特征。

科学一视同仁

在学校里,课程教学目标内概括的规范大多类似"学生将能够说明,水是生命的基本组成",这些陈述与人人皆相关,却与社会位置无关,因而容易在生活中导致失败结果。另一些学生则被视为科学教育的败笔,因为他们在被切断手头所有资源的情况下不能给出特定的陈述。日常生活中,具有同等能力并非常态;此外,不同的个体会以各自不同的方式,在活动中体现个人特色。比如在第 3 章中,我们研究一场听证会中科学顾问和非专业人员之间的互动。结果,并非所有外行人都能就顾问的方法和解释提问或提出批评。然而在听证会中,他们也需要被看成是参与者。也有一些居民会积极提问,乃至拷问展示者,另一些人则从日常生活中汲取灵感,提供观点和证据,从而凸显当地井水的问题。也有一些人只是简单地聆听,表示赞同支持和鼓掌。这些参与者并非欠缺科学素养,而应被视为一个需要科学素养的场合中的重要参与者。出席的每一个人都参与塑造了这场听证会,并进而促进科学素养的产生。正是听证会的特定语境——包括讲者、主持人、观众、专家和外行人,所有这些会受到结果和"中立"顾问影响的个体——让我们得以识别何为科学素养。我们可以说,每个人都是听证会编排的一环,用以在公众面前呈现科学素养与公民权利。某个顾问的方法可能存在问题,因此科学知识可以被质疑,参与其中的公民各显神通揭露问题,这些都是听证会所呈现出来的事实。掌声和赞成的声音既是体现了问题的突出,也呈现参与者的狡黠能力,这些都是组成听证会的重要部分。同理,这些问题和回应使得科学素养和积极参与的公民权利得以展露于人前。

众所周知,当今社会生活中,我们需要科学、技术和经济,其中公民权也是频频随之出现的话题。但是，几乎所有与科学相关，甚至涵盖科学技术社会的课程都认为，学生在课堂上的活动应能用于当前和未来的生活，而非成为当下生活的一部分。此外，在实践过程中，为同学们设计的课程把科学，技术和社会紧密联系在一起，目的是帮助一些学生容易理解专业术语，如课本或数学的科学概念。我们认为，也应对这类科学教育进行反思。

开展作为实践的公民科学素养的教学，有望对学校的传统课程提出挑战，科学、技术、数学和社会研究课程均被隔离在不同教室里，每个教室所传授的主题都多少有关联。提升作为实践的公民科学素养，需要综合不同手段，并适应日常世界的运行方式，让人们利用手头可用的资源来完成不论是所谓的科学、数学或社会研究方面的工作任务。并非每一位科学教育者都能适应这样的综合方法。因为，把科学视为日常生活的一个重要方面，将对现存的科学立场，以及科学家和科学教育者在社会中的特权地位。然而，对日常生活中的科学的研究表明，在更普遍意义上，科学与经济、政治、权力和价值观均密不可分。在社会中公民参与的科学不可能简单的跟其它领域或方面划清界限。反之，关注力和动机控制着我们的活动，人们（科学家和非科学家）往往会因地制宜利用资源。我们认为，反思科学教育素养恰逢其时，而且这种思考必须基于公民权利和民主的立场角度，同时，由此进行相应的科学教学。

结束本章之前，让我们回到本书开头提到的问题，即关于 2001年 9 月 11 日的军备竞赛和战争问题。许多学者，尤其是来自欧洲的研究者已经指出，我们要在世界政治和经济的背境下看待"9·11"事件。许多第三世界国家认为，美国的经济和外交政策是剥削和贫穷的根源，并往往伴随着以牺牲第三世界同胞为代价的为自己敛财的

19

腐败体制(诺列加,富含石油的埃米尔)。科学家和工程师参与生产转基因食品和香烟、向已经战火纷飞的国家出口武器,他们似乎毫不关心将影响其产品使用的伦理道德环境。从我们的角度来看,这样的科学家未能体现社会责任,而是在强化剥削,在发展过程中固化利益与代价的(地理上和社会上的)不平等分布和政治权利的非民主分配。然而,我们所展望的科学应服务于具有社会良知的民主社会。这样的社会应持开放态度,成为竞争的场所和手段。科学和科学教育必须提倡自由的民主社会,让所有人而非少数人获取基本的必需品和资源。我们设想,在意识形态上,应改进并扩大社会正义和民主实践的范围,尤其应关注涉及种族、阶级、性别、年龄等传统差异。

21

第2章 科学素养：群体实践的新特征

当前改革方案提出的科学素养实现途径，并未充分考虑不同群体以更为广泛、多样，符合社会责任的方式来实践科学。[①]

作为科学教育者，我们（即作者）感兴趣的是对科学素养的不同理解和公众对科学的认识，这让我们认识到"发展"的轨迹是通过"非主流"的路线促进人们来参与科学。素养，换句话说，我们感兴趣的并非是科学素养仅在成年人个体身上的表现，也并非仅仅是校园里的科学教育。我们感兴趣的，是对参与科学和科学素养的理解以及对理论不同的认识方式，这些方式同正规教育和人生一样是没有限定的。素养就本书而言，我们认为课后活动的模式，如从对科学实践的研究中推导出来的所谓"真正的科学"的概念，不应强加于校园活动中。同样，我们也认为当今科学教育中对科学的概念和科学素养片面却占主导地位的认识，不应当强加在结束正规教育的人身上，去告诉他们学什么和怎样学科学。素养，我们的两个研究主题部分均涉及社区包括学校中的科学和科学教育；在社区里，学生和普通群众从只能参与专属自己年龄的活动转变为能参加对方的活动。

[①] Margaret Eisenhart, Elizabeth Finkel, and Scott F. Marion, "Creating the Conditions for Scientific Literacy: A Re-Examination," *American Educational Research Journal*, vol. 33, no. 2 (1996), 261-295, at281.

22

科学素养的概念在近期科学教育的改革中起到重要作用。科学教育者和课程改革者一致认为,科学素养应该是衡量教育成果的一项重要指标。然而,尽管"科学素养"已经有近五十年的历史,科学教育者依然未能对其下一个精确的定义,甚至无法达成共识。对于很多科学教育者来说,提升科学素养还局限于在实验室中开展科学教育的印象中。科学课程往往是引领学生成为科学家的方式,而非帮助他们解决现实问题。在科学教育界,科学和科学素养的概念被视作理所当然,几乎无人敢对这两个概念产生质疑。

在本章里,我们希望通过思考三个(根本性的)的想法,来尝试对科学和科学素养的不同解读。第一,我们认为,科学素养具有群体属性,其互动性是个体所不具有的特点。第二,我们认为,科学只是人们在日常生活集体决策过程中所选取的一种方式而已,不应当把科学视为唯一规范合理的方式。第三,我们认为,人们通过参与活动来习得知识意义重大。这些活动满足了公众的基本兴趣,相比带着目的去学习而言,群体性质的活动效果更明显。

欧申赛德

三年来,迈克尔(Michael)和他的研究生都在亨德森河流域和欧申赛德小镇进行民族学研究,该社区位于太平洋西北部的一小片沿河流域。他们的研究重点是探究科学在当地社区不同情境中的角色。确切地说,研究聚焦科学,是因为当地的水问题形势严峻,正如当地媒体反复撰文报道的那样,这个问题已困扰欧申赛德小镇多年。如今,亨德森河流域成了焦点,当地的工农业生产都给生态环境带来了威胁。亨德森河是其所属分水岭北侧支流的终点,与南侧支流戈顿河于山谷交汇,形成亨德森河的主流,随后向西流入太平洋(见图

2.1)。这片流域 25 公里开外的地方，坐落着一个不断扩张的中等城市，推动着城市郊区不断向农村和农业观光区拓展。

　　长久以来，欧申赛德小镇夏季炎热干燥，冬季湿润，导致了当地社区在夏天缺水严重，在冬天则水量过大。多年来，由于夏天供水不足，社区必须限制居民的用水量。从当地蓄水层独立打井用水的居民发现水源受到了生化污染，有时他们必须从离家五公里外的加油站取水。该流域还有一个土著社区，历史上，河流一直是他们的食物来源乃至精神源泉，但迄今为止，他们对于参与恢复河流水体的活动一直毫无兴趣。

图 2.1　从西向东远眺亨德森河流域的入海口，前为半岛，后为山脉，中间为入海口

　　如今，河水消失加剧，水质下降以及水位落差极大（冬季的高位和夏季的低位）的部分原因就是河水在地表和地下的运动中发生了变化。这些变化受诸多因素影响，如城市化和不透水地表（人行道）面积的增加，河道改直，流域内和河道两岸的森林覆盖面积减少，湿

地和补给区面积缩小,水流自然条件受损等。

24   流域内的河流系统受到人类活动的影响更为广泛。部分正在开发的郊区与农田交错,雨水渠和水沟将雨水分流,同时也把市郊的污染物,如化学除草剂、泄露的汽油等,统统从那些新开发区域排入亨德森河及其支流。

欧申赛德市政府在流域内引进了一个工业园区,并严格将其范围限制在四个街区内。尽管如此,园区内所有机修车间和生物实验室排出的废水却都流入一条被人们称为"臭水沟"的沟渠,而这条水沟最终流入亨德森流域。为提高河流快速排水的能力,人们将河道挖深改直,去除了当地覆盖的大部分植被,因此周边的农田被加剧侵
25   蚀和污染了。这些环境的变化不仅使湿润的冬季时节腐蚀加剧、淤泥增多,同时这也是导致夏季(合法和违法的)灌溉抽水造成河流水位低、水温高的主要原因。如图 2.2 显示后方的区域已然毫无遮盖。到了夏天,这里几乎不剩一点水分,化学污染程度很高。

我们通过对亨德森河保护工程的环保维权人士和欧申赛德中学的师生两大维权系统的个人进行追踪,以了解市政当局的重要事件。他们不仅研究河流本身,而且还在亨德森保护工程每年举办的开放日上展示调研结果。在开放日活动过程中,我们得以采访和拍摄其他许多同样关注亨德森河及其流域的个人。

亨德森河保护工程源自流域内三位居民对水质的担忧,他们其中一位是农民,一位是环境政策领域的教授,还有一位是得到联邦机构拨款、发起亨德森河保护工程,亨德森水体恢复的海洋学家。该工程由一位联络人和一个由五到七人组成的指导委员会牵头,他们争取到许多民众的拥护(如成功雇请到许多高中和大学学生负责暑期工作),也得到了当地机构的支持。这些环保维权人士起初认为,他

图 2.2 "臭水沟"，典型的渠化河流

们是在一个于己不利的政治环境中发出反对声音，因为农民、工业和其他土地拥有者的利益往往与环保团体的出发点背道而驰。当地的大部分土地均为私有，他们便选择跟当地居民建立并保持良好的关系。最近，亨德森河项目已经成为新项目的必经关口：现在，社区和政府机构要求个人和团体均与亨德森河项目的指导委员会进行讨论并提供项目对水体潜在影响的规划方案。

不同地区的科学及科学素养

　　我们在欧申赛德的各大地区开展了广泛的民族学研究,考察了社区中不同成员参与的活动。我们逐渐认识到,科学不过是社区社会生活中的一个小的方面。甚至当科学家也参与其中的时候,他们的贡献会与其他人基于不同认识论做出的贡献相互影响,因此只是群体和社区在解决不同问题的矛盾时的集体努力的一方面。我们还注意到,亨德森河在不同的社会活动中如耕作、养牛、骑马、社区活动、工业生产等方面的作用均举足轻重。

　　为了比较不同活动涉及的具体知识和学习过程,我们系统地研究人类活动的持续性、自我复制性、系统性、纵向历史演进等方面。[①]为了能系统化地理解(往往由社会角度引发的)活动,我们着手研究活动的主体(个人或群体)、客体(产物或动机)、生产方式(工具、手段)、规则、社群和劳动分工。

　　客体决定活动。举个例子,欧申赛德的农民耕种农田(即动作实施的客体)、产出作物,获得稳定收入。各实体之间的关系,如主体和客体,从来都不是直接的,不只是农民在田地上耕种这么简单。相反,两实体之间的关系是间接的。农作需要拖拉机、犁、肥料和抽水机,这些工具就是农民生产活动所需的中介。然而,农民和工具之间的关系不是任意形成的;比方说,使用拖拉机和肥料的方式总是为农

---

① 活动理论起源,就像目前它在 Alekxei N. Leonti' ev 的作品中被使用。参见 Alekxei N. Leontiev, *Activity, Consciousness and Personality* (Englewood Cliff, N. J. : Prentice Hall, 1978)。最近关于活动理论的讨论和阐述可以在 Yrjö Engeström, Reijo Miettinen, and Raija-Leena Punamäki, eds., *Perspectives on Activity Theory* (Cambridge: Cambridge University Press,1999).

业特有并在农民之间薪火相传。也就是说，农民群体性协调主体和工具之间的关系。类似的分析可用于所有的实体对上，每一对实体之间的关系都受到其他实体的影响。还应注意的一点是，基本实体（主体、客体、工具等）是不断发生变化的，因此若想理解某一活动系统，必须将其所有基本项置于相应的历史背景中。这样的变化往往由活动系统内或不同系统之间存在的矛盾所触发；因此，我们可把矛盾视为增长点。

每一活动系统均包含不同的个体或群体及其工具；因此，作为各类活动的产物，科学的表现形式各不相同。在各类特殊实体的作用下，不同的话语与其表述得以产生，并在各种各样的互动平台上发挥作用。[1] 此外，同样的个体可以参与不同的活动系统，或在各自的分工领域承担不同角色。我们的研究表明，其中一些工具手段，如溶解氧测量仪和色度计，可用于不同的活动系统，它们可能起着同样的标准功能，但为满足不同的目的。在本节接下来的内容里，我们将描述五种不同的情景；在这些环境中，我们发现科学素养并非个人品质，而是集体及所处语境的总和。我们突出阐述每一个"素养形成"方兴未艾、相互作用的本质，从而描绘公民科学在社区实践中所起到的作用。

沿河寻找鳟鱼适宜栖息地

环保人士关注的核心问题之一就是改善亨德森河的环境，使其成为适合鳟鱼生存的栖息地。适宜鳟鱼生存的栖息地需要拥有太平洋西北部典型健康溪流的所有特性——蜿蜒的河道、大量木头碎屑

[1] Stuart H. Lee and Wolff-Michael Roth, "How Ditch and Drain Become a Healthy Creek: Representations, Translations and Agency During the Re/Design of a Watershed," *Social Studies of Science*, vol. 31, no. 4(2001), 315 - 356.

和岩石块、垂悬于水面上的植物、凉爽的温度和高含氧量。因此，让河流恢复适合鳟鱼生存的条件，本身就是全面恢复河流健康的一项举措。在此工程未实施之前，咨询师汤姆（Tom）接受了亨德森河治理工程指导委员会的邀请去沿河考察，因地制宜地提出了关于修复的策略。汤姆曾参与修复邻近的一条河流，修复之前那里无水可用、无适宜栖息地、无鱼类栖身，如今每年已经出现鲑鱼洄游。

当大家沿着亨德森河的不同河段进行考察之时，尽管汤姆经验丰富，但是他并不主导大家的讨论。汤姆表示自己并非生物学家，只是在另一条邻近河流工作了逾十五年，将其恢复到鲑鱼的合适栖息条件。讨论过程中，汤姆从不认为自己是一个无所不知的专家，更无意把自己的知识当成权力来滥用。事实上，在回答某些问题时，他还建议小组向其他人士咨询相关信息。

米根：汤姆，它们的生命周期是怎样的？

汤姆：我不知道，这个你得查查看。不过，显然这里（池塘）有两种或者更多不同年龄类别的鱼。可能还有几条大鱼。

在沿河考察适宜鳟鱼栖息地的过程中，小组成员展现了专业素养和科学素养。鲍勃（Bob）是一位环保人士，他获得了生态学的博士学位，曾在当地大学授课，如今跟着汤姆做项目。米根（Meagan）获得了环境研究的理学学士学位，参与过大量环保活动，在环保维权方面经验丰富，受雇于亨德森河治理工程，担任工程联络人。萨莉（Sally）是亨德森河治理工程指导委员会的成员之一，负责考察过程中的记录和撰写报告。卡伦（Karen）也是一个热心环保的人，本职工作是欧申赛德农场的水务处理技术员。杰弗里（Geoffrey）是当地的农民,通晓农业技术,尤其了解在河边放牧对牛产生的影响。

　　小组成员走访了可改造成鱼产卵的所有区域,同时寻找不同年　28
龄段鱼苗的踪迹。在行进的途中,成员们沿途捡起漂浮于水面或挂
在灌木丛上的塑料瓶、塑料袋。汤姆指出不同区域的特点,提出了改
造现有河流,使其成为鳟鱼理想栖息地可采取的措施。

　　米根:(河水)今天很清澈,平时都是浑浊的。

　　鲍勃:尤其是在下了点雨之后。

　　汤姆:大概是这里的水流稳定,就像这个样子。但我觉得
也不是全部都那么糟糕。

　　迈克尔:你觉得这里有没有足够的氧气供鳟鱼生活?

　　汤姆:这里有水流进流出,但我们或许在做一件有趣的事。

　　米根:我们一直在监测这里的氧气浓度。

　　鲍勃:情况还好吗?

　　米根:直到这一段河流,你上次也参与了测量,从欧申赛德
农场水坝流出来后的河水含氧量大概是百万分之十?

　　卡伦:是的。

　　米根:但我们到水坝这个地方测量的时候氧气含量就下降
到了大约百万分之五。

　　汤姆:所以,假设这里有鱼的话,它们出现在这边(上游)的
可能性更大?

　　米根:没错。

　　汤姆:下游的温度也可能更高。

　　鲍勃:尽管下游有藻类滋生?

　　米根:对。

汤姆：我觉得也就这样吧。

米根：所以你是觉得这里可以用作栖息地，但不适合它们产卵？

汤姆：噢！不，它们压根不会在这里产卵的。这里水源不足，没有沙砾，更没有河水流经砂石。不过，如果有更大一些鱼的话，它们其实可以在这里生存。你看，那边水面上有植被覆盖，河岸上也有很多生物。要是我的话就先不管这里了。

在这段对话里，河流水域的价值并非是某一个人（专家）的分析和评估来决定，而体现在所有成员互动的话语中。每一个问题与答案、评论与回复的转换，都带着关于河流的相关信息。例如，亨德森河不仅是"一般都是浑浊的"（这个评论援引了有关该河的历史知识），而且会在"下了点雨之后"这种特点尤为明显。在米根、鲍勃和卡伦的对话中，小组成员得知不仅监测了河水的含氧量，而且具体的数值在百万分之五或百万分之十中变化。米根和卡伦曾在去年用溶解氧测量仪测量含氧量，这种仪器也出现在暑期社会实践和中学生对河流的研究中。最后，该流域的温度不仅有所上升，而且出现在小组所处位置存在"藻类滋生"的条件下。在米根和汤姆最后的两句话里，我们看到关于该河段的整段对话以这样的评价做结论：这是适合鳟鱼生活的栖息地，但并非是适宜的产卵地。

在这个情景里，（成员们）分别评估该河段作为栖息地和产卵地时所展现的科学素养和专业素养，是通过个人和所处的情景体现出来的。

在评估该河段宜居程度和是否适宜鳟鱼产卵时，每个人都体现了相关的科学素养和专业素养。每个人的谈话都是整体对话中的一部分，如千丝汇聚成线。虽然线由千丝汇聚而成，但是前者的特性跟后者有所不同。知识与权力的动态关系存在于谈话人之间，没有人竭力表现得智高一筹，占据优越地位。相反，知识与权力的关系本身就是集体且民主的，最理想的结果在于从这次考察中尽可能得出更多关于河段的结论。此外，贯穿于对话中的科学素养不能根据个体成员的科学素养来判断，体现科学素养的互动对话是一种最简单的社会现象，这一点会在后面的内容里体现得更加明显。与参与对话相关的劳动分工——包括一套不同的规则——改变了活动的本质，因而也改变了分析师们从情景中推断出来的知识与学习过程的本质。

社区里的科学表达：斗争与去中心化控制的场所

　　研究过程中，我们见证了某些"专家"或个人被要求展示（专业素养）。举个例子，米根和卡伦经常与不同对象讨论他们在环境保护活动团体中或在农场里的工作。但是，我们很少看到专属某个个体的专业素养。通常来说，当谈话对象提出问题时，谈话的核心内容将随之而改变，谈话的主题从参与者（即发言者和谈话对象）之间的互动中产生。科学素养不可简单地看作个体的特征，而再成为社会现象。我们观察了不同语境中科学呈现的（限制）发生变化时的情形，其中包括亨德森项目组织的开放日。虽然不同的科学家（在这个例子里特指水质技术员卡伦）"拥有"展示的幻灯片和其他视觉辅助工具，但是这些表述手段的含义却不再受拥有者的控制。在当时，重要的是图表或照片的信息如何通过发言者和谈话对象之间的互动跟世界形成更广泛的联系。更切题的说法是，互动中所呈现的专业素养超过了任何一个参与者原本可能体现的水平。以下例子取自我们的数据库。以下对话采自邻近开放日主场的某个展览区，卡伦以前会在这

30

里向社区民众介绍亨德森河水质在一年中的变化。为此,她把取自水质监测站的几卷图表方格纸粘在一起,并贴在屋内的墙上进行展示。她指导民众观察这些图表,解释数据特点,把特定的事件(降雨、水坝投入使用等)与曲线的特定形状联系起来。以下是她与一位名叫沃尔特(Walter)的当地居民之间的对话,卡伦正指着一条变化的曲线向公众解释这是由于当天人们灌溉农田导致的。在这里,集体知识再一次与集体力量挂钩。

> 卡伦:这些直角的线条是非常典型的下降直线,肯定是灌溉活动引起的。人们灌溉同时开始,又同时结束。从这些情况来看,这里经历了一段干旱的时间。(指着降雨数据表)
>
> 沃尔特:是的,长了很多牧草,大家都钻到草堆里去了。
>
> 卡伦:是啊,很多人都在那个时候割草。
>
> 沃尔特:还有,你朝着福克斯(Fox)走去,就到了亨德森河的下游,因为走过福克斯的农场就到河的尽头了。那里长的是玉米。当然啦,现在也有晚熟的玉米。
>
> 卡伦:对,他们还种不同品种。
>
> 沃尔特:我觉得他们在亨德森河附近的田地上种的大部分是早熟玉米(手势朝着图表的前面部分)。
>
> 卡伦:跟牧草相比,玉米生长肯定需要大量水分吧?
>
> 沃尔特:要我说的话,你也知道,河谷里土壤的组分结构——正如他们说的那样,这里是世界上最适合建化粪池的地方。人们做事情要抓住重点,不能是面面俱到,如果所有的人做事都考虑了好几步,那就没必要再想其他的方面了。
>
> 卡伦:是啊,他们不会想那么多。

沃尔特：就是这个理，但是那里有很多沙子、粗粒的土壤，　31
所以——

卡伦：河谷里有很多黏土。

沃尔特：对，黏土有很好的渗滤功能。所以说，这大概就是
为什么他们要抽走那么多水，比玛丽公寓（Marie Flats）所在的
戈顿河多多了。我觉得他们其实不必这么过分……

我们对两天开放日都做了录音，结果显示卡伦倾向于带着参观
者快速参观展览，解释所有图表中（对她来说）关键的部分，然后转向
下一位参观者。在这个互动中，沃尔特的问题（跟其他在场的人们一
样）共同决定了有意思、值得讨论的内容。沃尔特关心的不只是不同
农民同时开始灌溉时所产生的曲线变化的简单命题。沃尔特在当地
社区里住了十七年，他不仅十分了解所有的农作种植，更对亨德森河
沿岸农场以前和现在生长的农作物了如指掌。显而易见，沃尔特比
卡伦更熟悉该流域的历史变迁，毕竟卡伦是由于不久前成为某个农
场的水质技术员才搬到这片地区的。我们并非强调学问是某个人所
特有的，而是说明一个事实，那就是通过对话互动，寻找到如今社区
水资源危机的具体原因。社区里展出的科学并非某一个体智慧的体
现，而是源于与他者之间复杂的互动，在互动的过程中其公共属性让
旁观者一览无余。

如果知识与力量直接相关，集体知识大于（不同）个体的知识之
和，那么解决环境问题的集体力量就会超过个体的力量与专业知识
之和。与此同时，当相关问题的对话因其本质被界定为不可简化的
现象，科学素养就成为该情景的一种集合。环保维权人士的开放日
活动和卡伦的水位图展览均有助于广开言路，带来了进一步讨论亨

德森河水问题和流域抽水问题的可能性。因此,水位不仅受到同时开始灌溉的农民的影响,还受到不同作物对水的不同需求的影响。土壤的特性使其适于修建化粪池,有利于当地的排水,更便于农民抽走比河流其他水域更多的水量(如玛丽公寓)。这个片段也证明了我们另一个更普遍的观察:当科学话语及其表述手段(比如展示所用的工具)进入公共平台,它们就不再受制于科学家及其局限的表达方式——那些方式更适合科学实验室的语境,而非社区中的真实场景。相反,我们可以认为,话语和表述被带入一个更异质的语境,其中涉及许多不同的问题(伦理、政治或经济),具体取决于随着争议性问题涌现的话语,并对(政治)斗争起到重要作用。从整体的对话来看,或者把话语作为一个异质现象来观察,科学事业也就不过是一根线上的诸多纤维之一——与其他纤维相比不多不少,共同构成线的强度。我们由此得出,一根线的强度来自许多不同纤维的结合。

学生暑期项目

在社区里,成年人身上不仅体现科学素质,与此同时,初高中、大学生通过多种形式参与到系统活动中,并获得了关于亨德森河流及其流域的生态学知识。这些知识在社区中相互交流、传播,并在不同个体成员中不同程度的体现。在这个过程中,这些学生在有环保意识的社区工作,不仅付出知识,而且作为社区成员还有助于工作的进展。在环保行动主义现有活动系统的语境中,根据现有的客体——动机、工具、社区和劳动分工——学生自己就成为了主体,我们看到了在他们身上体现出不同程度的科学素养。

暑假期间,亨德森河项目会雇请高中生和高校学生参与调研亨德森河流域并收集数据,以便未来开展河流修复工作。某年夏天,五个学生参与项目。他们从亨德森海湾开始工作,亨德森河项目工作内容包括河床剖面测量、河流截面取样、栖息地评估、水质监测以及土地所有者调研。学生们用一个夏天的时间收集数据,然后将其输入亨德森河项目总部的数据库。涉及河流方面的工作,工作人员把亨德森河及其两条支流划分成不同区域,称为"河段",把从草地到森林等地貌巨变,或是涵洞等明显的陆地标志作为分界线。不同河段的长度各异,从 70 米到 110 米不等,每个河段分别进行一系列测试,旨在最终评估整个河流系统。 33

开始工作前,学生们需要先取得土地主人的许可,才能对河流展开调研。于是,他们确定相关土地主人,确定他们的地址,以写信的方式请求许可。在得到相应河段的土地主人完全同意后,他们才开始着手调查该区域。

进行剖面测量的目标在于逐段完成整条河的跨度测量,从海平面开始,在河水发源处结束。学生们利用不同工具(如水准仪和标尺)展开剖面测量。在河道最深的部分,他们每隔几米就测量一次,一般是测量河段底部到水面的高度。一个河段里所取的截面数量取决于河道的长度,通常是每 50 米进行一次河道截面调查。依次观察所有截面数据,有助维权人士观察和总结河床的变化趋势(如图2.3所示)。大学生琳恩(Lynne)这样评价:

我们尝试测定流速和流量,但是结果不尽如人意,因为我们的流量计出故障了……你得去猜,满水时期的水位有多高,因为我们并不是在冬天工作,这就很难了,我对水位能达到多高毫无概念。 34

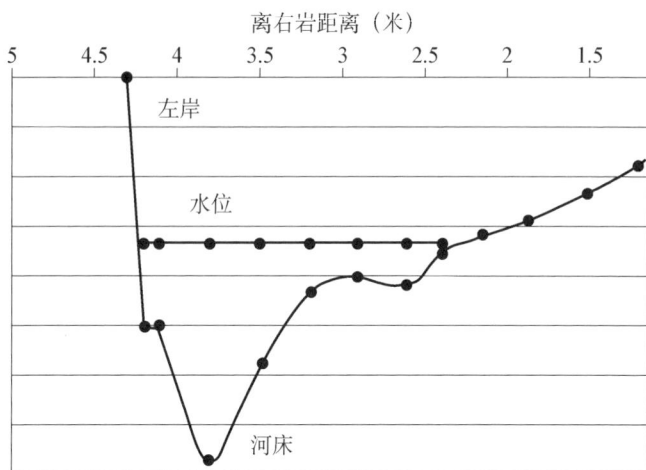

图 2.3 该截面由琳恩完成。琳恩是一名参与暑期项目的大学生，本图根据她与其他学生在亨德森河采集测量的数据绘制而成

在每个河段都要开展一次栖息地评估，收集各类信息，其中包括河流中沙砾和淤泥的含量、河岸带的面积、河岸带上的植被种类、大块木头碎屑的数量、（有植物扎根的）陡岸和加固岸坡的数量，以及被垂悬枝条覆盖的河道比例。综合考虑以上因素，给出每个河段的栖息地评估结果。栖息地评估需要进行许多设身处地决策，学生可通过集体工作掌握这一技能。学生把各类表格作为工具，通过输入不同维度的估计数据完成全面评估。同理，水质评估工作得益于大量可用的工具才得以顺利完成。学生们使用酸碱计（pinpoint meter）、溶解氧测量仪和色度计，在不同的表格中输入仪器读数，并就某些计算方法提问。因此，每个河段的水质通过测定温度、溶解氧含量、浊度和酸碱度得以确定。与栖息地评估相同，每个河段的水质评分从水质评估表格中获得，需结合不同读数进行计算，然后把结果跟已有的计算结果进行比对，换算得出水质评估结果。琳恩这样回忆她用到的工具：

　　我们用到的主要是溶解氧仪，用于测量溶解氧和温度。你只需把仪器放到水中，稍微摇晃一下，然后就会出现读数。色度计是个大家伙，所以我们把水样放进仪器里，然后它会进行光谱分析……给出不同成分的频谱分析结果。不过色度计一般都需要在实验室里进行大量分析，所以不能简单地放到水里就完事。

　　工作结束后，学生们的工作成果不仅存放在亨德森河项目小公室，还会作为信息来源用于指导河流修复工作，向社区的不同成员以及土地拥有者介绍河流的情况，从而说服各资助机构向河流乃至整个流域相关的其他项目提供财政支持。举个例子，图 2.4 展示的内容节选自一份写给市议会的提案，内容引用了学生在暑期项目里收集和得出的数据，据此申请进入流经当地公园的河段的权限。换句话说，得到关于河道的知识并非目的所在；学生在实现一个有价值的目标，即呈现河流情况的过程中习得并实践科学素养才是关键。 *35*

　　在这个案例里，科学素养表现在学生们的成果成功地用于协助 *36* 亨德森河项目获取更多资金。但是，这种科学素养不能仅仅归功于学生。相反，科学素养是这个活动系统的附属产品，在本案例中即源自学生之间、学生与亨德森河项目成员之间、学生与可用的展示工具之间的互动。活动系统的组成部分不仅包括学生及其使用的工具；应该说，学生参与的是一个持续进行的活动系统，后者的目标是保护并恢复该流域。学生在环保人士的指导下，根据惯用的方法使用这些（可能陌生的）工具；换句话说，工具的用法受其所在社区的影响，进而得出用于社区的数据。由于社区影响了工具的使用方式（即工具—主体关系），其得出的结论也不只是受到某个人的意识所影响。

水质测试完成后,结果记录于表 1 和表 2。结果显示,河段 1 的水质是流经世纪(百年纪念)公园(Centennial Park)的河段中最差的(温度和浊度最高,溶解氧含量最低)。这可能是上游河段露天沟渠带来的影响。

表 1 河段 1 河道特性					
长度	坡度	平均满水宽度	平均满水深度	宽度/深度比	平均铺设材料尺寸(厘米)
290	0.35	3.26	0.66	4.93	2

表 2 河段 1 水质条件		
溶解氧含量	温度	浊度
6.34 mg/L(65.6%饱和度)	16.5℃	22FTU

河段 1 限制因素:
1. 沟渠工程降低了栖息地的整体多样性
   该河段沟渠在不断加深改直的改造过程中,该河段也失去了许多栖息地的特征,如深水池塘、浅滩、河曲、河槽外栖息地等。
2. 移除大块木头碎屑和河床植被后,幼鱼及成年鱼类栖息地减少
   这类河流特征消失后,供幼年及成年鱼类展开生存竞争的栖息地数量减少、质量下降。
3. 岸坡失稳与侵蚀导致沉积物运输量增加、水质下降
   垂直河岸的植被缺失、土壤松散,导致该河段的严重侵蚀。来自河岸的沉积物沉积在该河段及其下游的池塘底部和产卵的沙砾上,导致鱼类产卵和生存条件变差,及成年鱼类栖息地质量下降。

河段 1 诊断结果:
(1) 增加池塘与产卵地数量。在小沟渠进行改造的地方引入三个"纽伯里"(Newbury)式沟渠结构,加深池塘。这些特性代表着河流的自然沉积和河床的自然演变模式(behavior pattern),能够说明哪些地方需要进行加固。在池塘的下游端增加产卵石滩。
(2) 增加大块木头碎屑和砾石群(boulder cluster)的数量,提高栖息地复杂度。在加固后的新池塘内的合适位置放置木头碎屑和沙砾。
(3) 稳定岸坡,提高栖息地复杂度。限制进入河坡和沟渠的路。规划河坡人行道时,适当种植当地植物。提供解释性的标牌,解释修复工作的目标,赢得公众支持,请求公园游客配合工作、远离河道。

图 2.4   为河流调查结果及提交给社区关于如何改善特定河段的建议

事实上，社区就是学生行动成果的基本组成部分。重申一点，科学素养是活动系统的属性，而非学生或环保人士自己的。科学素养成了一根线，其纤维包括主体、工具、劳动分工、规则、客体、社区，以及不同实体两两之间相互影响的关系。

公众集会

公众集会因其通过其他方式（如调查）收集信息并能增加广度和深度，在民主国家成为一项广泛应用的重要方法。过去几十年里，我们越来越清楚认识到，在关于转基因生物体的风险管理方面，相关人士会在风险管理过程的各个阶段进行价值判断。因此，存在这样一种"日益激烈的争论，即公众有必要参与科学技术领域的政策制定，以反映民主理想并认可其存在，同时增强公众对监管系统内监管人员及其透明度的信心。"[1]

我们研究中记录的其中一个论坛就是关于欧申赛德某段水方面的公众集会——盐沼（Salina Point），此段不与主河道相连。曾经有几年夏天，那里的地下水含量非常低，导致井水的生物污染和化学污染浓度上升，居民需要从离当地最近的五公里外加油站购买饮用水。六份关于该问题的报告陆续公布后，市议会决定召开一场公众集会，让受其影响的人们能够出席，以便澄清那些不时产生矛盾的话题，如成本、市政管理目标、历史关系、科学细节等。

根据一些当地居民的说法，市议会深受水资源顾问特别小组（Water Advisory Task Force）提交的多数派报告（majority report）的

37

---

[1] Gene Rowe and Lynn J. Frewer, "Public Participation Methods: A Framework for Evaluation," *Science, Technology and Human Values*, vol. 25, no. 1（2000），3 - 29. 参见 Alan Irwin, "Constructing the Scientific Citizen: Science and Democracy in the Biosciences," *Public Understanding of Science*, vol. 10, no. 1（2001），1 - 18.

影响,而这份报告又是基于独立咨询师丹·洛厄尔(Dan Lowell)撰写的报告完成的。科学家们往往把自己局限于一种脱离现实的语境,无法解释当下场景的特殊之处;重点是这种论述对人类苦难漠不关心。① 举个例子,科学家称之为"未实现的美学目标"的情形,转换成居民的真实体验,就成了每隔一年就要更换的被腐蚀的输水管道、洗衣机和烘干机;用井水灌溉后反而枯死的花朵;洗澡后出现在皮肤上的鳞屑等。这些都是人们日常生活中深受水质问题影响、碰到的实实在在的问题,却成了所谓科学话语中轻描淡写的"美学目标"。与所有对话式的互动一样,公众集会涉及各类人群,他们都会带来相当不同的问题和理解角度。因此,作为一个互动平台,公众集会提供了空间,允许出现大量不同形式的讨论,其中包括但不限于科学讨论。科学素养成了集体完成的一种异质成果,容纳了各种观点、利益和需求,在今日看来还丰富了实验室科学家所用的那种局限的客观定义。事实上,这种异质的论述甚至更为客观,因为它综合考虑了更多看待、理解真实世界的方式,比那种实验室的科学论述用来解决问题的方式要远为丰富。为具体阐释这一点,我们选择了一个富有争议的话题,即饮用水里铬浓度过高的问题。

当地健康委员会的首席环境卫生官员也提交报告,建议把盐沼跟主河道打通。他指出,他与团队成员对井水展开测量,发现其中的铬浓度高得离谱:

---

① 参见 Wolff-Michael Roth et al., "Those Who Get Hurt Aren't Always Being Heard: Scientist-Resident Interactions Over Community Water," *Science, Technology, and Human Values* (in press). 有些报道显示科学家们经常威胁公众。参见 Nick Brown and Mike Michael, "Switching between Science and Culture in Transpecies Transplantation," *Science, Technology, and Human Values*, vol. 26, no. 1(2001), 3 - 22.

我们有一个极大的问题，那就是铬的浓度太高了。铬跟氯碰到一起，成为三价状态的话，就会带来问题，致癌物就是这样形成的。氯本身就存在于水系中，一般情况下没有问题，是一种营养素。但是，当我们给水管加氯消毒，就可能导致问题。

丹·洛厄尔受雇于水资源顾问特别小组。他在报告中写道，未发现水中的铬含量过高，并建议任何的金属污染，即他口中的"美学问题"，"应采用家用处理系统来处理"。当公众向他提问质疑时，洛厄尔的报告就面临着被大家审议。在下文对话的前四句里，洛厄尔和居民诺特（Naught）共同构建了对科学专业知识的诉求。

38

诺特：让我们回头聊聊下游河水的处理。你熟悉这块内容、懂得相关的专业知识吗？

洛厄尔：我曾在地下水和水处理领域工作了二十五年以上。

诺特：那么，你觉得自己是这个领域的专家吗？

洛厄尔：不完全是。精通水处理的环境工程师会比我懂得多。

诺特：比如说，你知道铬能不能被处理吗？

洛厄尔：可以的，要用到离子交换滤液，一种过滤器。我打电话问过几个系统的制造商，他们都保证这是可行的。

诺特：所以对你来说，这样就够了吗？

洛厄尔：嗯，我也在一些出版物上读到过相关内容。

诺特：那么我们这里也有篇文章，说没有任何商用处理技术可以处理铬。

比斯戈夫：让我重复一下，诺特先生——

洛厄尔：再次重申，我们并未找到任何关于铬的问题。所以，我不太确定您想说的是什么。

诺特：在我看来，马吉先生（水资源顾问特别小组组长）的报告主要来自您的信息，也就是说无论症结在哪里，水问题都是可以被处理解决的。我并不认同这一点，因为我觉得无论你对水做了什么，无论在哪里采取什么处理措施，你都会对水产生影响。这样，你就已经对水产生了另一种影响。所以说，在水质问题上，水处理行业是非常微不足道的。

后面的对话建构了这样一种可能，即铬污染是可以被成功处理的。洛厄尔声称自己已经打电话咨询制造商并阅读了相关文章，而诺特则指出了一篇意见截然不同的文章。洛厄尔坚称不存在铬污染的回复旨在转移话题，但诺特的回复指出，洛厄尔的报告对决策过程产生了不可忽视的影响，因此更加需要关注他所推荐的处理方法的本质。当地卫生当局的科学家早在第一次采样时就发现了铬的存在，因此铬含量没有问题的说法不仅与卫生当局的报告背道而驰，更进一步被其他出席集会的居民所提供的信息所影响。举例来说，一位居民提出，从她家里取的水样"远远不同于洛厄尔所取的水样，总能得出非常有害的测试结果，尤其是在铬含量方面"。她继而具体解释，自己学到

"……关于铬的知识，读了（地区健康委员会的）报告之后，那报告说它可能致癌。部分中毒现象是经过皮肤吸收进入体内

的，这正是铬致癌的机理。高 pH 值助长水垢形成，有损氯在水中的消毒效果，不过由于铬含量之高，我们无论如何都是不能用氯的。"

其他一些雇请了咨询公司的居民也贡献了相关信息，他们与这位居民的评论共同建构了铬问题的全貌。当我们把公众集会视为不可简化的现象（而非每个个休的贡献之和），我们就能理解为什么铬浓度高是一个富有争议的问题。铬浓度高的问题同时存在赞成与反对的意见，不仅铬的浓度受到争议，而且铬能否被处理的问题也悬而未决。最后，甚至连科学的专业地位也在互相矛盾的文献中受到挑战，无人确定到底文献曾否提到饮用水中的高浓度铬能被处理。

那么，这场公众集会里的科学素养体现在哪里？仅限于在场（无论有无相关领域硕士学位）的科学家吗？科学素养是否属于诺特和其他质问洛厄尔的居民的特质，以致他们的方式还被其他参与者认为是在"盘问"？诺特不是科学家，也未曾接受科学训练。但是，在他与洛厄尔的对话中，洛厄尔的形象远远比不上他在各种头衔下塑造成的专家形象；对话互动的结果是，洛厄尔所宣称的专业程度及其合法性受到质疑，观众稀稀拉拉的掌声正体现了这一点。在此，我们从另一个角度出发思考科学素养。我们认为，科学素养彻底渗透着整场公众集会以及其他我们已经阐述过的情景。随着科学素养从具体情境中衍生，这些事件中的每个人都在某种程度上与之相关；虽说这种科学素养属于日常实践的一部分，并在其中发挥作用，它却不能简化到任何一个独立个体身上。每个参与者都是整场编排的一部分，参与创造科学素养展露于公众面前的每一个瞬间。我们节选了集会

40

中的一些片段,证明科学素养不限于某个个体或某些人,而是从活动系统内的辩证关系中诞生。因此,我们认为不应单单从科学专家兼顾问洛厄尔身上或是诺特以及其他集会参与者的头脑中寻找科学素养的踪迹,而是要把所有参与者(纤维)联系起来的(不可简化、社会化的)对话脉络中寻找。这种方法也能对以民主为基础的政策制定提供启发;作为社会的一员,我们不再仅仅向某类专家寻求意见,而应集合不同的个体(包括那些受影响的人),让群体共同商讨手头存在争议的问题。如果每个个体、每根纤维编织在一起,成为一根连贯、异质、斑驳的线,解决方案就会柳暗花明。

原住民、文化与历史视角:亨德森河及排干的流域

在认真考虑科学素养实为不断发生的一种形式时,我们亦把出于某些原因而处于当前争论与问题边缘的个人和团体考虑在内。在欧申赛德,当地的"第一民族"(First Nations)就代表着这类人群。当我们进一步思考居住在该流域内的原住民群体,想到他们的保留地就跟亨德森河流入大洋的最后一公里接壤时,科学素养的不同形式就出现了。WSANEC族(意为"海水的子民")已在这里定居数百年,亨德森河一路流往的海岸以及附近的海洋就是他们生活的中心,他们的经验知识反映了漫长的历史。然而在当地媒体的报道中,WSANEC族人以及他们的老一辈极少成为维权的主要代表。表面看来,保护亨德森河流域的所有活动均由非原住民发起,在最理想的情况下,原住民老人们最多支持和参与由其他人开展的项目或参会。如今,环保维权人士已经发现,他们很难鼓动WSANEC族人参与到保护活动中来,很难让他们把河流恢复到数十年前的栖息地的状态。WSANEC族人之所以不愿意参与,是因为在历史上,人们一直采用西方的思维来对待环境,而那跟他们理解自然的方式大相径庭。

有一天，我们与身为"第一民族"一员的丹·丹尼尔斯（Dan Daniels）站在一起眺望山那边的水域，那边正是他们的保留地与亨德森河接壤的地方。

（我们目之所及的景色类似于图 2.1）丹谈到 WSANEC 族人与亨德森河产生丝丝缕缕关系的不同方式，谈到了这片水域，还谈到了亨德森河流入的这片海洋。丹强调，他们的知识以口述传授为基础，而在他们的口述传授中，地名必然与他们的叙事相关联，其中会夹杂些故事和历史。此外，每种叙事里提及的名字的含义都已超出最初讲故事的人的解释，但是，词语和故事的意义既不存在于故事中，也与讲故事的人的本意无关。原住民认为，意义存在于听众心中，是智慧的唯一源泉。由于口述传授留下的家族历史往往盘根错节，每个家庭都保留着他们对于某一公共事件的独特视角，个人的历史便只存在于集体中，也只能作为集体历史存在。WSANEC 族人典型的口述叙事如下：

41

　　曾经，在很久以前，海洋的伟力出现在一群毫无防备的人民面前。人们眼睁睁地看着潮汐越涨越高，甚至比族里最老的老人记忆中的高度还要高。他们清楚地认识到，这些浪潮不同于以往，危险潜伏其中。

　　接下来几天里，海水持续上涨。最终，人们用上了独木舟。他们将自己绑在独木舟上，并将独木舟相互绑在一起，另一头绑在山顶的一棵野草莓树上。当水面最终停止上涨的时候，独木舟已经漂在比山顶还高的地方。

　　此时，一只乌鸦出现了。乌鸦告诉他们，洪水很快就会结束。当洪水开始退去时,一个小孩发现乌鸦在头上盘旋,到处跳来跳去,兴奋地大喊,"大家快看啊,那里出现了什么!"("NI QENNET TTE WSANEC")在乌鸦盘旋的下方,陆地的一角正逐渐出现。老人指着那个地方,向大家宣布,"那就是我们的新家'WSANEC',从此以后我们就是 WSANEC 族了。"老人还宣布,从那天起,曾经庇护他们的山脉将受到族人的保护与尊崇,正如人们尊敬最老的老人一样。人们称之为"LAU, WEL, NEW",意为"庇护之地"。除此以外,人们也不再把野草莓树用作生火的木柴。①

WSANEC 族对亨德森河流域以及当地的所有植物、栖息其中的生物都怀有深深的敬意,其中也包括他们自身。也就是说,WSANEC 族的文化和土地密不可分地捆绑在一起。过去数百年乃至数千年的时光里,入海口的丰富资源养育了 WSANEC 族人。环保维权人士认识到,关于季节周期、潮汐与水文运动方面的知识对WSANEC 族人的生存至关重要,因此日后规划的一个重点目标就是结合原住民的知识来恢复亨德森河。

在过去,WSANEC 族依赖亨德森河及其流域上的湿地来获取食物,从鸭子到药用植物、编制材料,不一而足。因此不难想象,在过去一百四十年里,WSANEC 族深受湿地干涸与流域上发生的其他变化的影响。一位老人回忆他的母亲曾这样评价亨德森河流域:"我们在这里的好日子已尽。"②当地报纸《半岛新闻评论》(*Peninsula News*

42

---

① Kevin P. Paul, *The Care-Takers* (Sidney, B. C. : Institute of the Ocean Sciences, 1995),2 - 3.
② Dave Elliott Sr, *Saltwater People*, ed. Janet Poth(Central Saanich, B. C: School District No. 63,1983),17.

Review)曾刊登这样一篇关于环境变化的文章（2000 年 12 月 13 日，
第 12 页）：

> 海产是西海岸原住民的传统食物来源，却在过去几十年里
> 慢慢枯竭。甲壳类动物赖以生存的海床和鱼类产卵所需的洋流
> 受到污染随处可见。虽然许多贝类的合壳现象是由于某些海洋
> 生物自然形成的污染或是生物毒素，但是与此同时，污水、石油、
> 防冻剂、洗涤剂、油漆、溶剂等其他污染物，不断地进入海洋环
> 境，带来另一种不同的污染。

对 WSANEC 族人来说，亨德森河不仅提供食物，还是他们净化
自身的地方，因此河流不仅是他们所处自然环境必不可少的部分，更
是他们生之为人的根本所在（见图 2.5）。清洁仪式关乎"基本灵魂"
（skwinengut）。缺少基本灵魂的人会被视为一具"空壳"，而追求"基
本灵魂"的人必须具有洁净、贞洁的身体，因此个人在去邻近的山上
隐居前必须在亨德森河河口的海水里沐浴净身。在河里沐浴也是他
WSANEC 族人从儿童过渡到青少年的重要仪式。

对 WSANEC 族人来说，亨德森河深深植根于他们生活和求知
的方式中。至少在历史上，这条河就与他们的活动系统密不可分。
他们本土的（传统的、生态方面的）知识依然保留着与这方水土的古
老纽带。他们意识到他们的知识来源于与这片流域密切相关的关
系集体，他们深知，他们以活动系统内包括所有人力与非人力（自然
的、精神上的）各方面的因素为中介，从而大大地扩充着人类的生活
形式。

WSANEC 族人知道，亨德森河已今非昔比。过去五十年里，这

43

图 2.5 亨德森河一角。在移民于十九世纪中叶踏上这片土地之前，
河流保持着这样的原貌，切喉鳟（cutthroat trout）在水中栖息，
也是当地原住民的食物来源

里发生了重大的变化（如图 2.5 所示），包括具有他们的名字的入海
口处的水域和陆地污染；人类以开发为名不断蚕食土地、榨取资源，
不断侵扰圣地以及其他传统。由于入海口区域缺少生产和可持续商
业捕鱼等其他活动，因此失业现象严重。从族群历史有迹可循的时
候开始，北美溪鲑就是他们的传统食物之一，但是这种鱼如今已经跟

座头鲸、灰鲸、逆戟鲸一样销声匿迹；过去，正是这些动物的存在让族人给亨德森河入海口取了"K'ENNES"的土著名称。亨德森河注入的淡水塑造了丰饶的海洋环境，如今却由于日益严重的化学污染（农场化肥与工业重金属）以及河道迅速干涸、改直，不再带来淤泥。河流的实际条件已不足以像以前一样供净身仪式所用。WSANEC 族人不需要了解科学测量的大肠杆菌数量——当然，这个指标已经超过了适宜游泳的细菌水平的十倍，由此就能明白，河流已今非昔比，不能再像以前一样支撑他们的生活。事实上，对 WSANEC 族来说，他们的科学可能已随着学校的出现而走到尽头。学校的出现使教育与学校教育割裂。因此，一位老人这样写道：

44

> 在我们的家庭里，在神秘的长屋里，我们一直沿袭过去的智慧。我们对传统了解得越多，我们就愈加认识到，科学、数学和社会学科不是在学校里开始的。对我们中的一些人而言，终点已至。[1]

按照他们的方式，WSANEC 族认识到，他们知识底蕴丰富，能够提出有益生态的半岛生活方式："如果我们回归对自然的深刻敬意，我们就能成为其他人的榜样，防止这片美丽的土地遭受毁灭。"[2]但是，WSANEC 族人认为环保人士采取的活动不一定是恰当的。简单地把河流恢复到一百年前的状态并不能解决基本问题，即人们与其生活世界的关系问题。我们的一位熟悉亨德森河流域情况的原住居

---

[1] Earl Claxton, *The Saanich Year* (Brentwood Bay, B. C.：Saanich Indian School Board, 1993), 27.

[2] Elliott, *Saltwater People*, 18.

民朋友,向我们清楚地表示:

> 那些环保人士的做法,与农民们最初砍伐森林、排干沼泽地的水、给河流改道等行为如出一辙。他们只是在延续殖民行为。他们没有与在这里住了数百年、甚至还流传着关于河流的诞生故事的萨利希人进行对话并获得教育。他们花了一个夏天的时间,用各类仪表和码尺展开测量,那些机器设备现在还在那里,正在改造河流。他们不愿意跟最先开始住在这方水土的人们建立关系。我不明白,这怎能算是一个民主的过程。

我们的朋友和那些老人才是对的。如果科学和环保运动只是简单地把他们自己的意愿强加在集体活动过程中,却未能把当地群体纳入整体、视为平等的伙伴,他们就未能遵循民主理论与实践。这类科学和环保主义采取不同的认识论和价值观居高临下,神气十足地对待他们,更为糟糕的是在延续殖民主义。

从我们的系统观点出发,我们认为知识和学习过程只是历史与文化活动的两个方面。在不断演变的社会实践中,我们需要认识到自己与其他人的参与方式也在不断变化,这样就能看清其中的学习过程。我们不能把互动和参与视为创造稳定环境的个人活动之总和,因此也不能从个人得出的结论或个人所受影响的角度来理解科学素养。线和纤维的类比给我们提供了一个适当的框架来思考科学素养,因为它正源自我们在前文描述的不同环境中的复杂互动。在此,我们把重点放在研究中突显的两个问题。第一,我们提出,要把科学素养视为对话互动的不确定成果;第二,我们提出,要把参与科学素养活动视为一门终生课程。

科学是对话的不确定成果

　　对话往往至少涉及两人，他们把语言视为一种文化传递方式，这就是活动系统。参与对话的个人（如那些沿河行走的人，在公共集会发言的人，或是讨论水位图信息的人）组成了聚焦某些主题的中心主体，活动客体。在这个过程中，对话的人谈及（相同或不同的）各种内容、图解、图画和图表。这里的劳动分工是指听者和讲者的不同角色，参与者在对话过程中不停交换角色。他们在互动中遵循一定规则，据此进行着角色轮换并相互尊重。

　　在对话活动系统中，科学素养既非某一参与者的特质，也非活动系统中的先验资源。相反，科学素养从发生不同对话的本地组织中显露出来，前者是果后者是因。[①] 同理，科学素养也产生自社区其他情景的对话中，每个参与者基于社会、伦理与政治科学方面的各种实践中贡献不同智慧。每个人对话贡献都不只是对话成果，其自身还成为活动语境的一部分；也就是说，每个成果又重新融入活动系统中，进而成为社群整体可用的资源。每个人的贡献不仅导致对话的发生，还有助于社群个人自身的塑造与重塑。此外，每个人的贡献还体现了所有协同参与者以不同方式进行的劳动分工。由于每个人参与塑造对话语境的方式都是其他参与者所无法预知的，原则上主题脉络的展开便变得不可预测、模糊不定。因此，解决诸如科学素养这样的争议性问题就成了一个动态、辩证的对话过程，活动系

46

---

① Gerard Fourez, "Scientific and Technological Literacy as a Social Practice," *Social Studies of Science*, vol. 27, no. 6(1997), 903 - 936.

统内的不同要素都以非确定性的方式参与其中。

我们可以把科学素养视为正确利用专家、黑箱、简单模型、跨学科模型、隐喻、标准化知识、知识的转化与转移等因素。正确利用并不代表所有决策均交由个体完成。正确的用法可以在集体内完成，采用集体特有的方式，解决手头存在的问题。也就是说，正确利用以上实体的方式成了不同情景的一个性质，这些情景可以是对公共领域的政策制定与决策过程产生影响的公共集会或其他民主论坛。这种观点意味着，作为（学校与成人）教育者的我们应着力于具体情境建设，让集体科学素养得以发挥，而不是把重点放在个人如何运用或建构知识。同理，若教育者将科学视为生命之线的诸多纤维之一，我们或许就要更多地把学习视为人们参与解决日常（具有社会意义的）问题的过程。在我们的方法里，我们不会让个人脱离社会语境与物质环境，因为那才是他们正常开展活动的背景。我们不会切断不同工具、社群、劳动分工和具体规则之间相互影响的关系，因此能够观察到当前的常态中无法实现的活动形式。

如今，越来越个人主义的文化已经成为系统主流，我们的方法是把个人放回其隶属的系统。历史上，人类战胜自然条件的原因在于团结一致、分工合作，才能逐渐控制并塑造环境。这样，每个人不再需要捕猎或采集食物维生，而是在参与维系社会运转的集体活动中做出贡献，从而反过来保障个人的生存。如果认为每个人都需要认识科学，这就无异于说每个人都需要学习如何捕猎、采集食物或修整花园。因此，每个人都为一个支持科学发展的社会做贡献，实质是参与方兴未艾的对话，科学就如宗教、伦理、哲学等学科一样发挥着重要作用，科学素养就能作为一种集体能力维系下去。

科学素养是一门有生命力终身学习的课程

当前, 针对科学素养的反思有许多不足, 妨碍人们实现更广泛参与的目标(如那句"面向全体美国人"的口号)。制定的各种改革议程亦未能弥合学校科学与日常知识间的鸿沟, 因此无法确保终身学习的延续性。各种改革文件未能充分关注到当前学生组成了一个异质群体; 而把公民视为同质群体也毫无意义。我们在本章描述了不同成年人如何参与他们感兴趣的活动, 剖析哪些工具最能满足他们(知识上和动机上)的需求, 他们又如何用不同方式展示河流与水域的健康状况。社区成员、环保人士、原住民群体的老人、科学家、大学生和小学生都是社区(线)中必不可少的一部分, 社区里也有科学。父母、高中生、研究生、环保人士、原住民老人等各类成年人一起帮助小学生们调研河流、在涵洞旁边画标志; 反过来, 小学生则贡献了自己的行动, 把调研结果回馈给整个社区(详见第六章和第七章)。来自环保运动团体的成员回馈社区的方式则是做展示、协助教育小学生们如何使用工具和如何开展河流调研、跟当地居民合作, 从而改善水域环境的健康状况。

在这个情景里, 每个个体不仅在各自的环境中参与当时的对话, 也正如我们在前文中提到的, 无论每个人年龄如何、号称自己达到怎样的专业水平, 他们都参与构建了相应背景中的语境。由于这些对话不断涌现出新的特点, 参与产生与重建这种持续变化的情景便也等同于学习。我们作为教育者还应特别关注另外一点, 即围绕正规学习的藩篱不再把校园活动与社区活动分隔开来。我们希望看到社区成员出现在校园里、学校师生参与到社区活动中, 从而结合各种活动系统, 实现社区良性发展的宏大目标。换句话说, 大家相同的动机

47

促使了不同的行为，并影响了社区其他成员的行动。因此，在我们的模式下，由于推动活动系统运转的不同动机包含许多共同的元素，周边参与就成了合情合理的形式。在这种交集中，小学生们和成年人就都有了学习的机会。

48

用这种方式重新定义科学素养，让社区成员真正开始参与到社区活动中来，可能会带来一些政治上的后果。因此，当社区成员不仅了解到环境污染的真相，而且开始点出甚至公布制造污染的个人、团体和公司的名单时，社区活动的内涵就会开始变化。我们提倡直接参与社区事务，因为这样能促使学习的轨迹持续延伸，既避免中断，也免受制度式学习的藩篱所限。

我们思考科学素养的方式直接暴露了（实验室）科学的局限性。社区中的科学素养具有异质、属于集体的本质，认识这一点有助于扩充我们对科学的理解，它是一种"极富创造力、想象力的活动，被一丝不苟的实验数据所调和"。[①] 这种方式限制了群体和社区在传统科学与其他知识形式——如情景知识的不同（本土的、传统而有益生态的、相互关联的）形式——之间建立不同关系的可能性。我们不想把学科式的科学置于优势地位，而是寻求培养良性环境，让对话自发产生，让不同的知识形式出现在社区的日常生活中时，旨在解决特定（具有争议性的）问题，并在其中互相影响（negotiated）。通过创造对话空间，容许不同知识形式可以进入，学习过程跨越学校界限，不再以目前普通存在的缺乏持续性为特征，让素养的新形式以不确定的方式出现，而科学则是必不可少的整体的组成部

---

① Edgar Jenkins, " School Science, Citizenship and the Public Understanding of Science," *International Journal of Science Education*, vol. 21, no. 7(1999), 703 - 710, at 708.

分。科学在霸权斗争中不是按照它的形象制造了所有其它纤维，在我们欢迎的更民主的社会中，科学只是其中的一根纤维，而每根纤维都（作为劳动分工的一种实践形式）对集体生活的维系做出贡献。

第3章　科学素养、霸权与斗争

　　科学素养到底是什么，这在很大程度上取决于人们对知识与学习概念的认识。尽管科学素养有不同定义，当前的改革仍把受过良好教育的公民视为公共话语的参与者和使用者而非科学生产者。许多居民表示正规教育给他们的背景知识留下许多漏洞，因此他们需要相关知识来补上这些缺口，有些人甚至提出更激进的看法，即大部分人不仅无知，还无法培养科学素养。就跟电影《私立大学》(*A Private Universe*)的制作人一样，许多科学教育者都会挖苦哈佛学生对以下问题给出的回答：“为什么夏天比冬天更热？”因此，隶属麦考莉芙教育与卓越教学中心(Christa Corrigan McAuliffe Center for Education and Teaching Excellence)的州立弗莱明哈姆学院挑战者中心(Challenger Center)的飞行主管布鲁斯·马特森(Bruce Matson)表示，那些哈佛学生对最基本的天文问题给出了“怪诞且矫揉造作的解释”。① 马特森跟其他科学教育者一样，根据个人在访问或问卷调查里给出的答

---

① 有关文献可参见 Matt H. Schneps and Philip M. Sadler, *A Private* Universe [Video] (Washington, D. C. : Annenberg/CPB, 1987/1992). Bruce Mateson was quoted by Jeff Foust, Boston NSS January Lecture Summary, *SpaceViews*, February 1997 (参见 http://www. seds. org/spaceviews/9702/nss-news. html, August 19,2002). 当热源(太阳)接近测试地点(地球)时,说它更温暖有什么不对呢? 通常情况下,行星温度由日夜周期,大气的存在和密度,以及行星轨迹形成的平面相关的极轴方向等共同作用的结果。此外,在北半球,温度与地球的倾斜不一致。

案来评估其科学素养。由于每个人都应该具有一定程度的科学素养,因此人们普遍认为,这种用来理解科学素养的个人主义观点正在渗透社会,提倡个人应该了解更多科学事实(有时是指科学过程)。

为了用不同于以往的方式反思科学素养,我们从对科学、科学事实和科学方法竞相争辩的日常社区活动中汲取关于思考、知识和学习的灵感。我们怀疑当前盛行的关于知识与学习的假设,知识和学习"暗中"依赖"社区、文化、参与者及其动机和事件意义的同质性",[①] 然而,如果我们并非同质,每个人有不同的学习方式、懂得不同知识。那么,当我们需要做出影响公众的决定时,斗争便不可避免。我们说斗争是不可避免的,因为对于手头问题及其解决方式,每个人都有不同的理解,需要争取更多人的接受。有斗争就会有知识与权力的问题,但我们将在第四章进一步讨论这一点。

科学、社会与霸权

过去,科学和社会被认为是两种实体、两种类别,如同(科学的)城堡与(无知平民组成的)城邦。最近,科学人类学研究指出,城堡是多孔相渗透的。科学和社会不可能作为两个门类相互分离,在更为包容、异质的文化母体内产生。文化本身"代表着基本的认识与实践,包括人、行动、时间、工作、价值、手段等术语,诞生于比专家认知的科学要更为多元的各种过程"。[②] 科学家宣称科学是纯粹的,某种

---

① Jean Lave, "The Practice of Learning," in Seth Chaiklin and Jean Lave, eds., *Undstanding Practice: Perspectives on Activity and Context* (Cambridge: Cambridge University Press, 1993),3 - 32, at 15.

② Emily Martin, "Anthropology and the Cultural Study of Science," *Science, Technology, and Human Values*, vol. 23, no.1(1998),24 - 44, at 30.

罕见的事例发生，为缓解社会影响，这时真理便产生了。往往，科学家会进行大量艰辛的划界工作，力求把自己包装封闭起来，保持与经济上、伦理道德上、政治上藏污纳垢的城邦的学术对立形象。但事实上，科学和科学家都只是组成离散、破碎、非线性关系网的一部分，其中科学和社会的其他方面都被塑造成概念。当科学及其在社会中的形象被视为日常活动加以研究时，科学的集体本质就会得以暴露；从系统观点出发，我们就能看到科学、知识和学习都存在于集体现象中，都是集体现象的一部分。

当我们把人类活动视为各类互动系统中不可再简化的事物，我们就能解释个人及其互动客体如何以许多不同的方式构建相互关系，如存在于相应情境中的（知识和人工制品）生产过程、社区、规则和劳动分工。个人社会地位的差异是社会结构的固有现象，既源自于产生也源于再生这类差异的特定实践。在利益、动机、权力和行动可能性方面，存在巨大差异。从这个角度出发，我们看到在很大程度上，科学已经作为许多纤维中的一根而被编入生命之线。个人参与集体生活，作为组成（生命）线的纤维之一，成了公共生活的一部分，共同延续人类社会，每根纤维也因此得以存活，无论这根纤维是否与食物等生活必需品的生产直接相关。从纤维和线的角度考虑个体和集体生活之间的关系，我们就有了系统阐述科学素养的新方式。它不再是科学界单一纤维或少量纤维的属性，而是需要上升到线的层面才能变得具体可感、可供分析。把科学比做诸多纤维中的一根，有助于我们把科学理解为一种更广泛的人类奋斗中（线）的实体和语境。从线的角度来思考，科学扮演着所有其他形式的知识和实践的角色；若尝试给予科学更优越的地位，只会忽略科学与线上的其他纤维共栖共生的事实。因此，科学教育的目标是让科学素养成为集体属性而非个体特质。它将创造机会让个人参与，每个人都以自己的方式参与，为集体层面现象的出现做出贡献。这意味着，不是所有的人都必须知道科学事实或概念的基本知识——就如我们之中的大部分人对汽修一窍不通，大部分人虽然不懂烘焙，却照样天天吃面包。

决策做出以后，组成社会的不同纤维往往就会产生相互竞争的现象。比如说，艾滋病研究者或想采用双盲方法来测试新药，但身为潜在实验对象的患者大多拒绝成为对照组一员。即便是他们不清楚药物是否能够真正帮助减轻病情，艾滋病患者更希望拿到实验药物而非安慰剂。在结果形成的斗争中，科学家试图在新药测试涉及的社会、文化和政治生活层面表达他们的领导能力。霸权主义，就是这种寻求所有人同意，让一种观点、一类话语高于其他观点与话语的过程。其中，人们若想达成一致，需要先通过限定当前某一政治斗争——介于优势群体与从属群体的关系网，其中就有理解世界的不同观点与方式。

在本章，我们将讲述这样一个斗争的故事。上一章里，我们着重描写了一场公共集会的片段，观察盐沼居民如何讨论关于井水质量的不同报告。居民们想要连接到水的主体，这为社区的其他居民提供了水源。然而，当地市长和市议会反对该提议，因为他们担心这样会抬高盐沼房产的价格，从而导致加速该地区发展和城市化的步伐。市长和市议会成立了水资源顾问专责小组，成员均为欧申赛德居民，他们中只有一些人住在盐沼。不同的科学界顾问受雇进行水质测试，其中包括洛厄尔咨询公司（Lowell Consulting）。虽然他们的结果显示不存在水质问题，而这与其他研究结果以及当地居民的生活体验相悖，但政府官员依然根据他们的结果回绝了接通主水管的居民请愿。在很大程度上，公众集会变成了一场关于咨询报告合法性和使用方法合法性的斗争。我们认为,在盐沼地区的水问题上,在霸权(科学、政府官员)与反霸权(居民)的斗争中,一种科学素养的新形式出现了,新在其话语不再生搬硬套实验室科学,新在它的异质性,适用于描述这样的异质社群、文化、参与者,以及他们的动机和事件的意义。更广义地来说,科学素养是在有争议性议题上霸权与反霸权发生对抗而催生的结果。

作为斗争的一般认知能力

当前主流的民俗-心理视角把知识看作人们大脑中的不同实体集合(表象、概念或结构),学习则是内化或建构这些实体的过程。这种视角认为,当前的学习充满问题,因为(学校、成年人)教育者总是关心应如何根据理论塑造外界环境,让知识的转化、转移或建构得以发生。少数人认为,知识和学习过程就意味着要参与日新月异的人类活动。我们逐渐认识到,知识的变化成为一个复杂难懂、问题重重的门类。在特定的时刻或在一系列情况下,构成知识的是分析,它必须考虑到动机、兴趣、权力关系、目标,以及影响活动的突发事件。因此,我们更应该反思知识与学习,把它们视为广泛涉猎的结果,是让个体及其生活的世界逐渐显山露水的灵活过程。广泛涉猎有助于我们反思科学素养,因为它隐含了不同情景(霸权)的不同界定(definition)之间存在的斗争、复杂系统中存在的矛盾,而这些都是促成变革和发展的潜在动力。因此,广泛涉猎意味着:

> 经常处于变化而非静止状态,社会、文化与历史持续不断发展的活动系统,涉及以多种异质方式参与其中的个体,参与者具有不同的社会地位、利益、原因与主观可能性,根据所处情景特

有规定的价值共同采取即时、综合的斗争手段，而对他们而言，即使最终取得失败，也只是在正常进行广泛涉猎时所产出的日常集体活动之一。[①]

当我们把科学素养看作是在竞争情境定义的价值结果时，它不再是个体所展示的东西，不再是个体在基础科学知识的国际测试中所表现出来的东西。相反，科学素养持续被不断产出、不断改变，因而是一种常用常新的活动。按这种方式来，科学素养就是广泛涉猎的一种形式。因此，接下来我们分析的公共集会上的每个参与者（演讲者、听众、主持人）、每件事物（报告、空间布置、历史语境）都是组成科学素养的元素之一。

用这种方式重置科学素养的定义，要求我们重新思考人类活动中"语境"的概念，以及个人与语境之间的关系。这样，人类活动的语境就不只是一个装满各色人等的容器，也不再是在情景中根据个人情况创造体验空间。相反，语境是一个活动系统，是具有异质性、历史性的大量实体，由许多各不相同甚至互相矛盾的要素、人生、经验和声音组成，这些要素、人生、经验和声音之间往往存在碎片化、非线性的关系。与其说语境是某人被放入的环境，不如说它是一种行为秩序，个人只是其中的一个组成部分。因此，语境能够激发互动的可能性，而后者正是个人的动力源泉、科学素养的根本源头。

污水上的斗争：语境

欧申赛德是一个农业社会，占地面积相当大，其中有两个人口较

---

① Lave, "The Practice of Learning," 17.

为稠密的小区。盐沼是当前全市的争议中心,坐落于海边的林地区域,离那两个人口聚居的小区各有约五公里的距离。当地居民都有 *54* 自家的井,直接从地下蓄水层打水。多年来每到夏天,当地和区域性的报纸都会报道盐沼的水受到生物与化学污染。其中几年的某些时段里,地区健康委员会还建议居民完全不要使用当地的水,除非完全烧开,许多居民干脆从附近的加油站买水。过去三十年里,盐沼居民一直要求接通向欧申赛德其他居民供水的主水管。他们还把问题上报到当地的水委员会(Water Commission),委员会也认为市政府应加以关注。然而,欧申赛德市议会和市长驳回了所有请愿,通过让盐沼居民远离主水管来避免该地区被进一步开发。

盐沼的问题还不只跟水有关。连接盐沼和其中一个人口稠密区的是十字路(Cross Road),那里的居民现在也使用井水,因此连上主水管对他们有利。此外,对于现在的一些家庭来说,连上一条主水管或许还能顺便修了消防龙头,从而得到保障、减少火灾保险开支。然而,当前防火所需的水量超过了所有家庭的用水量,因此连上主水管可能导致该地区的进一步开发——不过,现在当地仍因"农业保留地"(Agricultural Land Reserve,ALR),而免受开发之扰。

过去,每个家庭(自己雇请咨询师)和地区健康委员会都曾进行水质测试。测试结果总会发现一系列问题,包括化学和生物污染物。但是,水资源顾问特别小组却否定了所有结果,认为过去的研究和陈词证据不够充分或存在缺陷,并雇来另一家洛厄尔咨询公司。洛厄尔咨询公司为当地几个市镇提供日常咨询服务,据称在地下水和污水、废水对水质产生的影响等领域拥有独特经验。不过,该公司也备受争议,因为在过去的一些案例中,他们的研究结果与其他人的研究结果相悖。因此,这类案件往往涉及诉讼,不少原告质疑洛厄尔提交的报告。

由于水资源顾问特别小组无法达成一致意见,他们便把多数报告和少数报告统一提交给市议会。多数报告的建议主要基于洛厄尔咨询公司提供的数据,少数报告的评估结果则基于两点主要信息:(a)根据当地居民的陈词,盐沼地区明显存在严重问题;(b)从居民的证据证明,盐沼地区近三分之二的家庭的可用水质量均低于推荐值。

欧中赛德的高级工程师丹·比斯戈夫(Dan Bisgrove)也向议会提交了一份报告,总结了其他所有报告的结果,提出一系列可选方案。报告的大部分内容都集中在官方的社区计划和土地利用法律上。(这份报告已经得到该市金融服务主管与规划建设服务主管审阅与批准。此外,市政工程师与行政职员(clerk administrator)已签字认可相关建议。)报告还特别指出,现有文件不允许将现有城乡地产进行再分割、不可开发新住房。

55

给主水管修建支线的直接影响十分难以量化。一旦用水更为便捷,一些业主就可能在当前的区划中进行开发,或是申请重新分区。

然而,在当前省政府对 ALR 的支持与官方社区计划(Offical Community Plan, OCP)的政策背景下,在被划分为"农业"的地区上,任何重新规划或开发土地的措施或许都很难通过。

对于指定为"农村"的土地,OCP 和土地使用章程应持续适用、限制开发。另一项针对开发的限制在于土壤是否适合用于污水处理。(备忘录,第 7 页)

因此,待解决的问题的关键不在于是否和如何向盐沼地区的居民提供足够的水和适合的水,而在于是否有任何的改变让该地区的进一步发展。报告在会议上通过后,议会决定向公众召开论坛,共同讨论报告内容与相关问题,因此组织了时长一个半小时的开放招待会,期间展示了所有在场技术专家所准备的不同报告和图表。展出结束的同时,另一场公共集会(时长 45 分钟)汇聚了所有技术专家与顾问团,公众可就他们的展示提问并评论(时长 15 分钟)。

科学的霸权:超越僵化的身体语言

我们在欧申赛德社区的研究(尤其是针对公共集会的研究)证明,普通公民经常感到自己的权利被科学家剥夺,因为后者只会用脱离语境的方式讨论手头问题,从而大大影响居民的生活(大功率无线电发射器、能否接通主水管)。科学家采用的是非常局限的(实验室科学)话语,身体语言僵化,因为他们认为身体语言并不重要。无论何时何地,轮到他们上场时,他们都会采取这种话语方式与身体语言,并要求别人接受这种讨论和呈现当前问题的方式。这里的社区就与其他地方一样,科学家在其中不断争夺霸权地位。他们希望迫使普罗大众接受他们口中的"科学"事实,从而保持成功形象,并在大部分时候选择忽略人们带到论坛上的根植于文化土壤的大众观点。也就是说,科学家呈现出僵化的身体语言,这种语言经常使他们的听众被疏远和产生幻觉。[1]

---

[1] 最近完成的一项研究表明,受过教育的人可以搞清楚这些僵化的政治。这项研究涉及七位当地人,他们分析了萨利纳斯发展引发的争议。参见 Wolff-Michael Roth et al. , "Those Who Get Hurt Aren't Always Being Heard: Scientist-Resident Interactions over Community Water," *Science, Technology and Human Values* (in press).

公共集会的第一环节建构了在场科学家与工程师的"专家"形象。每位专家都有机会阐述他们在报告中提及的关键问题，可以随意消耗他们认为必要的时间，现场不会有人限制或打断展示者的发言。这样的专家形象还有赖于他们自己以及主持人对其职位、头衔或学历的介绍。这样，公众就不断认识"专业工程师及专业地质学家""为当地服务的公共健康工程师""欧申赛德地区的环境健康官员……取得理学硕士学位，在水质量问题上经验丰富，曾参与两份报告的取样过程"，还有"首席环境健康官，致力于打造健康社区"。

所有展示者都有充足的展示时间。相比之下，主持人却会试图限制其他参与者的提问与发言，这是非常重要的。独立咨询师丹·洛厄尔是一位工程师和水文地质学家，他提交了一份报告，其中的数据收集方法及据此得出的结果备受质疑。洛厄尔表示：

> 取样方法是，"尽可能靠近井，在井口或外面的水龙头取样。"我们尽可能避开住房排水管道和蓄水池。所以，我们按照十五分钟至一个小时一次的频率从井中抽水，以获得来自蓄水层而非蓄水池的淡水。我们的检测结果指出，根据加拿大饮用水质量指南（Guidelines for Canadian Drinking Water Quality），这里的水完全没有健康隐患。我们所测试的参数无一出现问题。一些井里的水还超出了加拿大饮用水质量指南中给出的一些标准……对于所有已进行的细菌学监测结果，所有井水均处于可接受范围之内。所有细菌、细菌学检测结果均符合标准。

57   水资源顾问特别小组组长、大学教授麦克·马吉（Mike Magee）和一位小组代表也展示了一份报告，其内容在很大程度上基于洛厄尔的报告。麦格重申并强调，洛厄尔报告是研究盐沼水问题的"第一份系统的""不偏不倚"的"报告。麦格和他展示的报告均明确表示，洛厄尔报告的科学性无可置疑，其他所有数据则是"仅作为参考意见"。这是一种言辞上的肯定，目的是为了抹黑其他竞争对手的数据，质疑其他描述不同现状、不同版本的报告和数据。麦格把洛厄尔的报告形容为"系统化的""不偏不倚的"，把洛厄尔称为"独立咨询师"，从而暗中贬低在座其他观众和盐沼居民，暗指他们处于另一个极端。麦格在争取科学和管理镇议会的斗争中做出了明确的举动：

> 在最终的报告中，我们的建议、结论和推荐方案如下。第一点，我们未发现关于盐沼地区地下水供应的系统问题。水量与水质问题的解决方案可由个人解决。据此，议会可向个体户主就其个人制定的解决方案提供技术设计建议。第二点，我们认为这种方法应该足以在各方面解决盐沼地区的水问题。我们将根据具体的家庭实际评估结果来给出解决方案，议会提倡居民自己完成，洛厄尔先生也已表示，问题可由个人解决。

洛厄尔和麦格的展示并未顺利地得到所有人的认可。另一位科学家是区域健康委员会的代表，他展示的事实与前两位截然不同。跟洛厄尔不同，他强调了不同污染物浓度的季节性变化，还谈到在（洛厄尔进行取样的）田地和在（他的工程师团队进行水样分析的）实验室里测量浓度会产生的数值误差。因此，公共卫生工程师罗伯特·拉德福德得出结论，至少在一年里的特定时段，生物和理化污染

物(如铬)均存在严重问题:

> pH值检测结果呈现出明显事实,地下蓄水层显然受到雨水影响。pH值介于6.8到7.2,接近雨水的pH值。看看这些数据,你会看到大量pH值数据落在这个范围内。盐沼地区(617)测井曲线的数据证实了地下水水平的波动,这是从1996年10月到1999年6月的数据。这里多年的数据,告诉我们地下水位的变化。总溶解性固体物(TDS)的数值表明稀释的重要影响,你再看看蓄水层,就会发现在地下水位下降的时候,化学成分的浓度就会上升,说明雨水的稀释作用相当重要……我们的铬浓度很有问题,浓度太高了。铬跟氯碰到一起,变成三价状态的话,就会带来问题,致癌物就是这样形成的。氯本身就存在于水系中,一般情况下没有问题,是一种营养素。但是,当我们给水管加氯消毒,就可能导致问题。

水资源顾问特别小组呈交的报告由一位名叫里斯(Rees)的向当地居民进行展示,其中强调了在多数报告中提出的各种措施的问题性质和若干技术解决方案。

> 报告指出,分析是根据测井曲线完成的。你可能有所了解,测井曲线记录的是钻井工人在哪里发现有水。报告的假设是那些水量数据是精确的,他们还假设井水全年的容量保持恒定,甚至永远不变。当然,那些假设都是错的。所以,要是一份分析以假数据为基础,我就觉得我们应该好好审视分析结果。他们说不存在水量上的问题,还引用了一些简单的数学原理。比如说,

58

在 24 小时里,你每分钟可得到 0.2 加仑的水,足够一家人用的
水量。别开玩笑了,每分钟 0.2 加仑是非常非常小的数字,根据
周围街坊邻居的测井曲线来看,他们用了十倍的水量,在一年中
却仍然存在缺水问题。

　　总而言之,就问题及其解决方案而言,科学家和水资源顾问特别
小组之间、水资源顾问特别小组内部都未能达成一致。洛厄尔、马吉
和社区的工程师采用了非常局限的(科学)话语,他们代表有科学自
由不受社会影响的传统假设,但是当前的数据显示,科学本身就是异
质的;科学是一根线,产生自各种各样的从业者及其从业实践的互
动。然而,尽管存在这种异质性,但市议会却认为,盐沼的居民不能
拥有水源。(很大一部分原因在于代表顾问团队的马吉所展示的多
数报告)这里的问题不在于讨论,在一个工业化国家的社区里,每位
公民是否应当享有充足安全饮用水的权利;重点在于,即使解决方案
与主水管无关,供水的那些人是否必须支付解决方案的费用。
　　科学家们就争议性问题的不同方面给出了相互矛盾的报告,这
降低了科学家的可信度、其知识的可靠度,也让人怀疑他们在政策制
定中本应扮演的客观中立角色。所幸,不论每个人的科学训练水平
如何,公共集会都给普通民众提供了参与机会;或者说,只有在公众
集会给人民提供发言和被倾听的环境时,科学素养才会从中出现。
新的科学素养形式从霸权与反霸权的斗争中涌现,并从中阐明真正
的问题何在、解决方案在何方。若把公共集会比作线,其纤维便包括
了普通公民与不同的专业知识。尽管听证会的初步部分可以被视为
科学家和工程师权力机构对盐沼地区水问题的要求,参与的公民却
发现了科学事实与方法上的问题。在公共论坛和政治进程中,何为

合适的事实、何为恰当的方法，从来都不能由因及果地推断，也不能依赖科学家和工程师，只能从过程中静待成果的产生。

科学、渠道、政治话语权

科学素养语境中还极少关注渠道问题。若根本不存在加入当前对话的渠道，一些居民就不能参与科学素养的动态发展。在接下来的情境中，一位名叫福勒（Fowler）的居民希望详述前一位演讲者——水资源顾问特别小组成员特德（Ted）谈到的一个问题。但是，会议主持人比斯戈夫试图阻止福勒发表评论，还就提出的问题解释，"每个人都有偏见或顾虑"。（行与行之间的方括号表示两人同时发言。）

福勒：我也想就前一位演讲者的评论发表意见。我相信，我们都[有一个——]

比斯戈夫：弗兰克？

福勒：弗兰克·福勒。

比斯戈夫：我当然知道，但每个人都有偏见或顾虑。

福勒：不，我可以……

比斯戈夫：我不知道，是不是特德提到了什么特别的事情。他刚刚只是在展示他的观点。

福勒：我只是想评论一下……

比斯戈夫：他的观点代表的是水资源顾问特别小组。那就这样吧，还有……

福勒：我说的就几句话。

比斯戈夫：这样啊，希望大家别相互攻击啊。

两人同时发言的地方表明,福勒和比斯戈夫都希望取得发言权。

60　福勒希望发表自己想说的话,而比斯戈夫则想阻止福勒,或者说是其他任何一个人——参与评判,甚至带来双方对抗("希望大家别相互攻击啊!")。也就是说,从霸权和反霸权的动态过程中所产生的科学素养,不仅要包括谈论的内容,还包括谈论的方式和重点。

这个插曲说明,科学素养不只是按传统的方式来认识科学,也不只是参与一场公众集会,让科学素养从中涌现,成为一个清晰可辨的特点。科学素养还意味着参与公众集会的动态过程中,让参与会议的渠道成为现实,并让个人随着活动的推进,以不同的、持续变化的方式做出贡献。阻止发言也是公众集会动态过程的一部分,也是科学素养必不可少、可观可感的一部分。在听证会的第二个环节,比斯戈夫不断地发问,"还有其他技术上的问题吗?"也就是说,第二个环节与第一个环节之间泾渭分明,因为作为"看门人",位于每个人发言的"必经之路"上的比斯戈夫问出了这样倾向性明显的问题。不过,这并不是说其他问题就无法涌现,我们已经看到,福勒可以发表出乎比斯戈夫意料的言论。应该说,以"只有技术问题"为特征的"第二部分"只是以这类问题为关键词,而关键词在语境中的意义必须靠事实支撑。谈判的准入和预防,涉及不同的人,不同的社会地位,是霸权和反霸权的动态过程的一部分,科学素养就从里面诞生。

在学校,老师们口中的科学及科学成果(通常)价值中立,与能否获得渠道无关。然而,作为科学社会学的研究表明,这一点并不成立。学生或公民无法成为科学素养的一部分,除非他们有可能在当前的对话中发言。我们要重新思考科学素养在霸权与反霸权的实践斗争中常用常新的特点,核心问题就在于渠道和合法的边缘性参与。无论就一般情况而言,还是专指这场公共集会,社区公民都开始意识到,正当的程序应该允许他们发声。反复上报的新闻专题也已表明,社区中的人们觉得自己的声音没有得到倾听,或是他们三十多年经验积累下来的知识未受到重视。在接下来的小插曲里,这一点尤为明显。一开始,一位名叫诺特的居民就洛厄尔报告引起的连锁反应做出评价,指出该报告首先大大影响了水资源顾问特别小组给出的、由马吉现场展示的多数报告;其他讲者也已指出,第二份报告严重影响了市议会的决策。

61

　　诺特:好吧,在我看来,这份报告依赖的是——马吉先生的报告,严重依赖您的信息,也就是默认,无论症结在哪里,水问题都是可以被处理解决的。恕我不认同这一点,因为我觉得,当你对水做了什么,无论这种处理措施是什么,无论在哪里采取什么处理措施,你都会对水产生影响。而这种影响会使水以另一种方式存在。所以说,在水质问题上,水处理行业做的是非常微不足道的。

　　比斯戈夫:我们好像有点跑题到公共舆论的领域了,您的评论……

　　诺特:他是专家,他刚刚跟大家这么说的。

　　马吉:好吧,我也有一句话想说……

　　诺特:先等我说完,我想说……

　　马吉:你在寻找技术上的……现在应该是关于技术的讨论环节,我觉得……

　　诺特:不,我在跟洛厄尔先生说话,不是在对你说。我不认为……

　　众:(鼓掌。)说吧,我们都听着呢。

比斯戈夫：诺特先生，我很遗憾，但你不该这么做。如果我们能都就一个特定的问题展开，那你当然可以问问题，只要大家感兴趣，但我不想这么费劲、一点一点地分解问题。

诺特：为什么？我是说，我想问……

比斯戈夫：因为，因为……

诺特：这是我们跟他对话的唯一机会，他的报告会直接影响我们的生活。

比斯戈夫：对，但还没到直接影响生活的程度，不是说所有事情都取决于他的报告。那只是其中的一点信息，我们还有很多信息要讨论。其他人也做了展示……

诺特：这就恕我不敢苟同了。

比斯戈夫：请问……抱歉，请问你有没有一个具体的问题想特别请教洛厄尔的呢？

诺特：好吧，那我想问另外一个问题。

在这段小插曲里，诺特试图归纳一下先前提到的下游处理问题，指出任何水处理措施都会带来变化，而那种变化可能会带来不良后果。由于比斯戈夫的干涉，诺特一直无法说出自己的观点，随后支持当地水处理方案的马吉也参与到对话中来。马吉试图加入对话，暗示诺特的评论不适合听证会上这个专注"技术问题"的环节（"现在应该是关于技术的讨论环节"）。但是，诺特成功夺回了发言权，指出他正在跟洛厄尔而非马吉对话，据此质疑马吉的发言权。重点在于，现场的其他观众此时响起掌声，大声附和，表示希望听到诺特的更多发言。随后，听证会的焦点转到诺特和比斯戈夫身上，前者希望继续发言，后者则试图限制他的发问。最重要的是，比斯戈夫先前曾提醒诺特不要问某些问题，最后却在提醒他要问些更明确的问题。也就是说，到底哪些问题在许可范围里，其明确性是值得质疑的。这里的关键在于，科学素养作为一种实践被搬上台面，听众和鼓掌群众的角色与演讲嘉宾同等重要，公众也从中认识到，一位现场嘉宾的专业知识比一开始的形象更为局限。斗争中，诺特提出了非常关键的一点，关乎理论阐述科学素养和科学教育。这场集会是公民直接与报告撰写人互动的机会，后者的报告是对社区做出不拨款接通主水管的决定影响最大，影响到盐沼地区居民的生计。居民们之所以会参与主宰这场公众集会的霸权与反霸权动态过程，是因为他们担心自己的日常生活质量会受到影响。在这个案例里，诺特和其他社区居民都成功地取得了发言权，让科学素养能够作为集体实践，以不同的方式出现。

科学是争论之线上的一条纤维

在公民得到机会质疑专家、为自己发表评论的同时，这场公众集会也不断深入推进。这里出现了一种含义更广泛的科学素养，它展示着本地民众的专业知识、对于问题的历史认识，问题的显现，以及各种（被放弃的）解决方案等。尽管可能有人习惯把科学素养归因于科学家个人——以他们在不需要参与互动时所做的发言为基础——只要我们具体分析其中那些在本质上不可简化的社会化对话，就会发现这种归因毫无价值。在当时的情景中，大家加深了对每个井的演变轨迹理解，其中涉及的不同咨询报告往往还与在场居民提出的过去评估结果存在矛盾。此时，另一种不同的专业知识逐渐清晰，且跟盐沼地区波动剧烈的水问题密切相关。这场集会的情况就跟科学社会学家曾研究的情景一样，虽然科学家的话语特色鲜明，并

通过各种头衔与职称的介绍与民众拉开距离,但前文内容说明,在
(即兴的)动态过程中,公众不会被简单地视为纯粹的听众。在场的
民众都为现场所体现的科学素养的不同形式做出个人贡献,其中的
形式包括如下问题:"科学数据代表什么?""科学专业知识的限制在
哪里?""消防与水处理系统之间有什么联系,以及其他相互矛盾的
事物?"

科学数据代表什么?

汤姆·诺特(Tom Naught)就是其中一位在会上成功地争取到
更多发言权的居民。在我们截取的片段里,诺特已经赢得机会质疑
水文地质学家洛厄尔的观点,后者认为他得到的关于生物污染与溶
解物的数据代表了平均值。在选段的开头,诺特提出降雨量的大幅
增加可能导致蓄水层含水量增加,因此导致污染物的浓度远低于平
均值。

> 诺特:好吧好吧,你可能是对的。但问题是,我们经历的是
> 相当于均值五倍多的降水,每月平均降水而言,在整个夏天里是
> 不断增加的。另一方面,在你得出测试结果前的五个月都是冬
> 天,如果你拿那时候的数据跟夏天时的正常数据比较,比如夏天
> 的第一个月,就有了你现在的前者相当于后者五倍多的结果。
> 现在,在我看来,我们看到的你的检测结果其实并不是均值,这
> 个可能是在水量最多的时候,地下蓄水层也处于高位,水位非常
> 高,所以你得到的读数是有很大水分的。
>
> 洛厄尔:我们所展示的水位图给出的是四月末到五月初的
> 平均水位,我在水位图上也标注了平均水位,还有……
>
> 诺特:那可能会出错?你有没有可能在那里出了错?

洛厄尔：嗯,水位读数不是我做的,但我认为环境部……

诺特：那么,你是想说盐沼的那几个蓄水层的数据是那些官员弄出来的? 还有——

洛厄尔：的确是环境部公布的读数。

诺特：那他们可能出错吗? 打个比方,他们可能另有企图……?

比斯戈夫：我不想,我真的,真的不想再深究下去……我不想打断你的话,但我想说一句,丹(洛厄尔)的报告针对的是他进行取样的特定时间的情况。我们已经在拉德福德先生评价最初的测试时认识到,水质会随时间发生变化。我觉得,你也不需要千方百计找到确凿的证据。你或许可以在某些情况中把它拿出来另外讨论,但总的来说,就像我说过的,我不想就报告的个别内容死缠烂打。丹来这里也不是为了捍卫里面的每一个字的。我想,我们就点到为止,进行下一个环节吧。

洛厄尔回答,研究根据的是水位图读数,这些数据刚好落在最低与最高水位之间。他显然试图把"落在最低与最高水位之间"的数据解读为"平均水平"。只要深入思考这个问题,我们就会发现,即使水位处于平均水平,也与一年的大部分时间里供水都受到污染的事实相吻合。洛厄尔继续捍卫自己的说法,强调其研究基础是水位图的读数。诺特则提出质疑,水位图也可能出现错误(不过不清楚出现的会是哪种错误)。洛厄尔援引环境部的数据,想当然地假定来自他们的环境数据是权威且精确的。〔采用权威说法(语体风格),是当科学与科学知识受到挑战时行之有效的话语策略之一。〕随后的问题是进一步辩证地看待洛厄尔诉诸的所谓权威说法,质疑环境部的技术人

64

员取样的可能是盐沼地区的某些蓄水层，或者说是唯一与当地居民生活相关的地下河床。

在这个案例评价中，弄清楚工程师的数据是否能够反映正常、中等水平或平均的污染浓度具有至关重要的意义，比斯戈夫却依然试图打断质疑。不过，比斯戈夫指出一点，即其他科学家已经研究过污染物浓度的季节性变化。另一点需要弄清楚的是，讨论中提到的水位数据能否真正代表盐沼地区的情况，因为那些数据有可能取自其他地方，那样就会失去代表性。这里就出现了研究方法上的双重问题：现有的数据、能在多大程度上代表当前讨论的具体案例？诺特质疑了水位数据的代表性和具体区域现有水位的代表性，从而辩证地看待测得浓度能否代表平均水平的问题。在这里，问题本身的合理性受到质疑。今晚的这一环节原本旨在提供机会，让大家讨论技术问题。虽然诺特的确问了一些技术上的问题，比斯戈夫却试图限制技术问题的深入程度、限制能够问出的细节。在主持人干预的情况下，在公共集会中保住发言权并对其动态过程做出贡献，与了解铬对人体有何影响一样，都是科学素养的重要部分。

科学专业知识的局限在哪里？

在线与纤维的类比中，了解科学事实不如学会发现并使用专业知识来得重要，因此，科学素养的一个重要方面就是正确运用专家资源。就算某位参与社会科学争论的专家得到了大家认可，但当他以专家身份出现时，问题也仍然存在，即他/她是否是当前案例适合的专家。因此，正确运用专家资源指的不仅是找到科学家，还包括对专家的知识范围和水平做出界定，并放到具体问题的语境中评估其水平。我们回过头来看前文情景，地质学家最终承认，他所有的关于水问题某一方面知识是局限的。这就不由得让人直接质疑这位科学家的合法性,因为后者坚持着自己的知识霸权,在科学方法方面一直要求公众承认科学与科学家的权威。由此,他所呈现的形象至少是不够了解土地现状,或者更严重地说,他可能容易被制造商的信誓旦旦所糊弄。

　　诺特:那么,下游的水处理是你所熟悉和擅长的领域么?

　　洛厄尔:我曾在地下水和水处理领域工作了二十五年之多。

　　诺特:那么,你觉得你是这个领域的专家吗?

　　洛厄尔:不完全是。精通水处理的环境工程师会比我懂得多。

　　诺特:比如说,你知道铬能不能被完全处理吗?

　　洛厄尔:可以的,要用到离子交换滤液,一种过滤器。我打电话问过几个系统的制造商,他们都保证这是可行的。

　　诺特:所以对你来说,这样就够了吗?

　　洛厄尔:嗯,我也在一些出版物上读到过相关内容。

　　诺特:那么我们这里也有篇文章,说没有任何商用处理技术可以处理铬。

　　比斯戈夫:让我重复一下,诺特先生——

　　洛厄尔:再次重申,我们并未找到任何关于铬的问题。所以,我不太确定您想说的是什么。

　　这段对话的症结在于洛厄尔的说法,他坚称交给个人、根据具体情况制订本地方案,比一条主水管要更能解决盐沼地区居民所面临的种种问题。这里,不仅洛厄尔提出的方法受到质疑,他用于研究上

66

的专业知识也接受着拷问"……是你所熟悉和擅长的领域么？"。诺特质询洛厄尔，他是否认为自己是一个下游水处理的专家，在洛厄尔承认环境工程师"会比我懂得多"后，诺特便继续具体问及水中铬元素的处理。洛厄尔提出离子交换器能够解决问题，并表示已经得到几家制造商的肯定，保证技术上可行。诺特继续质疑这种保证是否充分，在洛厄尔表示已参考相关出版物后，诺特指出也有其他文章认为离子交换器不能除去水中的铬。这段对话以洛厄尔的陈词做结论，坚称身为工程师和地质学家的自己所做的这个实验"并未找到任何关于铬的问题"。虽然比斯戈夫中途试图干预对话，同时由于时间有限，铬问题未能得到进一步的阐述，但是其他发言人也提出了异议。比如（来自地区公共卫生官方机构的）拉德福德，他在开场发言中就已指出，铬是某些井里的主要污染物。此外，在公民自己提交的报告中，铬也都被鉴定为主要污染物。因此，一位居民表示："我们的水样跟洛厄尔先生所做的不同，我们总能得出非常有害的测试结果，尤其是在铬含量方面。"

　　一些读者可能会下意识地认为，科学家和工程师肯定是具有很高科学素养的。如果说有效利用黑箱也是评估科学素养的标准之一，我们就该认为洛厄尔的科学素养不到家。在这里，"离子交换器"（ion exchanger）和"制造商保证"共同组成了一个尚未开启的黑箱。无论这个黑箱是对是错，科学家在日常的工作中都需要对它充满信任。只有当事情出错了或是知识和事实受到质疑的时候，这个信任体系的问题才得以暴露。但是，我们更倾向于纵观全局。在这里，科学素养在霸权和反霸权的斗争中出现，其形式是争论黑箱的用法。科学素养体现在讨论过程中，而不是指洛厄尔自己（站在真理的高地），也不能单单归于（发现错误的）诺特。

当人们把对于技术及其背后科学原理的认识相互对比时,我们就能从中看出科学素养。在这个案例里,科学原理是离子交换。以该原理为基础的软水剂能够把导致水质变硬的钙离子置换出去,并把钠离子置换进来。从技术的角度出发,硬水问题用软水剂就能得到缓解甚至完全解决。然而,从科学的角度来看,实际发生的是离子交换,也就是说用引进的其他离子来替换除去的离子。最常用的离子就是钠,因此在软化水质的过程中,钠离子,即氯化钠的其中一半,便以这种方式进入供水系统。不管这些离子是否有害,众所周知的是它们会带来健康风险——对那些需要在饮食中严格控制钠摄入量的人来说,这些就是隐藏的钠离子。在接下来的对话中,人们继续对比技术及其科学原理。

诺特继续质疑洛厄尔所推荐的水处理方法,他的身上体现出科学素养的其他方面。这里的科学素养体现在他和工程师往来的问答之中。诺特提出,蓄水箱的应用会导致水处理设备间歇工作,根据他已知的信息,这样的方式不足以持续进行水处理。一开始,洛厄尔提出水处理实际上是持续进行的,因此他不理解洛厄尔在说什么。随后,洛厄尔又再次承认,他只是简单地指出现有处理系统的情况,并没有进行对比。这个时候,马吉终于成功取得发言机会。

诺特:这种间歇的方式真的适合用于水处理吗?换句话说,通过蓄水箱来进行下游的水处理,这么说吧,如果你只是偶尔抽一次水,这种水处理事实上难道不会比持续进行、流量稳定的方法更低效吗?

洛厄尔:当水处理正在进行、水流经处理系统的时候,流量就是稳定的。所以说,我不知道您在说什么。

诺特：嗯，这真是，好吧，这太让人不解了。

洛厄尔：你知道吧，大部分系统内的水流都是稳定的。

诺特：是啊，但它得启动、停下，然后再启动再停下。这种处理方式就会比持续工作的系统更为低效吧。

洛厄尔：有点道理，我并没有对比不同的处理系统。我只了解我的处理系统，我所推荐的任何处理系统都是经过测试、多年来都是有效运转的。

马吉：我也想在这里说几句，因为我觉得在这场讨论里洛厄尔先生是受质疑的一方，就像现在这样不断地被盘问。但是我要指出一点，洛厄尔先生的报告是第一份针对蓄水层的系统评估，而直到他接到要求撰写报告的时候，市议会已经收到大量请愿，要求根据从水龙头里得来的信息增加大额公共开支。我们也公布了卫生局的测试方法并对其做了评估。如果想继续讨论测试方法的话，洛厄尔先生加入之前所用的方法才是完全不充分的，而洛厄尔先生做了第一个系统性的尝试。

诺特：但他的结果还是会在很大程度上受到不同实验时间的影响啊。

在这个"技术问题"环节，洛厄尔的可信度不仅因诺特的质疑而有所下降，也因在他之前的发言人、甚至是在他之后尚未发言的嘉宾而有所动摇。当时公众已经形成一种认识，洛厄尔的报告对水资源顾问特别小组及当地社区技术人员提交的报告产生了重大影响，因此所有质疑都对准洛厄尔，并不让人惊讶。马吉把质疑形容为"盘问"，为报告辩白并称它为"第一份系统评估"，并跟卫生局官员给出的"完全不充分的"测试方法进行比较。诺特重申，季节性的变化会影响和使洛厄尔的评估结果产生偏差。那么，人们最终会认可哪种说法？答案取决于社区里霸权与反霸权力量分别持有的不同说法将导致的最终结果。需要指出的一点是，这并非一场力量强大、占优势地位的社区文化和相对弱小的从属群体之间的政治斗争，下一次议会选举就会改变市议会的组成，也将改变议会整体的政治立场。因为每一种霸权关系本身也是一种具有指导意义的关系，优势团体只需认真对待并表达，反映（暂时）处于从属地位的团体的价值观与利益，就能获得后者的赞同。在这里，霸权和反霸权的双方若想赢得另一方的支持，便需要达成共识、协商一致。但是，达成共识需要斗争，而科学则成了这里的战场。

消防，水处理系统，与其他相互矛盾的事物

在被承认的假设中，有一个阐释科学和技术是独立于知识、利益和人类追求的以其他形式存在的实体概念。相应地，在占有优势的教育界话语里，科学和技术的思考需要脱离日常的现实世界，如经济、政治、美学等。科学和技术被人们视为纯粹的追求，只发生在科学实验室中，一旦走下神坛踏上大街便会遭到玷污。科学家和工程师往往代表缺乏社会经验的形象。他们强调，背靠实验室的抽象知识是真理、是全然无误的，结果却发现，实验室得出的知识不能强加于实验室以外的世界，还要将其与所有其他形式的知识和把世界概念化的方式结合起来。对于任何一个从中学开始，一直到正规教育结束之时就一条职业道路走到底的人来说，科学家和工程师存在这种想法并不让人意外。毕竟，他们的领域通常都是以纯粹的形式展现于人前。

在日常生活中（至少是在实验室和学校教室以外），科学不过是一根纤维，用于组成更复杂的线。线的性质不能从每根（更短）的纤维的性质推导得出。反过来，每根纤维的性质也难以从连续不断的线中识别出来。当我们研究社区活动，从中辨别"科学"的存在时，我们就已看到以上描述的科学留给我们的印象。在接下来的选段中，可能受到主水管道改造影响的盐沼地区居民克莱·博尔顿（Clay Bolton）希望弄明白水管尺寸的标准。

博尔顿：我叫克莱·博尔顿，住在蒙特尼莫社区 1082 号。这份报告提到，可以给盐沼地区通一条六英寸或八英寸的输水管道，然后又有一条六英寸的管道。就满足的人口需求而言，你希望达到多大容量？显然，农业也是这里的一个问题。所以你关注的是什么方面？为什么是这样的尺寸，而不是两英寸或者四英寸？我想了解里面的区别在哪里。

比斯戈夫：好问题。水管选择那样的尺寸，是为了达到民用流量和最低消防水耗的要求。每分钟 500 到 800 加仑的水量就能满足管道线上任何一处发生火灾时的需求。这就是我们推荐满足的最低要求，当然还需要配合良好的施工。你要是想给农业供水，那就还得扩大新管道的尺寸。从温迪路流到蒙特尼莫，再一路流经学校的现有的那条水管也需要扩容，也是八英寸。所以，当前提出的方案只是简单地在原系统基础上增建，以满足民用和消防水耗的要求。所以，如果主水管的方案能够通过，作为工作人员的我们就会把它作为建议提交给议会，至少让他们考虑为了农业需求来通过水管的翻新并为工程出资。不过还是要强调，这只是第二步，之前还有大量其他工作要做。这些能够解答你的问题吗？

70   博尔顿：不，你搞错了，我的问题是，要满足多少人——

比斯戈夫：噢，抱歉，我漏了人口问题。现在的人口数量是能够满足的。相比消防水耗，民用水量是相当少的，所以我更关注消防问题。不过我现在也不能一下子给你准确的民用数据，不过，可能至少两倍于现有人口的民用需求都是可以轻易满足的，消防水耗也绰绰有余。在主水管的系统设计里，一般来说消防水耗才是主导因素。

在考虑水质问题的解决方案时，水量也进入了讨论议题。当前，居民没有充足的水以供日常防火，这片市区没有消防栓，因此当地保险政策的保金远高于该市其他地区。从市议会的角度来看（这里的官方代表就是工程师团队成员比斯戈夫），通过给盐沼地区接通主水管从而改善水质的方案将不可避免地带来水量方面的考量。但是，水量与新扩建住房的可能性有关，而它的实现被一些居民归咎于在当地拥有房产的开发商，该地区将由一条新的水管供水。水管的尺寸也取决于其水流是否会用于农业，但根据当前的水价，本地农民根本用不起。

实际上，不建水管符合当前限制社区扩张的政策。增加新水管意味着未来有可能在这个农业社区新建住房，因为相比消防水耗，民用水量的影响非常小。因此，任何需要考虑的方案都不能孤立存在，而是要跟其他可能的方案放在一起，每个方案都是一根纤维，都是社区和水问题组成的线上的一部分。公共集会上还提出并讨论了其他方案，每一个方案都与其他问题息息相关，比如成本、流速、取水是否简易可行等。举个例子，一些居民曾经用卡车把水运进来，后来物流公司"由于卫生问题"，在当地卫生局的命令下停止运营。此外，短短几年里，这种运水方式的成本就增至原来的三倍，因此把卡车作为长

期解决方案的成本令人望而却步。人们提出的另一个方案是回收利
用废水。回收利用可以根据每家每户的具体需求来进行调整，但是，
正如居民里斯（Rees）所阐述的下面这段话就足以说明，回收方案的
支持者与当地唯一提供相应服务的公司存在利害关系。

> 里斯：我在最后想直接向马吉先生提问。在这个报告里，
> 你对废水回收所提出一些意见，你提及在当地的一家拥有废水
> 回收技术的公司。我们知道，这家公司叫作水力系统（Hydro
> Systems），正如我刚才所说，他们的公司靠近机场，是一家本地
> 公司，这是好事。但是，曾经在水资源顾问特别小组的一场会
> 议结束后，我们当时在场的人都听到马吉先生说，他投资了这
> 家公司。他持有股份，拥有它们的份额，忘了他怎么说的了。
> 在我看来，这种利害关系可能让他的地区评估报告成了牺牲
> 品，甚至可能让他做出损公利己的行为，所以我想知道这种推
> 测是真是假。

普遍存在的科学素养实践

在本章内容中，我们用了一个案例研究，一窥普通人如何通过斗
争为自己争取安全饮用水的使用权。在公共集会上，人们质疑科学
家，后者的报告成了市议会及市长的决策基础，并最终决定反对以新
建水管的方式向百姓提供稳定安全充足的供水。集会突出体现了社
区当前的领导群体（市长、议会和水资源顾问特别小组的部分成员，
他们咨询的是一位顾问的意见）和需要接通水管的盐沼地区居民之
间的斗争。尽管领导群体试图通过科学顾问说服其他社区成员接受
一种纯粹科学的观点，居民们却提出了自己对于水问题的历史认识、

个人的痛苦经历、伦理问题等,来说服整个社区以及政治代表们同意给盐沼地区接通主水管。在这场霸权与反霸权之间的斗争中,一种新式科学素养开始成型,它不再以实验室里的纯粹话语为模型,不再与世隔绝地高悬于城堡之上,不再脱离城邦、高于城邦,它不再是一种去语境化的科学和正在去语境化的科学,不再只存在于孤立的城堡之中。它成了能够在日常的平凡社会中生活和生存的科学,存在于当前不断上演的政治斗争中,成为由相互矛盾的构想催生出来的其他知识形式,或是针对手头问题的具体观点。正是这种斗争(过程与产品)构成了新一类科学素养。这种素养无法在个人的头脑中觅得,只会出现在情境中,出现在人们利用各类资源,让对争议问题的不同观点为人接受并为多数人采纳的过程中。科学素养以这种方式,成为日常集体实践的一种庞大形式。

　　直到今天,关于供水问题的争议仍在上演,盐沼地区居民的斗争仍在继续,他们仍在争取扩建水管,接通社区的统一供水。争议的开放性有助于我们抵抗诱惑,避免问题沦为草草收场,避免某种有助于讨论结束的主导性叙述,造成一家独大的场面。我们不能把结果或多或少地归结于争议中的某个团体。我们也不能确定,不同的纤维如何共同成就不断发展的事件,更不知道哪些纤维将在事实之后被建构为占优势(dominant)的主题。然而,不达成解决方案也算是一种行动,这种行动也将推动人们进一步讨论成本、环境影响等,也就是说,争议话题的核心内容将主导事态发展。一些演讲者提到,修建水管的预期成本已翻了一番,而且在过去四五年里,社区及其居民未能就问题解决方案达成一致的同时,已经出现了六份各不相同、甚至时而相互矛盾的报告。

　　在这场公共集会中,科学不过是知识的许多形式之一,只是人们将它摆到台面上来,应用于水管或其他替代方案的决策过程之中。科学不过是大众可用的知识之线上的诸多纤维之一。我们在欧申赛德的研究显示,在社区的日常生活中,科学一直都只是知识的许多形式之一,一直都只是有助于界定问题、形成解决方案的一根纤维而已。当科学与其他纤维合为一股,延续不断的就不是纤维,而是线。我们认为线是一种延续不断的实体,它促使我们把科学素养看作一种从集体中诞生的事物。我们只有把这根线拆散,才能发现其中的纤维。若我们以为所有纤维就是全部努力的主体,那我们就无法理解线的延续性,若我们从线的延续性出发来思考纤维的性质,我们就不能真正理解每根具体的纤维。科学(水质)与科技、经济、政治和美学上的各种因素息息相关。我们有不同的水处理方案,每一种方案都带有与它密切相关的科学、技术上的可能性与局限性,总会对社区和个人带来需承担的成本,也会带来各种潜在经济利益。

73   我们也不应想当然地认为,纤维之间都能和谐共处,从此过上幸福生活。斗争是集体的固有要素,不同角度往往存在矛盾。因此,民主不等于根除矛盾,而是要找到服务于大众而非某些特殊利益的解决方案。这类斗争的具体形式将被视为权力和知识在另一种服务中(见下一章)的相互配合。

我们用纤维和线来打比方,形容不同问题的争议声中科学与其他知识形式之间的关系,这将促使我们反思知识在课程教育中的意义。每个人都需要学习相同的知识吗?每个学生都得掌握能力,解决同样的问题吗?我们主张,现在让个人学习的具体知识太多了,甚至要求他们掌握只关乎更为局限的语境的相关事实。我们不需要掌握所有领域的知识,也可以在社会上取得成功,若能正确认识这一点,我们就能得以解放,更具创造性地去探索科学素养的相关问题。

教育者或许试图传授科学,让所有学生都能广泛涉猎,就像诺特、科学家和公共集会上的许多其他人在互动中展示出来的素养水平一样。但是那样做的话,即使学校教育能够稍稍缓解当前问题百出的现状,推动知识从学校转移到工作场所和日常生活中,我们需要耗在学校里的时间也会太多了。如果我们从不同的角度来思考科学素养,比如把科学素养视为提倡我们从头参与的动态过程,我们就能采用截然不同的方式来开展学校科学教育。我们就能鼓励孩子们参与造福社区的活动,参与跟他们的父母乃至整个社区密切相关的会话,了解大家的忧虑。孩子和学生就都能参与真正的活动,这里的"真正"指的是这些活动的发起与其他社区居民的生活密切相关。理解"最近发展区"(zone of proximal development)的概念有助于我们进一步思考这类问题。

在教育类文献中,"最近发展区"曾用于形容个人的独立表现和接受指导表现之间的差距。一般认为,学习者能够学习吸收,把更高水平的能力纳为己用。就此,我们想从另一个角度来思考、归纳这一概念,把重点放在集体活动上。我们可以认为,最近发展区是个人日常行动与历史上诞生于集体之中的新式社会活动之间的差距。也就是说,最近发展区源自社会发展与个人发展之间的辩证关系。由此观之,公共集会就是一个最近发展区,是(社区中)一种集体催生的新式社会活动。

74

在集体的努力下,公共集会为科学素养提供机遇,让其变得真实可感、可供分析。公共集会的组织、质疑与评论环节的设置使得集体催生新式社会活动成为可能。科学素养也从中涌现,因为公民都因利害关系而参与到问题的讨论中来。科学素养成了应对日常生活问题的实践活动,由大量不同的能力组成。其中包括如何利用专家资源;如何有效使用黑箱;如何塑造跨学科的理性讨论;如何使用隐喻和标准化知识;如何对知识进行解读、磋商和转移;如何在日常生活中运用(不同类型的)知识,做出伦理和政治决策;如何对比分析技术与其背后的科学原理。在这里,科学素养的以上内涵均出现在公共集会的方方面面,而公共集会是霸权与反霸权的斗争中一种不可简化的集体实践。

那么,什么时候、以何种方式、在什么场合,我们才能让年轻人在以上方面均体现出科学素养? 传统方式是向孩子和学生传授科学家的科学。这种科学是纯粹的,通常在特设的独立教室里上课,不受常识、美学、经济学、政治学或其他日常生活的性质所限,在最理想的状态下还要求每个个体掌握并展示特定的"基本技能"。无论学生是否获得了这些知识,这些技能是通过将其与日常情况下可用的任何资源隔离开来进行评估。把科学素养理解成集体实践的一种性质,有助于改变这种现状。现在,教育者需要思考如何设置情景,以便从情景中(而非要求个人)体现科学素养。我们(作为老师)该怎么做呢? 这种科学素养的观念能够带来思考科学课程的新机遇(见第七章)。我们舍弃在技术世界中教给学生生活技能的方式,提出要创造参与现实世界的机遇,在为社区日常生活做出贡献的过程中学习科学,试点环境可以是环保活动、三文鱼保育项目、农作、食物采集或是原住民的传统仪式。早年就参加社区相关活动,能够促进个人持续投入(合法边缘性)参与,也能让学校教育与其主要组成部分的日常生活有更大的关联。

反思知识、学习、科学、科学素养,用纤维和线的类比来重新思考公共集会与个人贡献,这种做法有助于我们得出全新的结论,启发课程设计与实践。当学习不再与双耳之间的灰质画上等号,而是与人际关系挂钩,我们的教学理念就会发生变化。当学习不再"属于个人,而属于个人参与的各类对话",①我们就需要反思科学课程的应有形象。科学素养不再是由孩童习得并带入校内外其他背景的事物,而是在孩子参与的(集体)人类斗争中涌现出来的一种可识别、可分析的性质。

在许多方面,学校和社会都习惯把孩子和年轻人视为边缘群体,直到最后把他们接纳为社会的正式成员。对于无家可归、住在收容所的人来说,这种刻板印象更为严重。对无家可归的孩子和年轻人来说,作为集体实践的科学素养又有何意义? 更具体而言,对他们来说,参与科学素养的形成、广泛涉猎有何意义? 在接下来两章里,我们跟踪观察了一些孩子和年轻人的课后活动。下文内容将告诉我们,科学和科学素养与政治、权力、非主流(介于边缘与中心之间的状态)都有着丝丝缕缕的关系。

---

① Ray P. McDermott, The acquisition of a child by a learning disability. In Seth Chaiklin and Jean Lave, eds. , *Understanding Practice: Perspectives on Activity and Context* (Cambridge: Cambridge University Press, 1993),269 - 305, at 292.

第4章 都市社区中的政治、权力和科学

介绍：权力、知识和科学

在前面几章里，亨德森河和盐沼地区发生的故事表明，科学素养的建构过程深受社会因素影响，可以如此错综复杂。在亨德森河的案例中，科学素养涉及河流（主体）以及其他成分与河流开展互动、加深理解的不同方式。农民对于农田用水在质和量两方面的需求，就与农村开发商、社区维权人士、社区居民、第一民族部落、顾问工程师的需求和实践一样，都是认识河流健康与维护情况的一部分，其中每个群体都从自己的需求出发，对河流产生了很多不同的认识。

在科学素养的公共建构、集体建构过程之上，是个人、组织和研究主体之间的各种关系，这些关系最终决定了人们会采取怎样的行动、开展怎样的讨论。前文已经指出，盐沼地区居民争取发言时间、言论空间的方式决定了什么科学知识会从中出现，正如科学家也试图控制向公众展示怎样的知识及其展示时机与方式。认识到这种相互影响的存在，对于理解科学的公共建构具有深刻意义。然而，光认识到这一点还不够，了解这些关系中的互动如何受到权力关系和关系之中人们对权力的追求所影响同样也很重要。

在科学素养的集体建构中，认识权力的本质需要我们超越对"某一时刻谁掌权"的先入为主的观点，需要我们也考虑权力在关系网中

如何分配,如何受到知识、地位和历史背景的影响。再次强调,在亨   78
德森河的案例中,当不同实体在社区集会上互动时,当环保人士和社
区官员以面对面和文字的形式进行交流时,当环保人士和土地拥有
者当面讨论开展环保型放牧时,权力就在其中不断地进行着磋商与
重构。

  我们在本章继续阐述权力,并进一步提出两个主张。我们认为,
在我们把科学素养作为集体实践加以认识时,它们能够加深我们的
理解深度。第一,在都市青年中间扩大话语网络、扩充对话形式,有
助于向他们提供机会,让他们参与创造知识与权力的新形式。第二,
与作为集体实践的科学素养相关的政治权力能够改变权力关系,因
为它不仅能改变什么科学能够被付诸实践、谁能在过程中掌握发言
权,还能改变科学与社会之间关系的本质。我们将具体阐述这些主
张,探索科学与科学素养的构建过程,观察那些无家可归的年轻人如
何通过努力,把一片荒地改造成社区公园。

作为权力的知识

  戴维·迪克森(David Dickson)是科学期刊《自然》杂志的前新闻
编辑,不久前他迎难而上,参与了一场科学界关于科学与公众之间关
系的讨论。① 他承认,就某些议题而言,如疯牛病或牛海绵状脑病
(bovine spongiform encephalopathy, BSE)、转基因食品和艾滋病病
毒/艾滋病的历史与起源等,即使已有政府与媒体渠道作为中介,科
学界与公众之间的沟通依然动摇了公众对科学的信心。迪克森认

---

① 参见 David Dickson, "Science and its Public: The Need for a Third Way," *Social Studies Science*, vol. 30, no. 6(200), 917 - 923.

79　为，这种信任缺失其实不是指公众对科学失去了信心，更应该说，问题的根源在于科学的运用形式未征求公众意见——毕竟消费者希望享有知情权，知道自己可能买到了受污染的牛肉或转基因大豆。他追根溯源，解释当前科学在公共空间里的空洞形象其实源自"现代科学与企业权力之间联系的盘根错节"。①

　　这个案例关乎公众对科学的信心，我们可以从中吸取一个教训：公众在科学的发展与应用领域缺少参与，在参与过程中产生了对知识在科学中的重要意义、对科学在决策过程中的应用相关信息。针对转基因食物，迪克森指出，公众不信任科学，是因为"在关于主食中加入转基因大豆的讨论中，消费者被拒之门外，第三世界的农民被剥夺权利，无法自己选择是否把一季的种子保存到下一季，更经常发生的是他们无法决定该种何种作物"。② 就转基因食品而言，极少问题涉及孟山都的技术是否成熟，争议更多地来自孟山都定下的研究问题。这家公司从未回答转基因食品是否可供人类安全进食的难题（不过至今也几乎无证据可以说明这类食品会在短期之内危害人类健康）。然而他们与使用转基因种子的农民缺少持续对话与讨论，与研究转基因食物对全球可持续发展有何影响的生态学家缺少沟通，甚至与食用其产品的消费者缺乏交流，因此，财力雄厚、举足轻重的孟山都公司所研究的问题并未考虑到人们的需求、担忧与生活。③

　　因此，看起来这家公司一直把公众视为科学的被动用户。在科

---

① Ibid. ,920.

② Ibid. ,919.

③ Charles Daniels, *Lords of the Harvest: Biotech, Big Money and the Future of Food* (Cambridge, Mass. : Perseus Publishing, 2001).

学的范围与焦点问题面前,消费者的参与并不重要,也对科学的潜在或应用方式无甚参考价值。事实上,公众对转基因食物的发展命运的影响力量有限。这种现状意义重大,与其说它说明了科学本身存在问题,不如说反映了科学的发展方向与应用依然问题重重。

也有一些其他类似转基因食物争议的案例,揭露了公众如何成功或无法影响科学与企业之间的权力话语。一个关于"如何避免建设放射性废物焚烧炉"的口述故事告诉我们,一群受过教育的公众如何敢于直面学界与企业科学,推动撤销建设放射性废物焚烧炉的发展规划。① 在这个故事中,劳伦斯利弗莫尔国家实验室(LLNL, Lawrence Liver more National Laboratory)早已提出规划方案,要兴建净化与垃圾处理厂房,用来处理他们的放射性废物。随后,出于政治与生态方面的顾虑,实验室未能将其放射性废物转移到内华达州和犹他州的厂房。LLNL 的失败有种种原因,其中包括冷战后国家关系有所缓和、美国核设施尚有隐患等。然而,LLNL 也对摆在面前最核心的挑战毫无准备,即当地社区成员的抗议。因此,"利弗莫尔的政治经济催生了一群年轻的专业人士和工薪家庭,他们的生活不需受惠于 LLNL,因此选出了更关注当地发展而非忠于 LLNL 的市长与议会。"②

这些个人采取集体手段发起一场反对兴建焚烧炉运动,关注当地居民与环境健康的运动。他们亲临 LLNL 赞助的会议,并在该会议上质疑全体一致同意的结果。他们自己请来专家,代表居民展示

80

---

① Hugh Gusterson, "How Not to Construct a Radioactive Waste Incinerator," *Science, Technology, and Human Values*, vol. 25, no. 3(2000),332 − 331.

② Ibid. ,345.

数据与研究结果。因此,在设想中本应顺利开展的流程、本意只是告知而非招致异议的公共集会,不得不让位于另一种截然不同、视角多元化的过程。站在研究之外来看,我们不禁思考,如果社区成员能在方案伊始就加入讨论,将会呈现什么样的效果。不过,或许我们永远也无法知道答案。我们知道的是 LLNL 本以为毫无权力的社区成员通过开拓空间、获取知识,改变了焚烧炉的规划进程。最有力的是,社区成员了解他们自己的需求——住在利弗莫尔的家庭的幸福安康——进而发挥这些需求的力量,改变了当时的科学走向。

这个故事告诉我们,只要在科学的权力边界以外生活、工作的人们能够找对方式,根据自己的需求攻入"科学精英"的堡垒,科学的应用是可以改变的。故事表明,科学话语是介于权力、知识和地位之间的重要影响因子。回忆亨德森河的例子,我们也能看到权力动态中出现了相同的转变,当井水水质与水量的科学评估在社区集会上受到质疑时,这种转变就发生了。

参与讨论意味着什么?当个人在参与科学的过程中被边缘化,参与科学话语能够如何改变权力关系?LLNL 案例中的参与者大多为专业人士或本身经济条件相当良好,那么不同于他们的市区青年该如何重新找到自己在科学、在社会中的定位?他们该如何延伸围绕科学的话语,让自己的想法为人所知?他们该如何实践更为复杂、公众共享、涉众广泛的集体科学实践?

集体实践:在贫民社区建造一个社区花园

在南部避难所的教与学

过去几年,我和一群无家可归的青年一直在城市中进行教学和调研。在 1998—1999 学年,我和我的调研团队①同南部避难所(该避难所位于纽约的一个贫困社区)的青少年一道,开展以社区为基础的科学研究。出于本项目的考虑,我们将以社区为基础的科学研究定义为"同当地社区居民一同并为他们而开展的科学研究。"

为了解他们课外科学的发展和青少年科学实践的形成,我们阅读了与此有关的批判民族志。在了解了他们的担忧与想法之后,结合我们自身的专业知识和经验,我们和他们一起策划了一些活动。②根据对参与者的观察,我们做了一些简单的笔记,并对他们分别进行了单人和集体的采访,然后把他们的作品副本和照片保存下来。逐渐,在课后我们和他们打成了一片。

由于我的工作较为深入,若不以文字方式进行阐述,我在南面的工作情况就很难说清。我本人是一名学术科学教育研究员和活动家。简而言之,在这里我只是一名访客,必须随时戴着一枚显眼的胸牌。因为我自己曾经有过流浪的经历,所以后来开始着手研究流浪家庭。③ 1995 年夏天,我和我爱人还有我们家的狗开始了为期三个月的流浪生活。和很多流浪家庭一样,最初几周我们辗转于亲戚朋友家之间,随后"毕业"便住到了车里。那段经历简直让我头疼,因为

---

① 这是安吉的声音。特别值得一提的是,我们要提到 Dana Fusco 和 Courtney St. Prix,他们与年轻人一起策划了行动研究项目。

② 参见 Phillip Carspecken, *Critical Ethnography in Educational Research : A Theoretical and Practical Guide* (New York: Routledge, 1996); Enrique Trueba, *Latinos Unidos : From Cultural Diversity to the Politics of Solidarity* (Lanham, Md. : Rowman and Little field, 1999).

③ 在贫困中长大的另一个作家(Michael),也曾多次无家可归,生活靠睡袋,在不用付费的荒野露营地搭帐篷,或一辆汽车。同样重要的是,贫穷意味着有限的购买食物的手段,这导致了每天只吃一顿饭,持续数月。迈克尔还与肖·托夫一起,对费城市内学校进行了研究,这些学校主要由来自贫困家庭的城市青年参加。

我一边要准备秋季的教学,一边又要想办法找到足够隐蔽的地方,还有洗澡、睡觉的地方。

尽管有很多困难,但我们知道我们的情况并不算是最糟的。作为受过教育的白人,我们的文化能力给我们带来了可谓是奢侈的享受:我们可以进入快餐厅,然后直接去他们的卫生间洗漱,而且基本上不会被赶出来。我们还可以在炎炎夏日(那年夏天热浪逼人)去公共图书馆连着待上好几个小时,也没人会觉得我们形迹可疑。此外,感觉像是要挑战社会规则似的,我们大着胆子去了当地一所大学的体育馆,没有学生证,我们就那样进去了,还洗了澡。正因如此,我们才能挣扎着度过那个夏季。但不幸的是,这些无一不在证明我们的流浪生活——的的确确是特优的。我们的经历深深地反映了人们普遍从心底里认可的这些文化实践,它们基于种族和等级的偏见,而这些偏见在社会和学校里是习以为常自然而然的事情。正是由于这些经历,使得我的教学领域主要集中在城市流浪儿的科学教育及其家庭经历上。

自1995年起,我在纽约的三处避难所进行过教学和调研,南部避难所是其中之一。1998年春天,他们邀请我到那里工作,与他们的员工一道给那儿的住户提供一些相关的科学资源和他们一起参加一些活动。他们也想要通过"调研"以更好地记录他们给那些家庭提供的补偿性项目的作用和重要性。有两件事,我觉得很重要,值得特别提出来。

第一件事,在我去那儿的第二周之后,就不再戴访客胸牌了。这是我的抗议,由于我是白人,不戴胸牌这并没有阻止我和那些人产生隔阂,毕竟在南部的212个家庭中只有2个白人家庭。其实即使没有胸牌,也经常会有成年人向我询问WIC和其他救助项目的信息。

显然，我不带那个胸牌也是个明明白白的局外人。

第二件事，在南部的第一学年过去了约 2/3 时，才发现每周与我见面的很多学生都以为我是拉美裔人。我发现这件事是因为我正在和那儿的一个年轻人合作写论文。他编辑封面时，在作者那一栏打下了安杰拉·马丁内斯（Angela Martinez）和达克赛德（Darkside）。当我告诉他我的名字不是马丁内斯，而是卡拉布列斯（Calabrese）的时候，他看上去震惊极了。[1] 然后他站起来开始跟别人说我"真实的身份"。结果所有的年轻人都感到很惊讶，因为他们觉得我"做事说话不像个白人"。虽然"像白人一样做事说话"这类话本身挺让人意外的，但另一方面这种说法看上去很贴切。这些青年根据自己的生活经验应对生活，比如就有一种"白人式的"说话做事的方式，而我并不符合这种说话做事方式，所以他们愿意接纳我进入这个社区，在这里分享和学习。

生活在纽约南部避难所

尽管在建城之初就有大量无家可归的流浪者，但直到二十世纪八十年代它才被视为一个公共问题。[2] 自有严格的数据记录以来，流浪家庭的人口特征就一直保持着惊人的相似性。1992 年，97% 的流浪者为女性，56% 的流浪者的年龄在 25 岁以下，黑人和拉美家庭所占比例也很不均衡。[3] 流浪家庭的儿童占流浪者总人数的 2/3，其中

---

[1] 参见 Angela Calabrese Barton and Darkside, "Autobiography in Science Education: Greater Objectivity through Local Knowledge," *Research in Science Education*, vol. 30, no. 1 (2000), 23-42.

[2] 参见 Rick Beard, *On Being Homeless: Historical Perspectives* (New York: Museum of the City of New York, 1987).

[3] 无家可归者的家，Day to Day... Parent to Child: *The Future of Violence among Homeless Children in America* (New York: Institute for Children and Poverty, 1998).

他们很多都被剥夺了受教育的权利、被社会污名、社交圈弱、缺少足够的医疗保健。甚至他们患慢性呼吸道感染、胃肠疾病、听觉障碍、皮肤病的概率是"有住所"的贫困儿童的两倍。[1] 此外，1/5 的流浪家庭有 1 个或多个孩子在寄养家庭生活，比非流浪家庭的概率要高得多。对于非流浪家庭，工作的重心更可能是帮助他们解决潜在的问题，避免他们的孩子产生危险，而不是像对待流浪家庭那样的采取惩罚措施。

保守的公共和社会政策[2]不仅没有满足流浪家庭的需要，反而事实上使纽约和全国的流浪家庭数量增加了近九倍。联邦和州扶贫资金被削减导致人心不安，以至于曾经一度的住房危机（火灾，危险的生活环境，个人灾难）不再是导致流浪家庭的主要原因。正如依拉尔夫·德·科斯塔·努涅斯（Ralph de Costa Nunez）所说，系统性地削减城市扶贫项目，使得一整代人"陷入"了长期的积贫状态，而其最明显特点就是很多人无家可归。

南部避难所于 1997 年建立，是纽约市拓扑希尔（Top Hill）街区一所比较新的家庭避难所。在南布朗克斯街区，主要住着黑人和拉美人，很多都是从邻近的地方如多米尼加共和国、西印度群岛、墨西哥和非洲移民过来的。也有很大一部分波多黎各人和多代同堂的黑人。[3]

拓扑希尔街区也发生了许多变化。从十九世纪末起，这里迎来

---

[1] National Center for Health Statistics, *Current Estimates from the National Health Interview Survey*, 1994(Washington, D. C. : U. S. Dept. of Health and Human Services, 1995).
[2] 这些政策包括削减公共援助、减少食品券、削减住房援助、拒绝所得税减免以及削减福利支出。
[3] 参见 Ralph de Costa Nunez, *The New Poverty: Homeless Families in America* (New York: Insight Books,1996).

了更多的移民：爱尔兰人、犹太人、意大利人、俄罗斯人，非洲人和加勒比人。随着他们逐渐融入美国的文化，许多人搬到了更为富裕的长岛、新泽西和北布朗克斯郊区。但是，到了二十世纪七十年代，这种动态改变了。许多黑人家庭选择留在本地，一是因为在更传统的富裕一点的社区里，他们不如那些白人种族受欢迎；二是他们的经济成就没有变化之前的白人种族的成功。因此，在新近移民（主要是拉美人）和黑人社区间常有圈地战争发生，甚至在族群众多的拉美人之间也会有圈地战争，波多黎各和多米尼加的家庭常常抢占那些更穷困的中美洲邻居（如萨尔瓦多、危地马拉和尼加拉瓜）的地。

从圈地战争中也可以看出，在拓扑希尔生活不易。经历了二十世纪七十年代到八十年代经济下滑之后，拓扑希尔进入了经济恢复期。街上开始出现几间酒铺，支票兑换商铺和几家快餐店。然而，新发生的经济滑坡让恢复变得艰难。这一街区虽然耸立着住宅公寓、木板楼、废弃基地以及一所很大的综合高中，但绕着街区走一圈发现，街上充斥着青少年生活，他们乱扔垃圾，街上到处都是狗屎。在曼哈顿上东区看到的城市清洁并不属于这里。

拓扑希尔还有很长一段时间的黑帮史和贩毒史。每隔一段时间就能听到有年轻人在黑帮冲突中受伤甚至死亡。事实上，国家和当地媒体对这一街区的报道充斥着负面味道，让其他区的居民也觉得这一地区不受欢迎且充满危险。

南部避难所是纽约市最大的家庭避难所之一。它位于一所大型高中和一座城市公园之间。前者曾经有不错的声名和州均水平的量化考试成绩，而后者则以暴力闻名。南部的避难所和市里其他的避难所不同，别的所只接受家庭暴力或者毒品相关的流浪者，或者 HIV

患者,南部却接收所有类型的家庭。它由一家民间组织运营,其资金来源于私人和公共基金,用以服务流离失所的人们。这家收容所的创始人们对自己致力于"为了今天而活,为了明天而学"感到非常骄傲。他们相信自己给流浪家庭提供的多样化的支持(教育、职业培训、住所、咨询)能帮助他们更轻松也更快地融入一个"自给自足的社会"。

避难所本身干净整洁,从监狱或州际高速公路看过去,就像一个汽车旅馆(取决于角度)。这是一个外墙涂成桦色的建筑群,楼有两翼、四层,楼前有供儿童玩耍的操场。整个建筑群四围隔着金属栅栏,和其他的楼屋分隔开来。人们住的几栋楼由煤渣砖砌成。有人曾抱怨这里冬天太冷且隔音效果太差。避难所每个单元有一间小厨房、一间浴室、客厅和卧室,不过并没有很明显的分区。正门入口处有一个签到桌和等候区。这里同样是工作区,这里有行政办公室、娱乐室、一间电脑室、一间会议室和维修部、日托中心,以及为 2 到 4 岁半儿童的提供学前教育服务。还有现场社会工作者、辅导员、普教项目、学龄儿童项目和城管。

避难所的管理也十分严格,要进入必须走正门入口(也是唯一的入口),入口处有两个保安和一个签到台。不论什么身份的访客都要登记出入,并且在进入之前要出示带照片的证明。成年住宿者必须在晚上 10 点前回来,儿童不许外出,青少年则可在家长或幼教工作人员监护下去操场玩耍,不许他人探访(包括亲人)。违反这些规则,或者使用毒品、有家庭暴力、儿童虐待或其他犯罪行为的人,将被立即逐出。避难所也不允许对住所进行装饰,主管希望人们记住,这儿并不是家。

许多住在这儿的年轻人觉得,这些规定再加上它的建筑形式,这个避难所就像个监狱,像个笼子。最糟的是还有宵禁,每天都得和保安打交道,毫无个人隐私。的确,很多青少年希望至少能在每个家庭单元里能够加几扇门,让他们能够有一点点私人空间。还有许多人觉得,如果朋友知道他们住在这儿他们觉得会很尴尬。男孩科比在1999年春天就写道:

> 我不喜欢(我的高中)因为离家太近了。本来可能和我成为朋友的人如果也住在附近,他们肯定会嘲笑我住的地方。另一个原因就是,如果学校请家长,我妈妈会马上出现。我喜欢去远一点的学校,我妈妈不知道路,或者不知道怎么去甚至根本不知道学校的名字。所以,这就是为什么我不喜欢我的高中,因为我就住在它对街。

和在市里所有的避难所一样,想找到南部避难所并住进去,一要靠打点,二要靠运气。一个年轻人告诉我他们家曾经3次被拒,是因为他父母虽在一起住了15年,却没有结婚。后来他爸妈凑够了钱办了个婚礼,正式定下了双方关系,才终于能住进去。入住避难所并且不被赶走,是很没人性的一个过程,也因为这个,要正常上学和工作也几乎不可能。足够幸运的情况下,他们的家长能在第一次申请就通过,少年们却也要辗转两个星期之久。他们必须遵守严格的行为规则和宵禁条例,而在情况好一些的街区是没有这些的。很多孩子意识到这是一个两难处境,他们的确很感激能有这么个空间,但也意识到在这里工作的人都深受同一种规章条例的束缚,生活变得更加艰难和扭曲。因此,这种官僚主义的做法只能让避难所的少年们获得有限的社会经历。

在对街废址建造一个社区花园

1998 年秋，我们（教师学院的成人）和孩子们，还有一个课外项目组，开始了"青少年服务"临时家庭避难所科学项目，理论上只对 12～18 岁青少年提供服务。不过我们也接收了 12 岁以下的儿童，并尽力创造一个多样化的学习环境。低龄学生也零星地加入了这个项目，其他成员则成为核心成员。

该项目是由我的研究团队博士后达娜（Dana）和我的博士生考特尼（Courtny）共同教授，而我是项目负责人和研究员。我们想要创立一个以社区为基础、行动为导向的科学项目。虽然这是我们发起的项目，也是鼓励年轻人思考一些和他们社区和生活相关的项目，但是项目实际目标和目的完全取决于年轻人。一开始，达娜和考特尼会让孩子们讲一讲自己对社区担心的地方以及有没有什么有效的办法。例如，在第一周的时候，主讲师达娜通过一系列问题，鼓励他们参与小组讨论，比如说"当今的年轻人有什么问题？"他们的答案有青少年怀孕、枪击、拖延、艾滋病、无保护措施的性行为、黑帮、酗酒、成年人对青少年尤其是黑人青少年的负面看法等。

87　当一开始问到他们怎么利用课后科学项目来解决自己担心的问题时，他们想到最多的是通过集资，然后捐款给慈善机构，利用这种方式带来积极的变化。而当达娜问他们为什么觉得慈善很重要时，有一个小孩很清楚地阐述了自己的观点。作为一个流浪儿，他说："我们就住在慈善救济院。"这句话很刺耳，人们都安静了几秒钟，但我们也看到了他们是如何看待自己和社区的关系的。因为这样一种共识，我们有必要加快步伐让他们认识到，如果想要社区改变，他们自己得先做出改变。

达娜帮助这些青少年关注他们最关心的问题，并相信他们可以做些什么。她让他们设计壁画、写曲唱歌,把问题通过角色扮演表演出来。其中关注的一个问题就是避难所对面那个废弃的房子。他们大多觉得这个地方是贩毒的场所,不太安全。此外,这地方太难看了,被人们遗弃,到处都是垃圾,撕开的垃圾袋、粪便、碎瓶子和坏药瓶,还有绕着一圈金属栅栏,有的地方因为车祸被撞得向外凸,形成了锋利的尖角。在谈论这件事时,他们意识到虽然自己可能对这里的毒品或毒品工具交易无法做些什么,也无力对抗那些把瓶子扔到这里的黑帮,但至少可以试着改善它,让毒贩和黑帮不想再用这个地方。

他们想好了有一件事是可以做的,就是把它打扫干净,整理成一个可以用的社区空间。社区空间如果是个干净的场所,人们便会愿意过来,这样也能制止犯罪活动,因为它不再是一个废弃的场所了。达娜带着孩子们进行了一场头脑风暴,看能把它改造成什么样的场所。有人说篮球场,有人说游泳池,还有的说电玩城、操场、沙盒、公园、舞台、网络游戏或镭射奇幻世界,还有折扣店。达娜让他们对场地进行评估,看看自己的方案是否可行。空间是否够大,是否能实现所有的想法? 现在这里有什么? 以前有什么? 这里的土适合耕种吗?

为了做这些评估,把孩子们分成了 4 个小组。他们测量了空间大小,记录了现有物体(有生命的和没有生命的),并进行了拍照、画图。每个小组都想弄清这个地方的具体数据,而且各自不同的想法指导着各自的工作。有的小组更想建舞台画壁画,而有的小组更想要一个操场,有的小组个别成员其实不太明白(或者不太在意)自己想要什么。达娜让所有小组把所有发现都汇报给人数最多的小组。这些汇报和图纸既有只标出了设计可行的一页纸的铅笔简画,也有精细的汇报,如标出了哪里有垃圾,哪里未来可以做什么。每个小组回答了达娜的问题,并且用自己收集到的信息来力证自己的想法是可行的。这一分享的过程既帮助他们完善了自己的想法,同时也让有的小组放弃了自己的计划,因为不现实或者不合适(如电脑游戏,镭射奇幻,篮球场都因为不合适被放弃)。随后他们把目标限定在这几个可行的方案中:操场、花园、俱乐部、折扣店、攀岩馆、沙盒和舞台。

最终,经过持续调研、展示和辩论之后,所有人的主意都被整合成一个更妙的想法:一个多功能的社区花园。花园里要有水果和蔬菜,并且由孩子们自己养殖、收获和售卖。还有一个舞台用于社区表演,社区里还有壁画,上面画上孩子们努力的点点滴滴和他们的心灵世界。

之后,这群青少年修改了概念图和设计图,上面完整包含了花园、舞台和壁画。等到大家对最终的设计达成一致意见后,他们建了一个3D模型。他们研究各种结构和材料、规划设计布局(我们雇了一名设计师,他设计了一个进程模型)。他们拿杂志上的照片作为参考,用小石块和树枝铺在两边,标出一条小路来。一个少年用黏土做了一个池塘模型和一个浴缸,另一个则用木头造了花坛模型。这一过程持续了好几个议程,每一次他们都在别人完成的作品上加点什么或者改点什么。即使是很少参与的人也找到了另外一种参与方式(例如,去商店购买用品或拍摄正在进行建造的模型照片)。设计图的结构数量从10月的初始图纸,到1月的概念图,再到3月的模型图实现了稳步增加。比如,有一少年的草图包括一个激光公园和一个电玩厅,随后便有了树、池塘、舞台、花坛、垃圾桶等。从这些平面图里,我们可以看到他们一直在涌现的想法。通过和专业人员的对话、走访当地花园和其他社区花园时的图片、网格,从没见过的甚至

从没想过的结构等都添加到了总体设计里。此外，因为设计结果是 *89*
可视共享的，参与者（和其他人）可以在分享的过程中不停地加入新
的概念。

接下来，这些模型会在公共社区会议上分享和修改。在会议上，
孩子们展示了模型，给大家分发了传单，还回答了大家的问题。会议
开始之前，有些孩子一想到要跟社区的人分享自己的想法，便觉得很
紧张。正如一个孩子所说："谁愿意听流浪儿说话？"来参会的人不
多，但是每个孩子分享之后都信心满满。组员们认为社区的人们需
要更多地参与到活动中来，于是建立了一个"社区日"。社区日是每
周六的全天活动，他们邀请社区的人来帮助打扫场地和进行园地规
划。社区日既是几个月研究的高潮，也是将设计好的计划付诸实施
的开始。孩子们四处宣传这个活动，向家庭、工作人员、当地店主和
邻居分发传单。社区日的活动主要由达娜和孩子们计划，但是由每
个星期六来参加活动的专业人士修改。约有五十个家长、工作人员、
志愿者、邻居和儿童参加了第一次社区日。孩子们展示了他们的三
维设计模型看。他们在这一天扮演和承担了不同的角色和责任，如
欢迎客人、管理整体生产、组织茶点和视频采访参与者，帮助人们收
拾垃圾和碎片，更换围栏和种植树木，这些帮助最后看来都是非常重
要的。

至少有四种方式记录了这些青少年的转变。第一是壁画的设
计，壁画里有他们工作的照片，还有一些能体现他们对于花园的思考
的标语。第二是他们为自己选的名字：REAL，代表恢复环境和景观
（Restoring Environments and Landscapes）。第三是 *The Book* 这本
书，这是一本三孔活页书，记录了我们小组的历史和项目。第四是一
个参与者小组，他们制作并导演了一个60分钟的名为"城市大气"的

短片,主要内容就是生活和科学,还有一群青少年为其他青少年打造的城市花园。

拓展话语实践

从某种程度来说,REAL 的创作是一个干净漂亮的故事。贫民区青少年携手改善自己的街区,他们学习园林知识,看哪些植物可以在东北部城市环境中生存,观察植物是怎么生长的;他们了解土壤和水资源的质量、测量和覆盖范围;他们学会了怎么收集材料,并用于支持在私人或公共场合自己的开发构思。相较于他们这个年级水平的国家科学标准,他们学到了太多科学知识(见表 4.1)。

这些科学知识很重要,不仅能帮助他们成功地实践,更是他们按标准必须在学校要求学到的知识(为了得到州认证的高中证书)。不过表中只简单列出了一小部分他们在活动过程中学到的科学知识。实际上,比学到这个关键概念更重要的是,他们学着去参与由各式各样的实践组成的科学实践。通过 REAL,他们学着以各种方式去分享想法、倾听、质疑并回应其他成员、街区居民、外界专家和政府官员。不管是与同伴间关于科学的谈话,还是通过社区会议和通知来和邻居互动交流的新方式,还是与园林、建筑和科学专家交流想法并且提出问题,这些拓展的话语实践都成了他们共享的科学知识,让他们拥有了科学的力量。的确,REAL 可以看作是一种让青少年理解"知识就是力量"的方式。

知识和拓展话语实践:危险的边缘生活

在某种程度上,"知识就是力量"似乎很有道理,特别是在城市之中。有多少科学知识将帮助改变青少年的生活或他们生活的社区?实际上,必须要承认,美国的社会结构使得贫困区的青少年,无论是在学校接受教育还是在社会上都弱于他人，且无处发声。如前所述，他们的生活受到避难所的规则束缚，没有独立和自由。他们上的是被知识精英视为劣等的学校，在这些学校获得的机会很少，而且无法获得让自己提升的经验和简历（我们使用了"简历"这个词，因为它不代表学生在校园经历中学到的东西，而是他们可以报告自己学到了什么经历了什么，如大学预修课或荣誉课程，课外科技活动等）。当他们转去精英学校之后，往往因为肤色或经济社会背景被分配到低级课程，或遭到人们质疑，所以我们必须认识到为什么将知识视为力量可能是非常重要的。

92

表 4.1　9—12 年级国家科学标准 1（理解科学调查的能力）以及青少年的工作　91

标准	青少年的成绩
理解指导科学探究的问题和概念	学生们提出了如何将自己及同龄人的生活变得更好的研究问题。他们改进了问题，使其适合青少年用最少的资源进行探究。最后，他们决定将场地修建为集花朵蔬菜、长椅、舞台和壁画为一体的花园
设计和实施科学调查	学生们评估了场地的现状（类型、数量、垃圾的位置、活体动植物、栅栏、土壤、周围建筑）。通过评估来确定清扫活动。他们查阅了所需要的资料来确定需要植物种类，并且是可以在花园里生存的植物种类。他们研究了修复栅栏的方法并且为他们的场地绘制一个标志。最后制订了一个工作计划来完成这个任务
使用科技和数学改善调查和交流	学生们测量了场地的大小，清点了场地内外的东西（栅栏、壁画墙等），测出了包括周长、面积这些数据，用它们来确定要为打扫和改建做些什么
利用逻辑和证据，规划和修改科学的说明和模型，了解和分析备选的说明和模型	在制定规划过程中，他们研究了好几个想法，基于这些想法列了几个不同的计划，并且分别就这些计划进行了论辩，最后建了一个模型并确认了大家都同意的计划
交流和为科学论点辩护	他们把最后计划向更大的社区的人们做了展示，通过传单、标牌和口头的方式向外宣传展示，通过展示从社区得到了反馈
理解科学探究	他们从经历中了解到，这些列出的步骤深刻影响着他们的改建计划

如果我们将拓展话语实践视为知识，那么就可以开始看看贫困区青少年是怎样在科学领域，在他们自己的社区，用一种非传统的方式打出知识和力量这张牌的。他们可能上的还是很贫困的学校，没什么机会上大学预备科学课程，那些没比他们强的路人还会用质疑的目光看着他们（虽然这些仍待改变）。但是，参与这些拓展话语实践给了他们机会去更深刻地了解自己的生活方式，了解科学是怎样和每天的集体生活联系到一起的。他们建立一个资源网，有人脉，有组织，还有这样一个地方：人们在这里倾听他们诉说自己如何意识到与科学的联系，无论好坏，逐渐地改变自己，他们在这里得到人们的回应。

在这个课后项目之初，也就是孩子们想出 REAL 或者花园项目之前，有意思的是，当达娜鼓励他们讨论自己的需求时，他们的话题大多集中在生存和危险活动上：黑帮、艾滋或种族主义。还很有趣的是虽然这些少年知道那些危险的经历为什么会影响自己生活，也知道它们是怎么影响自己的生活的，但他们最散漫的行为也不过是选择自己的分组。当然，很多人也问了一些在项目里或在生活中很严峻的问题，比如种族主义和阶级歧视，自己所在的社区是如何得到关注或帮助——这是和富裕的曼哈顿白人社区截然不同的生活动态。正如一名少年所写："我们没有像曼哈顿一样的'垃圾清理'服务。"但不管是出于自卫还是边缘化的原因，他们讨论批评的对象主要还是自己的朋友圈子。他们要么不知道向谁投诉，要么不知道说什么（如果知道要向市长投诉的话），要么不愿意这样做。当他们真的当众提出批判之后，比如向老师或顾问提出问题，他们觉得最好的情况就是自己的意见被忽视，最坏的被那些当权者视为越轨行为。一名少年告诉我，那些投诉学校不公的学生都被视作问题学生。最

终，他觉得学校就是要掌控学生：学生在自己的学习内容和方式上 93
如果了解得太多，或者有太大的独立性都是不允许的，因为这会让学
校无法掌控。

许多青少年还讲了抱怨或尝试去改变这个社会体制是多么无
用，因为"体制从未为少数族群工作"。年轻人有这些看法并不奇怪，
当他们最初尝试让市政府换掉那块破烂的栅栏时，他们被一再拒绝。
他们给市政府的很多人打电话、写信，但不管采用什么策略，他们从
来没有成功过。如此反复被拒，那些希望通过反对或抵抗来让大众
听见自己声音的青年也不再抱什么希望（不管是问题的哪一方，不管
是他们自己还是政府），内心并不觉得事情能够走上正轨。

对于很多参与 REAL 的学生来说，比起学习那些科学概念，扩大
自己的交流圈，和社区的群众一道讨论科学问题要复杂得多。因为
它需要学习如何去议定并再议定权力结构及自己在这些结构中的地
位。从青年们对慈善的讨论中，我们就可以看出来，这一学习过程对
于他们，不管是从心理上还是思维上有多困难。达娜曾鼓励他们想
一些活动来解决自己所担心的问题，结果他们最先想到的多是捐款
给慈善机构或者给社区募捐。可是一个学生说，他们自己就是慈善
机构帮助的对象，于是他们不得不作其他打算，思考对于他们而言，
什么才算解决这些问题。他们沉默了，但最终开启了全新的思路，找
到了自己参与改善本社区的新方式，他们的行动不仅仅涉及钱，至少
钱不再是他们行动的最终或最重要的一环。

社区共享：双向对话

在建造社区花园的许多不同阶段，青年们通过社区会议或者社
区日这样的活动，和社区的人们正式或不正式地分享自己的工作。
这些都是通过正式安排获得的机会，让他们能够和住在周边或在周

94　边工作人一道分享想法,探讨问题和收集资源。这些交流也让更多的公共参与成为可能。社区的资源投入是非常重要的,因为它,正如学生们在报道中所说的,让"那些会被某个决定所影响的人能参与决定"。① 那些参与者给予了支持、建议和挑战。而这群青年在会议上一一回应了这些问题,并在之后的工作中解决了这些问题。

　　在社区日上的讨论则更为开放,也更符合社区的实际情况,参与的人也更多。社区会议需要有志人士在南部避难所参加,而社区日则是在改建场地上举办,目的也不过是让大家开心地辩论。比如在第一次社区日,有一位居民的职业是 DJ,他把东西都搬到场地上来,这样大家就可以在音乐中工作。避难所的大人、小孩、青年们都可以和周围的邻居并肩工作,而他们的关系在过去其实是比较紧张的。负责点心的队伍烤了汉堡和鸡腿,媒体队伍则在拍摄采访,询问人们对于花园能给社区带来什么好处。这种开放式的参与方式让一些专业的人士也能加入进来展现他们的技能。比如,这些青年计划在场地周围建一个新的篱笆,但是没有详细的进程计划。他们知道需要一些新的材料,一些混凝土和工具什么的。不过,在一位专业木匠的帮助下,他们给篱笆桩打了地洞,木头也砍到了合适的尺寸,这样就能有一个结构坚固的新篱笆。一位曾在特立尼达岛做过专业园艺师的避难所居民则帮他们播种、种幼苗。

　　另一个有趣的拓展活动是"小院聊天"。小院聊天就是青年们、居民和工作人员在避难所的院子里聊聊天,谈谈花园项目的发展问题。最值得注意的是,小院聊天自然地融入了非 REAL 项目组的人,

---

① 参见 Gene Rowe and Lynn J. Frewer, "Public Participation Methods: A Framework for Evaluation," *Science, Technology and Human Values*, vol. 25, no. 1(2000), 3 - 29, at 6.

这对项目的发展有很大的影响。

比如,19 岁的坦达,是两个孩子的妈妈,由于她的年龄超过了 18 岁也没有上学,所以不能成为 REAL 的成员。但她非常喜欢聊天,经常和一些年龄大一点的男孩女孩在院里聊天。过了一段时间,她对花园项目产生了浓厚的兴趣,因为她想让自己的小孩有一个安全的玩耍地方。之后,她又和别人聊了聊花园项目的事情。坦达的谈话主要关于花园的安全问题,她认为对于年纪小的孩子,比如她自己的孩子,这个花园是一个安全的适合玩耍的地方。她向项目组的成员问了这些问题,让他们说明花园如何保证小孩的安全。不过,有关小院的聊天不止(仅仅)能让成员们听到坦达的想法,还让坦达能得到(他们也给了坦达)更多的信息和深刻认识。最终,坦达参加了社区日活动。她还参与了"城市大气"项目。她想通过这个视频项目让其他人知道,只要社区成员共同努力,南布朗克斯也可以变得很美丽,所以:

> 我们要做这些项目,通过科学让这里变得更好。我想摆脱这种堕落,它不应该是这样的。我们应该一起努力,让这里更好、更安全,让孩子们和我们都能在这里开心地生活。我们不指望政府,因为他们不会帮我们。

专家参与

在建造花园时,达娜会不定期请来城市环境设计师、建筑师和园艺师和青年们分享他们的专业知识,帮他们修改计划。这些会议很有互动性(故意设计成这样的),在很多地方举办过,不过主要是在避难所里。这些会议并不是单方面的寻求专家的同意或指导,而是让青年能够去接受、质疑并运用从外部资源中获得的信息和概念。在一位园艺师做 ppt 展示室外空间的过程中，青年们看到了自己以前没有考虑过的元素，比如储物空间、指示牌和宽度足够轮椅进入的走道。看完展示之后，一位男生写道，储物空间很重要，因为"我们需要地方放工具"。在建模时（几个月之后），他在舞台台阶的下方设计了一个储物空间。而另一名成员认为指示牌很重要，"告诉人们不要乱扔垃圾"。在模型里，她设计了一个标牌，上面写着："请让 R. E. A. L. 花园保持干净！"。园艺师的展示还让青年们讨论了新的设计因素，比如只需低维护成本的设计，只需简单工具和材料（锤子、钉子、木头等）就能建造的结构，还有能支持包括社区成员的社交活动的结构。以前没考虑到的设计因素——花棚、鸟巢、工具棚、池塘和指示牌，都作为候选项加入到了设计中。

达娜则在青年和他人的协商和专业方面中起到了很重要的作用。在和青少年们探讨专家的想法时，她并没有将专家的意见奉为圭臬。她只是简单地认为那是值得青年们探索思考的意见。并且，她还借此来确保青年的努力是可靠的。她回忆道：

除了最容易想到的那些步骤（如打扫垃圾、修篱笆等），在项目的这个阶段，和同事、设计专家还有社区成员的交流成为至关重要的环节，这样能继续将我们的集体项目打造成城市景观。有了那些热心倾听项目计划和想法的大人，许多成员开始意识到，这不是一个"过家家"的项目。他们最先说出这种感觉是在一次拜访中，那次我们是去拜访那块地的主人（或者管理员），一位年长的拉丁裔妇女，同时也是长期的社区活动家。我是和 2 个学生（其中一个可以说西班牙语）去的。我在自己的实地笔记上写，"能去拜访 D 夫人他们非常激动，他们第一次告诉我，以前没觉得我们是真的在做这件事情，一个男生说：'我以为就是一个项目，就像在学校做的那样，假的那种'。另一个男生插话道：'是的，我没想到我们真的要做这件事，直到你开始说捡垃圾什么的。'"他们开始意识到自己不是在简单地研究那些概念即谈论科学，而是在将它们付诸实践即实践科学。

　　重要的是，他们并不需要专业人士的许可来证明自己的项目是可实现的，而是这种拓展的话语实践既能让项目变得实用，又让他们知道了这种想法的可实现性。

创建公共记录：开始定义自己的工作

　　青年们给改建项目命名的过程反映了他们立场的改变，他们对于科学在自己生活中的理解变得不同于以往。最开始，他们叫自己"避难所男孩"，虽然成员里有几个女生。他们对于这个项目最初的认知就是他们一起做课后科学实践，因为他们一起住在避难所里。但是，当项目进展了一段时间之后，几个孩子开始讨论新的名字。他们和达娜集体讨论了该选什么名字，他们想到了这些词：设计师（Designer）、活动（Activity）、社区（Community）、园艺师（Gardener）、服务（Service）、爱心（Caring）、爱心小队（Caring Squad）、农业（Agriculture）、援助之手（Helping Hands）和环保（Environmental）。根据这些词，他们最终选定了 REAL，最初代表"实现环境建筑联盟"。达娜在报道中说，他们就"联盟"这个词讨论得很激烈：

　　　　泰（Ty）不喜欢"联盟"这个词，于是跑到楼下去拿了一本字典。梅卡（Meka）和他开始在"L"那一栏一个词一个词地看。当泰找到"联盟"这个词时，非常激动，非要我们换掉这个名字。而梅卡却想保留这个词。因为梅卡觉得联盟代表了 REAL 团结合作的本质，也符合自己改变社区儿童生活的使命。她写道，参加 REAL"让自己有了责任感，能帮助社区的人，自己感觉很好"。对于泰，可能"领导"才能表达出他参与活动的感觉以及他对于一个创业园的愿景。

最终他们放弃了"联盟"这个词，把名字换成了"恢复环境和景观"。REAL 承载了太多青年们的想法，对自己、对科学，对两者是如何在社区中走到一起的。它反映了一个具备包容性、有意义和与青年人生活相关的科学教育愿景。那个担心 REAL 成为"假项目"的男孩，不知不觉地提出了这样一个问题：学生在学校"做"科学的结局是什么？他还提出，青年做到什么程度的努力，才能使社区变得更好。

REAL 走到这一步经历了一个过程，它不是对所有成员同时发生，肯定也不是对那些关心社区的成员同时发生。也许，这群青年面临的最大挑战是，REAL 要如何影响没有积极参与项目的避难所同伴和街邻。

我想起史蒂夫和科比的一次谈话，史蒂夫是一个高度活跃的成员，而科比并不怎么积极。一天下午，史蒂夫在采访科比时，两人就 REAL 的"真实性"交换了意见。我经常在星期二和星期四下午（星期一和星期三是正式会议）采访成员们，跟他们待在一块儿。最常去的一个地方是电脑室。它在避难所里，很大（本身是独立资产）、很安静，在那段时间通常是关着的（所以如果我在那儿，学生就可以用了），如果我去采访他们的话也给他们安排一些事做。有些采访不是传统的一对一模式，有些是由一些成员采访另一群，或者就是我们之间的一些非正式对话。因为他们不觉得我是课后科学老师——那是达娜和考特尼的工作，所以这些采访尤为重要。我和他们在一起的时候，我们经常做一些和花园无关的事，也谈些无关的话。史蒂夫之所以采访科比，就是因为科比会和我们一块去电脑室，却总是不参加REAL 的活动。谈话的开始是史蒂夫问了科比一个问题，他问科比为什么不喜欢科学，或者说不喜欢参加花园改建项目。①

科比：谈到科学，你知道的，我就是不喜欢对街的那个地方，那儿全是垃圾，我也不知道为什么他们要改建那儿。最后也只不过是个空地，以后也会堆满现在这样的垃圾。

史蒂夫：科比，你为什么又不抱希望了呢？（停顿）嗯哼？

科比：因为，你就看看那地方吧。谁真的会来呢？谁会真的在这里工作呢？你看它根本就是建在阴沟上的，我是说，不是那种阴沟。（停顿）要怎么说呢——一片泥沼地，还有老鼠。人真的会被咬的，或者被伤到。原谅我说得太直白。

史蒂夫：好吧，我大概知道了，不过我不太同意你的说法，因为大家或许能从这里得到希望。他们或许能造出些不错的东西，你看呢？

科比：但是，你们不能建。好吧，你们可以建，但你们不能建成永久的，那些东西都会塌的，最后就成了垃圾。（停顿）那些东西。所以，你们爱怎样怎样吧。

① 为保护参与者身份这个名字和所有的年轻人、庇护所和社区的名字都用了化名。在这项研究中，所有年轻人都选择了他们自己的化名。所有年轻人接受首选使用化名，即使这些名字值得怀疑。

史蒂夫：但是我们可以建花园或者运动场之类的。

科比：现在看来，要建造一个运动场，你需要混凝土。好吧，你怎么指望秋千会一直留在地上，且一直待在泥土里呢？

史蒂夫：在松软的垫子上。

科比：嗯，有一天可能会，你知道的。它就像是一个坏消息，孩子们开车的时候，把东西扔出去，它可能会撞到大楼，让孩子受伤。

史蒂夫：你说得也有道理，但是我们会在周围建一个篱笆，会有保安的。

科比：但是，我也说了，他们开车过去，把瓶子什么的往这一扔就走了。保安只站在那儿，怎么阻止？扔垃圾的人开着车，他们在车里面。怎么阻止？篱笆又有什么用？瓶子可以穿过篱笆掉到场地里，玻璃也可以从篱笆缝里进来。没什么用，真的。

史蒂夫：好吧，你也有道理。

99   谈到这里之后，史蒂夫停了下来，好像不知道怎么反驳科比了，然后他接着问科比最喜欢的篮球明星是谁。不过，从很多方面来说，这段对话是很重要的。在这段交流中，史蒂夫迫使科比去思考自己对项目成果的批评。科比呢，也从另一方面迫使史蒂夫思考，项目要取得成功会面对什么样的挑战。然而，从另一层面来讲，这也是一次关于"希望"的对话，关于他们是否相信能够建设一个更好的社区，以及青年在这一过程中所扮演的角色。科比因为各种复杂原因并没有参与项目之中，有一个就是他并没有照常去学校上课，而这是课后项目的一个要求。不过，对科比来说这也是一次转折点，虽然对 REAL

有种种疑问，他还是开始更密切地关注项目的发展，并且最终成为"都市氛围"的 3 位制作人之一。

其余公共文件——项目的受众及其科学影响相关问题

一方面，我们要注意很重要的一点是，实际场地的改建很大地影响了青年和社区成员对于这个地方到底在发生什么的思考方式。事实上，在年轻人开始清理场地之后，住在附近公寓楼里的邻居开始主动帮助日常维护。另一方面，正式记录改建项目的方式及转述这些故事的方式也影响了青年们所参与的科学实践。

青年们建立了两个公共文件，记录和描述了 REAL 的发展及其对邻里的影响：《书》和"都市氛围"。《书》开始是一本相册，但因为每周都添加了新的内容，最后成为一个公共文件，记录花园的发展。该书包含文档（信件、笔记、传单和图画等）、视觉文件（照片）、一手调查资料（通过调查，书面评估/反思获得）、出勤日志和活动的每周总结（或"课程计划"）。一些条目有着明确的目的，就是跟踪记录青年正在学习和一起做的事情，而其他条目实际上是成果，如图表模型。

纪录片"都市氛围"是 REAL 参与者达克赛德的创意。他参加了周二和周四的访谈，他感觉需要有一个更好的方式来记录孩子们对于 REAL 的想法——创建视频。他觉得视频很重要，因为他们可以通过视频把这些想法传达给其他青少年，教他们如何建立自己的花园。视频也可以给老师，告诉他们贫民区的生活和科学是什么样的。这部视频由 3 个十几岁的成员制作和记述达克赛德（Darkside），科比（Kobe）和坦达（Tanda）。最后的产品包括对于 15 名青少年的访谈，他们对科学的看法，对生活的期望，他们在贫民区的生活以及花园项目，他们对社区的大人也就相同话题进行了访谈，还有一些在花园里、街区和避难所里活动和对话的镜头。

这两个文件——《书》和"都市氛围",是公共记录的动态建筑。虽然目的是为了让大家知道这个项目,但是参与者既有 REAL 的成员也有非 REAL 成员。两个文件公开描绘了青年如何拓展他们的科学话语实践和网络,以及这些扩展如何彻底地改变了他们在社区内的地位和权力。它们还展现了青年们是怎样改变了自己对于科学的理解和实践。《书》中记录了项目几个星期的发展,青少年在其中添加了日常活动的个人摘要和他们认为重要的东西。之后加入的就不是与花园建设联系得那么紧的材料,而是他们自己关于如何建设项目的思考,例如来自城市园丁和园林师的数据表。在第一次社区会议之后,他们把《书》对外人开放,以便更好地从他们的想法和反应中做出改善。添加新的数据类型影响了新兴科学,反过来又影响了后来加入的内容。"都市氛围"的视频是由青少年制作的,他们最初是项目的外围人员,它包括在 REAL 中可能未被归类为科学的方面。因此,除了拍摄花园、青少年和成年人的想法之外,他们还采访了避难所的保安,了解他们对社区管理规则的看法,即那些让这些青年感到压抑的规则。他们采访了一家当地的杂货店经理,了解他对这个街区的看法,还知道了什么样的事情能让他店里的客人觉得安全。他们调查了家庭,以反映避难所的生活条件。他们还拍摄了年轻人的日常活动(在商店买面包、在当地炸鸡场买食物、照顾孩子),以便了解他们生活的所有部分。大多数采访都是开放式的,由受访者贡献她或他认为对这样一部纪录片重要的内容。

改变科学、改变社会

REAL 的故事表明,将带有政治力量的科学素养作为一种相互关联的共同实践能够改变权力关系,因为它不仅改变了科学自身,改变了谁在这个过程中有发言权,也改变了科学与社会关系的本质。
的确,借助共同实践,科学实践助力改变当权者定义科学与社会之间
关系的方式。

　　在之前的描述中,我们可以看到前《自然》期刊的新闻编辑戴
维·迪克森(David Dickson)是如何挑战了科学与他口中"公众"之间
的关系。他指出,人们要理解科学与社会之间存在着紧张关系,这一
点很重要,但更重要的是去理解"为什么政府和政客觉得可以使用当
前的方式来处理、建言解决这一关系……"。① 换句话说,迪克森认为
更有启发性的方式是弄清楚当权者使用何种途径来协调科学与公众
之间的关系。

　　桑德拉·哈丁(Sandra Harding)也发表了相似但更具批判性的
言论,她没有去猜测当权者是如何试图调解这些关系,而是劝告那些
当权者使用科学传统的"客观"与"中立"模式来消除出现政治纷争的
可能性。② 尽管哈丁起初是通过探索纳粹科学提出这一观点,但她也
将其推入了民主群体的现代科学之中。

　　桑德拉·哈丁给我们带来了强有力的思路。我们可以先暂时后
退一步,审视一下当权者是如何借助科学教学构建了市中心科学与
社会之间的关系,这是非常有益于科学教育本身的。的确,政府官员
与政策制定者所采取的路线是为了既不改变科学框构作为变革工
具,又能增加科学标准的严格程度。当前学校改革努力包括:(a)国
家标准的制定与传播以及使用此类标准重新编写各州、各地方科学
要求;(b)采取高利害性测试与教学考核制度的措施;(c)将测试成绩

---

① Dickson, "Science and Its Public," 918.
② 参见 Sandra Harding, Is Science Multicultural?: Postcolonialisms, Feminisms, and Epis
temologies (Bloomington: Indiana University Press, 1998).

102 与学校拨款相关联。这些努力都是基于一个终究为单向的科学参与模式，科学被建构为一套需要学习和反馈的概念集合，而学习科学的目的是为了达到一系列终极目标，而非一套人类需求。科学作为一个工具，它的力量能够改变社会、自身以及最终控制平民区，但这一力量却被课堂、成绩之外的简易且用处不大的实验所取代。有人可能会说，这些体制在所有学校都是如此，而非仅限于平民区。在一定程度上而言，的确是这样，但是有两大关键性的差异让这一制度进一步拉大了平民区与科学之间的距离。首先，平民区学校以更为极端的措施来实行这种简易的科学教育方式，因为这种教学构成了三类威胁——资源匮乏（缺少新书籍和实验器材）、科学项目人手不足（大部分老师不具备丰富的科学知识，如在没有证书的情况下教学）以及以教师为中心的方法等同于行为管理和控制策略的想法。其次，在富足、中产的体系中，好成绩、甚至中流成绩都可以让青少年进入大学。如果他们愿意，他们可以走上研究科学的道路。即使这些青少年在 K-12 教育中没有机会把体验科学作为一种助力工具，但他们最终也能够得到获取必要凭证的机会，以在专业层面参与科学。相较之下，即使是成绩最为优异的平民区学校学生，想要轻易走上科学研究之路，面临着重重必须打破的阻碍。

有些政府政策要求学生获得科学素养，以使他们在科学中"赋权"，但这些政策却产生了进一步减少青少年参与科学的环境。参与科学被缩减成了解或不了解的概念，从多角度使用概念或参与实现科学概念的行为却不受到鼓励，因为这会占用必修课程的时间。学生实际的参与科学变为学习各州要求的科学概念和参加高利害性的考试，这进一步固化了青少年对科学以及在科学中的定位。

拓扑希尔（TOP HILL）学生的课外 REAL 参与引起了问题，并指向了一些机会，让我们得以思考科学素养作为一种共同实践在助力改变这种单向动态中的重要性。

　　REAL 的目的在于转变实体、社会形势，让学生作为都市生活和社区的一部分参与科学和研究之中。复苏自然世界和理解（物质与社会）生活的相互依赖呈现一种当代的理念——为了取得进步，社会需要基于理性科学模型的技术创新。除此之外，它们还提供了科学的视角作为手段改善人类的条件。青少年是科学的探究者，而科学对他们而言意义重大。科学不是一个需要学习的抽象知识体系，而是"一种值得骄傲、值得铭记的事物，可以用来帮助美化社区"（出自一位青少年之口）。

103

　　REAL 的模式以及其产品通常都是为了一个共同目标而制造。由于这些产品面向公众，并公开执行，所以平等产生。也就是说，年轻人可以在既有的知识库中进行增添或使用。知识库很快就扩展至更大的集体，涵盖了课外员工、家长、邻居、朋友，以及他们的反馈。在社区日（Community Days）时，少年们会借助评估工具公布他们的设计方案和模型，用于代表 REAL。社区日的目标除了有推广设计方案、模型，还包括清扫垃圾、修理栅栏、制作标志牌、创造有趣且富有成果的环境。泰（Ty）自愿参加了媒体小组，用视频记录了社区日，并对人们进行了采访。梅卡（Meka）在欢迎委员会里，她们的成员负责邀请宾客在一本书上签字、并回答宾客们有关该项目的问题。不仅如此，梅卡还在那天花费了大量时间与一组青少年小姑娘一起清理垃圾。

　　这一行动从各个学生中延伸至了更大规模的少年群体、社区、都市景观专家以及社区之外的少年，青少年们从而被定位为拥有宝贵知识的群体。虽然这些青少年费了一番周折才能找到合适的实体和智力空间向社会提供他们应该做的事物，但他们学会相信这些是值得的。通过体验交流社区科学活动的意义，青少年创造机会来表达他们对自己社区情况、需求的了解。梅卡想让社区关爱环境、关爱在此生活、玩耍的儿童，所以她在壁画规划中加入"环境是我们赖以生存的根基""请保持花园清洁""不要逃学""站出来发声"等口号。

青少年们也能够思索自己如何定位"成为慈善团体"以及如何改变大家的这一认识。当前，正如科比（Kobe）和斯蒂夫（Steve）的争论所凸显的一样，青少年在什么是最好的下一步或行动路线方面的观点不会非常契合，但恰恰是此类辩论强化、精炼了他们关于如何了解自身需求的思考。

如何使他们从自己的小群体中走出来也是很重要的。达娜邀请了一些内部和外部的专家加入青年社区。一些专家了解城市园艺或城市建筑，但他们对流浪少年却所知不多，有的专家了解城市赤贫少年，但却不太懂科学。青少年们通过他们的项目接触这些外部资源。这种平衡十分重要，因为青少年总是有成为专家的可能性，即使在所谓的专家分享知识时也不例外。从某些方面而言，这些少年对流浪群体的了解是外来专家无法做到的，但如果要提供帮助，外来专家需要对其进行学习。当前的科学需要两种视角来积极富有成效地前进。

与和专家互动相似，青少年与更大规模群体的互动透露出社区科学所需的支持程度，由于这些青少年们不想他人反对、不想自己数个月的劳动徒劳无功，所以起初他们在与社区成员分享自己的方案时会感到紧张。对于青少年们，他们的心理预期非黑即白，这映射出学校对青少年科学成绩评估中所采用的是非对即错的方法。从他们与更大集体的互动中,逐渐开始展现出一些启示——围绕避难所改造项目进行的扩展交流,意味着摸索出花园服务社区最有效的方式,以及社区参与和支持花园的最佳方式(还有探明其他形式的专业知识,推动该项目前进)。青少年们需要社区的支持,但他们也要支持社区。

他们选择与社区沟通的方式也在塑造、扩展科学活动方面推进了他们的机构。创建了"都市氛围"的青少年们开始看到他们除了能给社区提供安全、清洁的花园(而非废弃角),还能就少年如何参与相似项目上分享自己的经历和推荐。他们担任了教学职位,但这些职位是由他们的经历建构而成,而非建造社区花园的正确或错误方式。社区传单也让公众更加真诚地参与科学,它们不再是被动的交流形式,而是能向社区告知新的想法和进展,并邀请社区的居民参与和投入。

展望未来

都市社区的科学素养引起了许多关于知识、权力、地位的话题。一直以来,都市社区环境中的青少年在学校和科学研究中被边缘化,因此最大限度地减少了他们参与与社会权力精英们的对话和实践的机会。他们在流行媒体之中也被妖魔化,最大限度地缩减了他们对社会的独特贡献。即使是在关于都市社区青少年发展的初衷最好的政策中,他们也被定位为影响他们日常生活政策或项目的接受者(而不是制定者)。

但正如本章所示,科学素养通过多种形式的话语实践(视频、书籍、社区会议、社区日等)和所代表的网络,存在于个人、组织、学习主题之间的关系之中。对都市社区的青少年而言,更重要的是他们也

105

反映了这些关系是如何通过权力和知识得到建构。"社区日"的例子有助于解决通过个体进行的权力建构的问题。在这两类非正式的场景下,青少年如何能够交流他们对项目的目标和对未来的展望,升华了 REAL 的重要性以及他们在社区所做的工作。"社区日"也展示了存在于关系之中的时间力量,而且最重要的是,它是通过在网络中分布的方式得到理解,并且取决于知识、地位和历史背景。"社区日"将流浪人员与他们的邻居聚在一起(这一关系充斥着以往的紧张情绪),让他们共同实现避难所的转变。这些过去几乎不会交谈的人们贡献出自己的技能和理解,使花园以青少年不曾预料或想象的方式得到转变。这群青少年曾花了三个月试图让市政府更换篱笆,但没有成功;在邻居的帮助下,他们花了一天就把它修好了。庭院谈天和"城市氛围"使之前没有参加过该项目的青少年小组了解、开发避难所改造项目的进展过程。平民区青少年之间的这些拓展对话网络和可及的对话形式,让他们有机会参与新形式的知识和权力。

如果从传统视角检验加入 REAL 的青少年的参与度,可以清楚地看到他们学到了许多与科学相关的事物(见表 4.1),但这些青少年同样也学会了使用各类可及的资源去重新协商科学看起来是什么样的,以及他们在社区中的权力。通过理解网络中的青少年如何创造科学和权力,他们得到了与社区对话和关联的新方式。考虑到这些青少年所代表的生活被避难所高度管理以及他们所表示的以往紧张情绪(来自于邻居不愿意在附近设有避难所),青少年使用广泛对话实践与社区创造科学活动的能力见证了权力和知识如何能够产生变化和被改变。对我们而言,这个关于权力和知识的故事提出了相关的问题:一是青少年的科学参与;二是在广泛的社会领域中理解、评价、评估此类参与,并使之合法化包括那些从事,使用以及以某种方式被科学所影响的人们的历史、文化、生活世界。而且,评估参与必须根据它如何改变科学和科学所融入的社区。这是我们在第 5 章要讲述的话题。

第5章　边缘与中心

月亮向我们讲述科学

月亮适于夜晚，

它是你睡眠时的一盏灯。

月亮很特别，

它是一束光，

一束球光，

有时它是一半。

它位于夜晚和白日的天空。

太阳适于早晨。

——乐迪萨（Latisha）[①]

在我们与《月亮告诉了我们科学是什么》的作者乐迪萨一起工作期间，她是一名四年级的学生，和母亲、姐姐、哥哥生活在纽约市的一个家庭避难所中。她比学校同学大一岁，为了提高她的识字水平，她在一年级时被留级。三年过去后，乐迪萨仍对留级事件很愤怒，正如

[①] 本章的所有名字都是化名。拉蒂莎在她居住的避难所开展一个课外科学项目时写了这首诗。

她所说,比同班同学年纪大、个子高很丢人。乐迪萨给我们带来了两难的问题,她能够在她的诗中表达自己关于月亮以及科学的想法,但她在学校仍然表现得不好。她的报告呈现出 U 型线——在所有科目中都不能令人满意。

乐迪萨的故事引起了有关权力、知识,以及具备科学素养意味着什么的问题。虽然乐迪萨的学习报告卡显示出低于平均水平的表现,但我们却被她诗中表达的清晰、洞察力,以及科学素养能力所感动。她的诗也向我们提出挑战,提出一个难题,一是科学和知识的概念;二是它们如何在为贫穷儿童服务的科学课堂上进行相互交织。

108

在第 4 章,我们描述了协力改造废弃的地区变为社区花园的青少年,以及知识和权力如何在他们的生活中交融。他们的故事证明,了解和实践科学作为动态的力量,塑造了青少年如何接受、转变他们在城市邻里之间的社会和政治空间。在本章,我们继续探索权力和知识如何建构青少年的科学共同实践,我们将聚焦当儿童在学习科学时,如何选择制度、学科设置和它们的内在权力等级。委任权力等级制度的过程对于制定科学和学习认同和反对科学是不可或缺的。

为了得出这个论点,我们首先把边缘与中心作为意识形态与物质的隐喻;然后我们将边缘、中心与一种科学素养联系起来——当边缘与中心被理解成为独立建构时,这种科学素养即被定义为存在。这让我们能够在相互挑战、相互坍塌的反身关系中理解它们。在生成这个论点时,我们也描述了此关系如何作为一种被社会、政治权力结构混合的紧张关系,因为它是一种由经历者和被施加者共同定义的活生生的关系。我们之后会分享三个青少年实践科学的故事,他们的实践方式对权力等级进行了选择。正是这种学习使用边缘与中心二分法(或改变制度和社会性的强加的权力安排)的行为让青少年可以科学实践,这比他们在学校中从课本上学习的科学要强大得多。他们学会将科学作为一种从集体知识和个体机构中汲取力量的实践进行理解和思考。我们展示为什么对于那些生活、经历、知识、文化不断被主流文化边缘化的青少年来说,这一立场尤其重要。

边缘与中心

贝尔·胡克斯(Bell Hooks)依据社会、政治权力关系描述了边缘与中心之间的隔离。

> 处于边缘既是作为整体的一部分,但又位于主体之外。作为生活在肯塔基小城镇的美国黑人,铁轨每天都提醒着我们所处的边缘处境。跨过铁轨是我们不能直面的铺砌道路和商店,跨过这些铁轨是一个世界,我们在其中的工作为女仆、门卫、妓女,只要是服务性的职位我们都做。我们可以进入那个世界,但我们不能生活在那里。我们总是要回到边缘,总是要跨过铁轨回到城镇边缘的棚户和废弃的房屋。①

在科学教育之中,我们经常从科学的本质、科学参与,以及包容性课堂实践的视角来谈论学生处在科学的边缘或是中心。从历史的角度而言,谁的价值观、信仰、经历是科学的组成部分,而谁的又不是呢?理解无家可归的青少年的生活边缘与中心,或理解在贫困中生活、学习的青少年的生活边缘与中心意味着什么呢?

---

① bell hooks, *Feminist Theory: From Margin to Center* (Boston, Mass.: South End Press, 1984), ix.

奇卡娜(Chicana)女权主义者已经写了有关边缘化人口是如何经常生活在主流文化的边缘或"边缘地带"之上。[①] 边缘地带反映了边缘的思想强度,它显示出边缘地区人们就权力、文化、经历如何在社会背景下相互交叉持有的一种批判性意识。对于边缘地带的人们来说,对边缘和中心两分的批判性意识是一种强大的政治立场,因为它暗示了个人的存活,以及一种文化、政治团结的立足点和地位;从这一立足点和地位出发,他们思辨性地理解、指引主导文化的假设和实践。简而言之,在多元多变的背景下了解边缘和中心存在着社会和政治力量,因为这些理解提供了许多挑战科学教育中权力和知识关系的方式。

城市无家可归的青少年生活在边缘地区的多重身份之中。这些青少年许多是少数民族和少数民族文化,尤其是黑人文化和拉丁美洲(拉丁语)文化的成员。作为无家可归的个体,他们通常是底层阶级的成员,默默地被藏身在美国社会和权力等级的底部。最终,他们被剥夺了地位感,将自己的隐私(以及随隐私所到来的所有特殊待遇,如私人沐浴、安静学习环境、准备食物或偷吃零食的厨房、个人物品的储藏空间)放在棚户生活之后。他们学着去从多个维度体验学校教育和科学,包括肤色、性别、语言、阶级、地位感。无家可归的儿童以特别的方式处在边缘和中心的二分中。这些包括:(a)物质资源,如能够使用安静的空间和做家庭作业资料;(b)物质环境中所嵌入的预期,如缺乏父母关心他们能够完成家庭作业;(c)围绕儿童生活、价值观、需求文化和阶级条件所建构的体制结构,如学校任务与

110

① Gloria Anzaldua, *Borderlands/La Frontera : The New Mestiza* (San Francisco: Spinster/Aunt Lute Press, 1987); hell hooks, *Ain't I a Woman, Black Women and Feminism* (Boston, Mass. : South End Press, 1981).

家庭生活的紧张关系；(d)谁重要、什么重要的思想观念。

这些结构、价值观、环境影响边缘与中心的方式正在转变，它们暗藏其中，并且依赖于时间与空间，但由于边缘与中心隐喻的创造和维持是通过有关物理环境和有关儿童、知识、学校教育的体制化规则、结构、假设，我们作为科学教育者经常把边缘与中心隐喻假想为固定状态来谈论，使边缘与中心看似自然，而非建构而成。

边缘与中心隐喻提出了有关权利、知识、权威、文化产出四方面情景化本质的问题，它在很大程度上促进我们理解科学教育实践的方式。在对边缘与中心的批判性反思中，存在着任何种类的科学素养，其中包括此类反思：边缘与中心如何在课堂中得到建构、它们的存在如何被用来阻碍或促进特殊群体在特立背景下进行的教育？处在边缘或中心意味着什么，这对了解、谈话、行动的方式有何启示？当中心或边缘被用来理解、挑战、坍塌时，对方会发生什么？接下来的三个故事帮助我们将边缘与中心隐喻的力量融入具体背景——乐迪萨与钱包、杰森与可食用的纸、克劳迪亚与桌子。

乐迪萨与钱包

乐迪萨撰写了本章开篇的诗歌，在没有密友陪伴的时候，她是一个安静的女孩。相较于与其他儿童的关系，她与成年人的关系似乎更为紧密。虽然她很少自愿向我安吉(Angie)提供有关她自己或学校的信息，但她经常停留在我的身边或在其他棚户帮忙的大人身边。我们围绕着她想要的事物做非正式的对话，如与我一起做烘焙。① 我

---

① 每个月的某一天，安吉应她的要求，用辣沙烘烤食物。他们用的是乐迪萨(Latisha)在她的住所捐赠的盒子里找到的一本烹饪书，这促使他们召开了烘焙会议，一个小的便携式电炉时安吉从家里带来的。几乎总是在拉蒂莎的要求下，两人一起做甜点。

们谈到学校几乎都是因为我问她关于学校的事情,她的回复倾向于聚焦在三件事情上:拼单词——因为这对她来说是一件令人沮丧的事;阅读——因为她热爱故事,而且想成为一名作家;以及学校和操场上的枪支暴力。

之后的故事取自于乐迪萨参加的课后科学项目。在特殊的一天,孩子们自己动手用盛橙汁的盒子、手持的小镜片、曲别针、上色的图画用纸、胶水、魔术笔做了放大镜。除了提供的这些用品之外,每个孩子都有他或她自己的笔记本,那里还有一个公用大容器,塞有用于科学、艺术、手工的材料(剪刀、尺子、羽毛、闪光粉、珠子、书籍、铜线等)。

乐迪萨提早完成了她的放大镜,她通常极为重视细节。乐迪萨经常从课后科学日志中撕下纸页,然后扔掉,因为她拼错了一个单词,或者不喜欢她笔迹的样子。当她在做项目时,她会花时间用某种方式给它们完完全全地涂色或装饰,让它们不仅看起来好看,而且表达一种彻底性和风格。我被乐迪萨的行动所吸引,因为她没对放大镜这样的关注。我的本能反应是她不在乎这些放大镜;或是学校、家庭成员或同学之间发生了什么事;再或可能是她饿了或感觉不太舒服。

在做完放大镜之后,乐迪萨跑向我,并且问道她能否做其他的东西。我不确定其他的东西是什么,但同意了这个计划。乐迪萨跑去拿了一个额外的果汁盒以及一些胶水和纸,然后拿出珠子、细绳、铜线、闪光粉,独自去了房间的一角。

之后乐迪萨给我展示了她做的"其他东西",她借助胶水用图画纸封住了一个大的矩形橙汁盒子底的一半,她在图画纸上用记号笔画了设计标记,并且粘上了金色闪光粉和一些彩色的单个珠子。图画纸的细条将盒子的内部分为三个隔开的部分。在盒子的开口处有一个貌似由一短串珠子做成的把手。与乐迪萨所做的放大镜不同，这个物件貌似经过了精心设计和制作。

> 老师：乐迪萨，你做的这个东西真美。这是什么啊？
> 乐迪萨：它是个钱包。
> 老师：哦，这样啊，这些珠子是把手吗？
> 乐迪萨：嗯，我发明了它。
> 老师：发明了它？什么意思？
> 乐迪萨：我自己做的它，没有抄别人，用桌子上的东西，为自己做了一个钱包。

乐迪萨指着放纸盒、胶水以及其他材料的桌子。当乐迪萨把珠子与纸盒连在一起时，我们的对话出现了一段时间的沉默。

> 老师：乐迪萨，我觉得这个非常有趣，你能给我讲讲你怎么有这个想法以及怎么决定做这个钱包的吗？
> 乐迪萨：我只是看见了那个橙汁，诶，它叫什么来着？
112 > 老师：容器？
> 乐迪萨：对，容器，然后我想我要给自己做个钱包，我要给自己做个随身携带的钱包，看，它还有颜色和珠宝呢。

乐迪萨似乎对此答复很满意，在她谈话结束时，她的目光从我回到她的钱包上，再次开始摆弄珠子。早些时候，当她创作这个物品时，她曾为没有足够长的珠串来实现自己的需要而变得焦躁。另一个叫作雷（Ray）的年轻男孩看到过乐迪萨在角落用珠子做了其他物件，雷去了物品箱，拿出最长的珠串用于装饰他的放大镜。他之后做了一个钱包，与乐迪萨的相似。当乐迪萨看到雷"抄袭"她的作品时，变得特别不高兴，她试图把珠子从雷的钱包上取走。从她的解释中，我不清楚这个行为的动因是她想要拥有长点的珠串，还是要阻止雷完成和她相似的钱包（虽然雷称他的钱包为篮子），或是其他原因。

从乐迪萨身上学习有关边缘与中心的启示

重新回到边缘与中心在科学教学中显现的方式，有助于回答我的问题。首先，在乐迪萨的生活中，物质隔离是十分明显的。作为一名教师的直觉让我感受到了这一点，并把它作为制作可带回家放大镜的原因，而乐迪萨向我展示了这种物质隔离的直接性。在相似的安排中，乐迪萨使用几乎非常相同的材料做出了钱包，这很重要。因为它显示了环境条件与乐迪萨选择所做物件之间的关联。乐迪萨经常问我要学校物品，她有时要尺子、剪刀、胶水、珠子，但更多的时候是要铅笔、钢笔、纸。乐迪萨从手边的材料和活动中制作了她的钱包。她急匆匆地做完放大镜项目，完成之后便收集用来设计放大镜的同样基本的一套材料和其他可用的材料来完成她的钱包。在课后项目结束以及材料被拿走存放一周之前，她快速地、有效率地完成了她的钱包。同样重要的是，乐迪萨使用了这些材料建造了某种物件，使其以更加系统化的方式控制她搜集的资源。

乐迪萨的行动也挑战了边缘与中心通过体制结构被隔离的方式，这些体制结构是围绕着儿童生活、价值观、需求的文化和阶级条件而建构。例如，乐迪萨在钱包事件后的采访中告诉我她"喜欢课后

科学,因为(她)可以去做东西。"当我的一名研究生问她在科学中最喜欢的东西时,乐迪萨说:

> 我们种花、做胶水和纸,这很有趣,而且我想做铅笔和削铅笔器。我愿意做烤箱、做玩具还有做海洋模型、做沙子。课后科学比学校好,因为科学是用来做东西的。在学校,只是大量地阅读,我不喜欢我的老师。只有好人(应该教科学)。非常了解科学且热爱种花的人,知道如何做实验的人,像你和安吉。

在学校中乐迪萨学到的是,在科学中做得好就意味着"做老师说的事情"、读那些书、填下发的单子。乐迪萨还学到了当她不遵守老师的规则时,她将会陷入麻烦,报告卡上将会出现令人不满意的结果。在诸如课后项目这样的空间里,儿童以偏离规定课程安排的方式进行发明和试验,他们对是否遵循学校规定实践的影响进行挑战和模糊化。

最后,乐迪萨发明的钱包挑战了学科知识如何建构的方式。乐迪萨在放大镜和发明的钱包之间创造了一个流动的连续体。虽然略看一下,这个钱包的创造可能在乐迪萨这边不是过于激进,但我却相信它的激进性。乐迪萨使用了周边可利用的资源来制作她生活中所需的事物,虽然简单也不耐用,但它是可用的,这实际上是乐迪萨在其生存环境中的代表。

作为科学教师和科学教育者,我们不仅被为什么乐迪萨从做放大镜材料中发明钱包的问题所吸引,也被是什么力量使她将常规活动推向进行发明的问题所吸引。乐迪萨故事所提出的问题将在下个故事中得到审视。

杰森与可食用的纸

第二个故事是关于杰森，他是一个十三岁的男孩，在纽约的卡拉·沃斯特宾馆(Carla Voster Inn)和他的四个兄弟姐妹以及母亲生活了六个月。与兄弟姐妹们相比，杰森是个安静的男孩，但当他的努力得到支持时，他表现出了极大的自信。他由于社会性原因喜欢学校——他看到他的朋友(不像在家里)，他的哥哥(弟弟)和姐姐(妹妹)去的是同一所学校。杰森也认为学校将会帮助他在生命中有所作为，但是有关学校如此正面、概括性的陈述通常与他对自己在学校个人成功的描述相矛盾。他经常称他的姐姐(妹妹)们是家中更为聪明的人，和他的哥哥(弟弟)以及自己都不一样。

114

杰森住在卡拉·沃斯特期间，我(安吉)让课后学科学的孩子们参与了长期的环境研究。作为我们探索的一部分，我想帮助这些孩子们制作再生纸。那时临近冬季假期，除了学习回收的过程之外，我想让这些孩子们有自己的纸来制作卡片和礼物，送给他们的家人和朋友。在这个项目期间，此类礼物是他们非正式对话的一个主题。例如孩子们谈论到他们节日想得到或送出的礼物时，其中大多数的"梦想"物品——如"给妈妈一辆车"。

为了制作再生纸，我让孩子们在住所附近收集了树叶、树枝、泥土和其他自然物品，我自己带了一叠旧报纸、细绳、织物、办公用纸(用于制作再生纸)，以及爆米花、果汁、全麦饼干(用于零食)。虽然我计划让这些孩子发明自己的再生纸配方，但也围绕着我认为儿童可能会用的原材料以及可能使用的方式规划了他们的发明。不管怎么说，我过去也曾成功地和其他几个孩子制作了再生纸。当孩子们开始混合他们选择的再生纸原料时，杰森和他的两个朋友将他们从与组里的其他人分开。在他们的碗中,他们没有将来自外边的材料与报纸混合,而是将我买来用作零食的爆米花和全麦饼干与几个星期前活动用剩的面粉混合在一起。他们将调和物搅拌成浓浆,铺在大矩形平底锅的薄片之上,用于干燥,并询问他们是否能对它进行烘焙。

当他们的混合物正在烘焙时,我问他们在做什么。我等到这个节点才问了他们的活动,因为我不想打扰他们有些秘密,并且是绝对激烈的活动。这三个男孩中年纪最大的杰森告诉我他们决定做"可食用的纸"。当他们完成时,他们把他们的产品切成树的形状,吃了一些,并打算把剩下的当作可食用的卡片送出。

从杰森身上学习关于坍塌边缘与中心的启示

从科学教育者的视角而言,这些男孩制作可食用纸的选择非常有趣,同样有趣的是当同学发现了他们的秘密活动时,他们被同学所问的问题类型,以及他们所给的答复。在此对话中,杰森作为这些男孩的发言人,表示他们检查和讨论了我带给这些孩子们的再生纸样品页,这些男孩了解到存在着一种特殊方式来制作再生纸。根据他们对这些样品纸页的分析,他们描述了这个过程是什么,他们也描述他们想做的是与所规定活动不同的事。

例如,杰森当他被问道为什么他做可食用的纸时,他回复道他"不想做平常的纸",他"看到你是如何能做的",并且有了"(他)想尝试事物的不同想法"。杰森也说道,当他们"近距离观察这些纸样品时",他们知道它可以"以不同的方式被制作",再生纸的目的是"使用已经用于某个目的的材料,从你已经有的东西中制作它。"在生成这一论点时,他拿起我做的样品纸,指向松针,然后将其比作他自己纸中的爆米花核。最后,杰森也讲述了,如果他送出"人们可以吃"的"可食用纸",这种纸将会"像一个两用的礼物"。

在某种方式中,制作再生纸的这一行为促进了有和无之间的物质隔离,我们制作再生纸是为了让孩子们能有卡片作为礼物送出。事实上,作为老师,我和学生一样,意识到这一通过他们和梦想礼物有关的故事而进行的定位。我想认可这一现实,因为它似乎在假期时节尤为明显,而且我不想积极地参与这类物质差异如何通过有和无的地位来隔离儿童的过程。此外,再生纸符合潮流,制作和送出再生纸可以被视为是一种环境友好,甚至政治正确的行为,就像它也有可能被视为是一种贫困的行为一样。

当我第一次注意杰森和他的朋友把食物混合在一起时,我并没有将注意力放在他们的不同上,而是选择不去管他们。没有觉得他们的行为偏离正轨,但是,我也没有认可他们的行为与学习制作再生纸的小组行为相关。事实上,我认为他们是对我们那天的项目不感兴趣,仅仅是在弄脏食物而已。作为这一设定下的老师,我想对我在那时所察觉到的这些男孩的需求进行评价,与此同时又不放太多注意力在他们身上。

我的决定是基于对一种影响的感知,即救济处有关食物与进食的规则对儿童们所造成的影响。由于潜在的老鼠和蟑螂滋生,居民们不得将食物带入救济处。居民们所吃的任何食物都由救济处提供,并且必须在餐厅中进用。这些食物中的大多由区域市场和餐厅捐赠,一位救济处的小女孩对它们进行了最棒的描述:"这个食物令人恶心,他们晚饭给我们吃烤焦的披萨……没有人想要它,它是硬的,令人作呕。"鉴于孩子们正在长身体而且频繁感到饥饿的事实,怪不得此类关于食物的管理制度是一种持续的压力来源,不断地提醒着他们,无家可归者的社会和实际地位。

然而,杰森的行动促使我们在另一个层面考虑整个分析。杰森和他朋友的活动远远超过简单地制作食物,虽然这一点很重要,而且我的选择所关乎的远远多于坍塌边缘与中心之间的物质隔离。杰森的行动有很多成分来讲述边缘与中心的对立,他使用课后科学项目定位他能够就其需求和环境行动的有权力之人。他着手实现自己的欲望——送出独特的礼物,而非所要求的那种。他使用可用的资源来满足他自我定义的需求,他挑战了有关救济所中食物可以在哪里食用的规则。最后,通过挑战科学的产出、科学的使用、科学的本质,他挑战了可接受科学的定义所创造的边缘化。科学不再是由科学家在遥远的实验室所做的事物,也不是由那些通过明确指示或劝导告诉学生如何实践科学的教师所做之事。科学成为杰森和社会、政治、文化、实体条件、背景之间的活跃交叉区域。有了这些活动,杰森集中了多个方式,通过这些方式,于那时边缘与中心在杰森的生活中得到定位并相互连接。杰森也清楚地表达出他如何使用这些短暂的结构作为政治工具,这些政治工具能够在贝尔·胡克斯所谓的"为了超越贫穷和绝望以及增强我们自我感和团结的奋争"理论中供养和帮助处于边缘的那些人。①

杰森的选择在学校科学中边缘与中心的复杂性,尤其是在边缘与中心聚合(或至少不被想做一种二元对立)方面教育了我们。例如,杰森选择以一种方式来集中他的欲望和梦想,这种方式同时评价和挑战了基于学校和基于家庭的体验和知识。杰森这些举动将这个男孩定位在边缘和中心之中,他承认他如何被定位在边缘,但

---

① hooks, *Feminist Theory*, ix.

却用这一理解来拒绝边缘化。这很重要,把科学或自我视为稳定、客观的传统思想无法容纳杰森所做的事情,因为杰森的行动需要同时定位在边缘和中心。杰森的行动促进了对他生活中的科学、科学中他的生活所进行批判性阅读,因而为一个边缘与中心的批评提供了一个安全的空间。这一对边缘与中心的批判性阅读政治化,并破坏了两者之间的边界。如此政治化和不稳定的边界对传统的权力与知识的关系进行重新定位,而此关系反过来会影响学生如何学习对重要的知识(有关自我、他人、科学的知识)加上标签。杰森以科学与社会的关系来重塑自己,他重视吃的需要和食物的作用,并对再生纸的构成以及制作方法具有权威。

但杰森的故事也留给了我们问题。他如何理解他的权威?他的权威如何是不单独基于作为个体的他,而是处在边缘的集体权威之中?杰森"什么算作科学"的隐含挑战为如何能在一定程度上阐明对中心与边缘的理解,如何对一个更加赋权性的科学素养理解至关重要。我们在下个故事中着手这些问题。

克劳迪亚与桌子

克劳迪亚站立着,手放在臀部上,骄傲地看着身前的桌子。① 即使是在她的方向用眼一晃都会激起即刻的反应——"这个桌子是我的!"随之还有她脸上决绝的神情,表明她是认真的。这个桌子虽然小,但可以用。它没有抽屉,但配备有一个大小足够任何年轻人使用的写字面,坚实地竖立在地面上。这个桌子或者说是"克劳迪亚的桌

___
① 这里介绍的关于 Claudia 的数据是通过访谈、观察、非正式对话和基于学校的手工作品(成绩单、书面作业等)的评审收集的。

子",因为它已经成为"希望救济所"(Hope Shelter[①] 位于得克萨斯州 Well Springs,克劳迪亚生活的地方)青少年和老师喜于知晓的事物。桌子是由六片木头精心制作,每片木头为 30 英寸×12 英寸,桌子上还有许多钉子。最终,这个桌子站立时为 2.5 英尺高、2.5 英尺宽、2 英尺深。无论如何简单,这个桌子都是克劳迪亚创造能力的佐证。的确,在仅仅一个下午的时间,克劳迪亚这个活泼的四年级学生就在成人有限的帮助下构想、设计、建造了她的桌子。

克劳迪亚的桌子建造不属于那天"希望救济所"课后科学方案的一部分,而该方案是通过建造地上花盆与蝴蝶花园项目继续进行。在该事件发生前的六周里,这些青少年一直在照料毛毛虫。我们因为多个原因开启了这个项目。课后项目的青少年们已经表达了对拥有宠物的持续兴趣,而且他们一直将课后学科学作为一种方式(一种正当的空间)来带活物进入救济所社区。一般而言,这类东西是在救济所禁止的。这些学生对照料抓到的毛毛虫很感兴趣。我(安吉)选择这一特定项目还出于其他原因:帝王蝶是得克萨斯州的昆虫,帝王蝶在更北方的夏季家园和位于南美洲、墨西哥的南方冬季目的地之间迁徙,得克萨斯是它们这条迁徙路线的一个主要休息点。此外,蝴蝶是墨西哥和土生美洲人文化中的一个丰富的部分。例如,在墨西哥的一些部落中,蝴蝶是土地肥沃程度的象征,而且在前西班牙时期的墨西哥印第安文化中,蝴蝶是雨神的符号之一。最后,生态互

118

---

① "希望之家"(Hope Shelter)是得克萨斯州斯普林斯的 70 个无家可归的家庭的家。这个避难所已经存在四年了,只服务于那些来自家庭虐待的极度贫困家庭。这个位于城市郊区的避难所是一百多名儿童的家,其中三分之一的儿童是学龄儿童。避难所是一种长期的避难所,或"支持性住房投标者",为家庭提供平均 12 至 15 个月的住所。在霍普的居民的恶魔图像是复杂的。在任何时候,大约一半的人口是西班牙裔(主要是墨西哥裔美国人),四分之一是非洲裔美国人,四分之一是白人。

动、迁徙、生命循环是科学中的关键概念，会帮助我们集聚正在进行的努力，来科学地了解本地街区。

由于"希望救济所"已计划在将来建造新的供给住房，我们被阻止在容纳课后项目的可移动房屋的附近地面上搭建蝴蝶花园。我们反而不得不使用地上花盆，这样一来，如果必要的话，我们可以移动花园到另一个地点。青少年对蝴蝶和其栖息地进行了研究，然后经过蓝图、图画、供应清单，以及大量就真正所需要的东西进行争论后，他们设计出了他们的花园。在我们将设备带入的那一天，这些青少年中的大部分都急切地准备开始组装他们的花盆，而克劳迪亚貌似对该活动不感兴趣，她问我可否用其中一些木头来建个桌子。我鼓励了她的创意，当其他学生建造花盆时，克劳迪亚和一位老师一同走入可移动建筑忙着制作自己的桌子。

克劳迪亚手中的这六块木头本是用来组成花盆的边与底的，结果变成了一个桌子的边与面，桌子是她想给自己在救济所的房子添置的一件家具。她从未明确地向任何大人说花盆建造活动满足不了她的需求，但她的行动清楚地表明了该事实。虽然我曾想在关于毛毛虫和蝴蝶花园的教学决定上，是以学生为中心的。但克劳迪亚桌子的故事提示我们需要更加深入地思考这群青少年的个人经历或者他们身上可能浮现的科学类型。正如其他的一位老师之后所注意到的，有进一步的迹象证明这种洞察的缺乏：当克劳迪亚的家庭搬出救济所时，克劳迪亚带上了她的桌子。另外两个和克劳迪亚年纪差不多的青年在同一个下午（克劳迪亚建造了她的桌子）建造了一个花盆，他们和克劳迪亚一家在差不多的时间搬出了"希望救济所"，但却没有带上他们的花盆。离开之际，他们美丽装饰的花盆留在了他们之前救济所房间的门外。

从克劳迪亚身上学习到：从边缘创造一种新的权威

我第一次看见克劳迪亚时，她上四年级，居住在得克萨斯威尔普利斯的长期无家可归者的避难所。我那时在那里教授课后科学，并围绕科学教育与生活在贫困中的青少年进行民族志研究。经过对克劳迪亚一系列正式采访以及许多非正式谈话，我们了解到她在一个与墨西哥接壤的州中出生，并度过了她生命中的头三年。在她三岁时，克劳迪亚的家庭移居到了得克萨斯；在她六岁时，克劳迪亚和母亲以及两个兄弟为躲避家庭暴力搬到当地的短期无家可归者的避难所。克劳迪亚的母亲将暴力归因于种种压力——生活在新土地，拥有很少的资源，以及他们就所拥有的少量资源（尤其是因为它们关系到她孩子的机会）的分配所持有的不同优先考虑。克劳迪亚的母亲是一个坚强的女人，拒绝了传统的权威渠道来给她的孩子创造机会。虽然克劳迪亚的母亲相信为了孩子，离开丈夫是最好的决定，但她也谈到为离开丈夫和搬到避难所感到"丢人"。当克劳迪亚一家的短期避难所时间到期时，她们被批准给予了居住在长期避难，因为她们满足了三个关键标准：家庭收入低于贫困水平；她们在这一区域没有直系亲属；母亲在积极地寻找薪酬更好的工作。

克劳迪亚阳光且充满活力。她不仅能流利地说英语和西班牙语，也能根据情景的要求轻松地在语言之间来回转换。事实上，她的母亲经常不让她去学校，而是留家里，在医疗保险和社会服务上门时做些翻译。克劳迪亚身心坚强，虽然在多个场合中，她最后成了男孩们玩笑的对象。许多男孩试图找她的茬儿，因为她美丽的大圆眼睛让他们想起了青蛙。这些男孩们叫她"El Sapo"（西语中意为青蛙），让克劳迪亚差点流出眼泪。当她从公交站走回家时，这群男孩还拉扯她的衣服,用纸扔她。克拉迪亚没有忍受这一骚扰,她总是反击。克劳迪亚几次与其中的一些男孩打架,以此来证明她的地位和力量。虽然她体型很小,但她强壮、敏捷、攻击性强,住在避难所的许多女孩因为这些品质而仰视克劳迪亚。然而,也是因为同样的特征,克劳迪亚也多少被疏离于更加传统的女性化团体。

120

真正为我标记出克劳迪亚的是她的任性精神和如何在其与学校教育的关系中自我显现,这也许甚至要高于她与这些男孩打交道的任性精神。老师经常给克劳迪亚布置大量的家庭作业,她经常被发现在儿童活动空间抄写全部时间表,写出一个以字母 a、b 等开头的百词表,完成数页基本技巧的数学问题活页练习册。即使当其他青少年在做风筝或玩捉人游戏时,她经常拒绝游戏,而忙于她的家庭作业,直到游戏的诱惑变得过于强烈。但值得注意的是她付出了巨大的努力全是为了在学校取得成功。但克劳迪亚的成绩报告卡却显示她的成绩还不到平均分数。而且,虽然克劳迪亚表达出想在学校做得好的欲望,但她却激情洋溢地诉说她是多讨厌学校和她的老师。事实上,克劳迪亚在不止一个场合承认她在学校交谈不多,并且不在班上举手,以此试图来传递一个信息:

> 我从不喜欢学校,主要因为学校无聊。学校无聊是因为我们有老师和任务,我们从来不玩耍。我总是要在这在那、做这做那,而且我一直在陷入麻烦,这甚至都不是我们的错。如果学校没有老师,那它可能就有趣了……你知道为什么我不在学校举手吗?因为我想让我的老师知道我感到无聊!

克劳迪亚认为她在学校被要求做的任务是无聊和愚蠢的,她希望她有更多机会做使她感兴趣的事情。她甚至说她喜欢的一些科目（如科学）在学校也是无聊，正如她评论科学一样，"我不喜欢科学，无聊，我们做的都是阅读。"

当"建桌"事件发生时，克劳迪亚的意图令人惊讶，尤其是她在"建桌"事件的前几周中，十分投入地照料毛毛虫，以及研究和决策如何最好地照顾这些即将脱茧而出的蝴蝶。她周到地规划了她的蝴蝶花园，精心地为她的花朵挑选了样式和颜色，以最佳地取悦她羽翼渐丰的蝴蝶。当她问是否可以用她的花盆木材做桌子时，我同意了，因为她在请求中似乎相当热情和渴望，而且这将对克劳迪亚构成一个有趣的科学和技术挑战，挑战她决定如何用她能获得的建造材料，选择最佳的设计和建造。我知道另一个教师会去帮她，并相信克劳迪亚至少会获得一定程度的成功。这里也还有额外的木头，所以她不会在最后连一个花盆都没有。我在那时也猜想克劳迪亚的项目或能提供一个有趣的背景，来与其他青少年谈论科学决定如何创造出"真实世界"。这一情形有可能（并且的确）为其他青少年、克劳迪亚和我创造了一个时机，来谈论克劳迪亚作为一个学生的需求是如何影响她决定使用可用的资源来制作课桌子，而非花盆，就如一位科学家可能会根据新的信息和新的背景改变他（她）的对于研究方向的想法一样。然而，相较于个人经历如何从狭隘的意义上（如拥有一个做作业地方的需要）简单地驱动科学研究的方向（尤其是在贫穷的城市青少年之中），克劳迪亚的制作桌子的经历更具有政治性，且意义重大。

回到制作桌子的经历，对我而言，克劳迪亚的桌子似乎远远胜于证明环境如何影响科学决定。克劳迪亚的决定，实际上是她的科学创作，比此更为深远。克劳迪亚的桌子见证了她生活中的边缘知识、她融合课后科学与个人经验的决心，以及她将自己对科学概念（度量衡和几何）的驾驭转化为自己制作项目的能力。克劳迪亚的桌子将她的设计建造知识与（当然）她对桌子的需求以及她的家庭、社区记忆结合在一起。通过母亲与祖母的经历，她在早年学到了学校教育、权力、反抗的故事，并将这些对科学产生了影响。她的母亲、祖母八年级都没有念完，母亲现在在服务业工作，拿着最低工资，同时也养育着三个孩子。她们没有从父亲那儿得到任何财力或其他资助。克劳迪亚十分渴望在学业上取得成功，但却在学校中挣扎。她渴望独立、为自己站起来，即使她的生活仍在救济所中被高度管理。建造一个桌子而非花盆呈现出深远的意义。

　　克劳迪亚在边缘的权威帮助她重新定位与科学的关系，以及与管理城市无家可归者的避难所中生活的关系。克劳迪亚常常不满地自我批评被定位为没有权力或权威的个人，她愤慨科学课是如何使她无聊、她的老师如何不听取她的想法以及她花在作业上的时间似乎从来没有帮助她的成绩提升。克劳迪亚也不满她在避难所生活被管理的程度，并且沮丧地感到这些管理没有使她的生活更好。那些男孩们仍然在找她的茬，她没有安静的地方做作业，朋友也不多。有人可能争论说克劳迪亚没有在学校取得成绩，是因为在学校所重视的事情与在家所重视的不一样；克劳迪亚只有学会如何跨过学校-家庭边界，她才会取得成功。但克劳迪亚的制作课桌经历表明实践科学要远远复杂于简单地跨过从家中到学校的边界。克劳迪亚必须去理解和寻找方法来抵抗学校和规范社会实践，如何在种族、民主、阶级、性别不平等中扮演着的角色。克劳迪亚的桌子让她以处理对家庭-学校边界两边领域认知（包括自我认知）的方式重新创造了科学。

122

在边缘和中心的科学素养

从多样的视角（物质资源、期望、文化实践、科学定义），通过"边缘和中心隐喻"理解乐迪萨、杰森、克劳迪亚的行动可以端详出他们行动的一些内涵。我们能从这三个学生身上学到关于科学素养最重要的一课是相较于教师和学生做或有的实际想法、活动、行动（虽然这些也很重要），科学素养更依赖于想法、活动、行动如何由通过教师或学生一起实践科学而建构。

例如，对"边缘与中心隐喻"的多种发声、理解、重新定位，如何进行反思，引导我们去猜想有多少科学素养只存在于当时，而这一直被那些实践科学和教育的人士所确定。不能确定的是如果我们回到那个避难所，向这些孩子介绍可食用再生纸，还会产生同样一组事件结果，或者杰森会施行同样的科学权威来转变手中的活动。这表明施行科学素养远远不止取决于所探索的教育活动内容，它取决于社区不时做出的表达。如果我更加强调要做回收纸或放大镜，那会发生什么呢？这些男孩们会继续他们的可食用纸吗？乐迪萨会做完她的钱包吗？他们能做其他事的想法终会实现吗？如果这些男孩或乐迪萨之前在活动中被质疑，那会发生什么呢？那么剩下的孩子就会更加明确自己在做什么，为什么要做这些吗？最后，是关于那时、那些当时行动的人才去要求井然有序的边缘与中心进程被翻转吗？

乐迪萨做钱包的选择，杰森做可食用纸的选择、克劳迪亚做桌子的选择将他们之中的每一位都定位于边缘与中心之中。三个孩子的行动都讲述了他们在边缘的定位——渴望一个钱包来储存和整理个人物品、渴望食物和将食物作为礼物送出的能力、渴望用于家庭作业和个人空间的桌子。然而，所有三个孩子都使用他们对自我、自身处境以及科学的理解来拒绝边缘化——他们以产出性、政治的方式按所处位置来行事。正如我之前在可食用纸的案例中所讲,传统方式将科学或自我演示视为稳定和客观的,如果这样克劳迪亚、杰森、乐迪萨就不可能有创造的空间,因为他们的行为需要同时在边缘和中心的定位。例如,我本可以更像乐迪萨的一位学校老师,要求她在换到另一个项目之前安静地坐在位置上,或在位置上看书之前更加认真地完成她的显微镜制作。我也本可以选择通过发现她想做什么、她为什么想做这个,以及如何视其为与那天的科学课程(不)相关联来更多地了解乐迪萨。但反而我们知道做实验对课后科学中的乐迪萨而言,处在中心地位,而且以她的方式行事对她来说很重要。乐迪萨不断要求我留晚一些,这样她可以进行试验(她需要休息室的空间来做实验,以及课后科学的材料供应)。她也不断地在课后科学所规定的活动(如做显微镜、进行植物试验、建植物箱、从社区中收集样品)和她自己的试验中来回转换。乐迪萨经常流畅、无碍地做出此转换。乐迪萨像杰森和克劳迪亚一样有意和有目的地施行了一个流程,在该流程中她制作了在她物质生活中有意义的新事物。他们的社会背景给了他们行动意义,并将边缘与中心带到一起。他们的目的——从规定课程中的偏移——是他们所施行科学背景与行动关系的实体手工作品。

如果有的话,有关杰森、乐迪萨、克劳迪亚以及制作可食用纸、钱包、桌子的问题凸显了科学素养是如何的复杂。对这些问题进行严肃地思考,迫使我们以高度政治性和积极性去接受科学素养,也迫使我们走出有关科学素养的概念化陈述——如科学素养是关于深刻、概念的理解,或使用科学参与公共话语和辩论。虽然此类想法很重要,但关于这三个儿童的问题将我们移至一种不确定且一直未完成的地带。在那里,文化、社区、知识、权利仍未解决,留给教师和学生

124

来重新创造不断扰动多个背景中边缘与中心的科学、自我、社区。

　　例如,克劳迪亚的努力基本没有被忽略。正如早些时候间接所提,克劳迪亚的制作课桌行为引起很多青少年问"为什么克劳迪亚在建桌子呢?"这些问题生成了有关这类事物(受限于科学,在放学后集体完成)的对话。为什么克劳迪亚可以去制作一个课桌呢? 制作课桌是科学吗? 造花盆被视为科学是否因为花盆是用来为蝴蝶架设充满鲜花的花园,或是因为其实际的建造过程也能作为科学? 孩子们真的有权力来决定课后科学项目的方向吗? 在制作课桌事件之前,青少年就拥有了权力——他们想照顾宠物,并自己决定他们想要建造蝴蝶花园。但这与克劳迪亚做决定制作课桌的权力是一类吗? 这些对话中有些是单独地发生的,当青少年来找我提问时,这些对话在我和青少年之间单独进行其他的对话发生在更大的群组之中,如当其中一位老师试图使用制作课桌事件来生成有关青少年可能想学习或做其他事物的对话。

　　而最终在青少年中最强有力的还是他们有关克劳迪亚决定制作桌子而非花盆的权力的对话,因为它改变了科学如何在他们生活中被定义、产生和使用。例如,在这些对话之后,鲁宾(Ruben,一个十二岁的美籍墨西哥裔男孩)才单枪匹马地引领了一次改革运动,为的是让下一次大项目"建造一个俱乐部会所"。通过援引克劳迪亚的制作桌子事例,他游说其他青少年去思考为避难所青少年设计和建造俱乐部会所的益处。最终,经鲁宾的努力,领导这些青少年设计和建造了一个野餐桌和长凳,供他们作为户外家具(也有可能用于未来的俱乐部会所中)使用。因此,克劳迪亚制作课桌子的决定转变了其他人如何思考是什么构成了科学,并剧烈地改变了接下来两个月的课后科学,在此之间,他们做了概念图、蓝图、小模型,然后最终是一个全规模的野餐桌。①

全民科学素养——是,还是不是?

这改革标志着过去十五年的科学教育改革努力将如下信念放置在中心地位——学校必须着力为所有学生教授科学,而仅非那些科学职业生涯中展现有希望的学生或者那些容易在学校教育的规范实践中适应和成功的学生。在"国家研究理事会"(National Research Council)和"美国科学促进会"(American Association for the Advancement of Science)的共同支持下,这些改革倡议认为全民科学素养应作为应对公众生活中普遍存在的四大问题的教育解决方式:科学知识水平低、缺乏使用科学知识(以做出影响个人生活和社区的决定)的准备、在科学中妇女和少数群体的数量持续低、学校科学实践不充分。②

的确,由于其平等主义的立场,科学教育研究者们一直赞誉全民科学的改革努力,对一直在科学中未能充分被代表的人士群体(妇女、少数民族、来自特困环境中的学生)而言至关重要。但对我们来说,作为特困城市背景中的教师、研究者和原来的无家可归者人士,全民科学项目似乎没能提供有用的范式来理解在城市贫穷青少年中生活、学习的科学教育需求和经历。的确,这些提议所依据的假设正在将城市特困青少年边缘化,而非建立在边缘的知识和经历之上。

---

① 大约一年后,野餐餐桌仍然是年轻人放学后生活的中心。这是在儿童大厦隔离区唯一的一件户外家具。他们把它当作活动桌、吃东西的地方、通过栅栏窥视的平台,这标志着避难所的边界,也是户外游戏的大本营。

② 参见 Margaret Eisenhart, Elizabeth Finkel, and Scott F. Marion, "Creating the Conditions for Scientific Literacy: A RE-Examination," *American Educational Research Journal*, vol 33, no. 2 (1996),261 - 295.

例如，像"美国科学促进会"的《2061项目》或"国家研究理事会"的《国家标准》描述全民科学（什么是全民科学以及其可能如何实施）的文件，假设了一个普遍主义的科学远景。尽管这些改革承认科学实践的社会与文化维度，但它们也以清晰和确定的措辞宣布了一套知识库，该知识库标志着什么是具备科学素养的人士。这些改革也从这样一个理念中汲取力量——学校在本质上就是精英主义，没有考虑到学校在种族、民族、阶级、性别不平等中发挥了历史和社会作用。如《2061项目》文件持久保持一个错觉，即如果所有学生都学习科学，所有学生都将会平等。改革也维持了一个少数民族学生的缺陷模式。例如，通过赞同传统的科学实践、行为、思维习惯，改革假设当学生在自身价值观不同时，学生将会选择这些价值观。当学生不这样做时，则他们被以为有错，而非教学或教学内容有错。

这些假设忽略了这样一个事实，科学及科学实践反映了我们社会中的权利分化。在没有承认这些假设的情况下，这些改革要求处在边缘地带的学生压制他们的文化与语言遗产，并接受一种认识方式，这种方式已经有效地将少数民族和妇女在社会和智力方面主义为处于较低的人。美国科学教育改革倡议《2061项目》指出，"教师应当……让女性和少数民族学生清楚地知道，他们被期望像其他人一样在同样的水平学习同样的学科，并表现得同样的好。"①这条信息暗示着少数民族和女性学生需要像白人男性同学一样工作和做事，科学和教学都不会因此而改变。虽然可以说，这是对教师的一个号召，让所有学生（而非仅仅中产阶级白人男性）都参与严谨的科学学术之

---

① American Association for the Advancement of Science. *Science for all Americans：Project 2061* (Washington, D. C. ：AAAS, 1989)，151.

中,但这也可以被解读为一种让教师鼓励(如果不是要求的话)文化适应的口号。正是在创造包容性科学的努力之中,教育界,政策、实践、课程作为中介在与学校和教师的同化政治中得到连接。更深入而言,那些在文化适应过程中摆脱出来。没有成功的学生会被从引向科学以及科学相关(技术)学科的轨道。

尽管科学是为所有人服务的进步目标,但似乎科学教育者总体而言一直不情愿接受科学素养意味是什么。的确,学校科学继续反映着最实证主义科学立场的一个非常狭窄的部分,因此科学被作为一个独立知识体来教授。进一步而言,这种倡议忽略了此立场的政治和文化影响。正如克劳迪亚桌子故事所反映的,我们需要严肃、严格地拷问所标签为科学的事物,我们如何理解在学校、家中和其他任何地点做科学的目的和目标,以及我们如何剖析科学和非科学活动中的青少年生活。简而言之,我们需要的是一个理论框架,这个框架把城市青少年的经历(如接下来两章所示,也包括那些乡村环境下青少年的经历)放置在我们科学教育努力的中心位置。我们必须关心有关青少年的知识、有关谁了解他们的经历以及该知识如何被合法化。

这些故事给我们展示了使用边缘的知识来支持个人学会在他们的世界使用和创造科学的力量,这不是一个新想法。的确,如果我们审视科学家这个职业群体,我们会看到来自边缘的知识以尤其强大和变革性的方式在推动科学的发展。例如,一个边缘地带变革性科学的例子涉及源于艾滋病活动者们艰辛工作的研究和发现。同性恋群体和其他艾滋病活动者们结成群体,一起来了解一种肆虐他们群体的疾病,并学习了科学群体的话语,然后努力向更大的科学群体交

127　流他们的个人故事、经历、基础知识。① 这些活动者(至少其中的一部
　　分)学习了科学群体的知识和话语,并使用科学家的语言与科学家交
　　流。艾滋病活动者们学习了关于艾滋病(HIV)的科学和科学演讲,
　　然后以科学的语言交流他们的需求,作为这些行为的直接结果,如国
　　家卫生研究院(National Institutes of Health)等政府机构已经修改了
　　他们对临床试验、双盲实验、控制组的指导方案。此外,医生和研究
　　者也已经修改了它们的研究方案,不仅加入了带有艾滋病病毒人士
　　所表达的需求,也精炼了他们方法论,以更加慈悲、人性地与艾滋病
　　病患打交道。正如米歇尔·麦吉恩(Michelle McGinn)和沃尔夫·迈
　　克尔·罗思(Wolff-Michael Roth)所提醒我们的:"所有的这一切反
　　映了……科学实践和科学知识不是仅仅指派给科学实验室或科学课
　　堂,它们的产生不局限于科学家或科学机构。"②

前瞻: 科学教育的政治本质

　　　　科学教育研究迫切要求我们去考虑把文化、语言、日常经历作为
　　青少年建构更加具有包容性、更加具有赋权性科学教育的基础。有
　　一条声明可谓是这些研究的基础——科学自身为文化建构,我们作
　　为科学教育者必须开放地对待青少年如何在我们的教室里和其他非
　　正式学习场所中建构科学。然而,克劳迪亚、杰森、乐迪萨、青少年在
　　避难所建花园的故事却反映出将科学作为文化实践理解并不足够。

---

① See Steven Epstein, *Impure Science: AIDS, Activism, and the Politics of Knowledge*
　　(Berkeley: University of California Press, 1997); *Randy Shilts, And the Band Played On*(New
　　York: Penguin Books, 1987).

② 参见 Michelle K. McGinn and Wolff-Michael Roth. "Toward a New Science Education: Im-
　　plications of Recent Research in Science and Technology Studies," Educational Researcher, vol.
　　28, no. 3(199),14 - 24,at 15.

我们不仅必须开始学习如何看待青少年工作中的科学（以及如何在这些年轻人的努力中视其为科学），也必须看年轻人的生活（确实青少年的科学）如何转变我们了解科学的本质与实践、科学在城市青少年生活中的角色以及这对学校科学的目的和目标意味着什么。我们必须以更加政治化，以及更重要的方式看待科学，这标志着边界地带中的生活。

　　然而，使用边缘和中心的视角来理解克劳迪亚、乐迪萨、杰森在科学中的参与留给了我们一个终极的问题：如果青少年所做的全部只是施行他们自己的科学，他们会了解到科学中文化力量的所在吗？我们的答案是，如果这是他们的全部所为，结果可能不会。但是，青少年应当有机会（官方机会）从对传统科学和科学社区的理解改变为评判和转型的角度，如此一来，他们可能做出对本地的需求建构更加有意义的回应，而有关科学的认识论、社会、文化假设也可以被揭开、被挑战。这不同于简单地在两个世界（青少年/家庭的世界和学校科学的世界）之间架设桥梁，在桥梁上，两个世界保持不变，这些机会必须将他们自己用于两个世界的转变。

　　让我们回到艾滋病的事例上，以更好地理解这一点。这些活动者的科学知识给予科学群体以信誉和权威，而他们的行动主义给予同性恋群体以忠诚。我们研究中的青少年可能需要做同样的事——胜任于由当权者定义的科学群体和胜任于他们的边缘地带。但该紧张的两侧并不（而且永远不会）相互排斥。虽然艾滋病群体需要以科学群体的语言进入科学群体，以此得到聆听和重视，但他们的坚持最终以小幅的方式转变了科学群体。青少年或许必须在科学群体的规则和话语中取得胜任的能力，但这并不意味着他们在科学中的教育不能被他们的存在所转变。

的确,鉴于有超过 20% 的全美国儿童和青少年在上学时仍生活在贫困线上(或以下),且每年有将近一百万儿童经历着一种极端的贫困实现状态——无家可归,作为教师和教学研究者,了解青少年的生活如何塑造他们建构的科学以及他们为什么和如何建构科学恰恰是我们的责任。而且我们必须用聚焦于他们故事权力和合理性(而非他们所被以为的失败)的视角来如此行动。许多研究者已经写了有关剥夺城市特困青少年权利的元素。青少年日常性地倡议他们自己的权利,在这个过程中,他们经常与学校教育和科学的观点背道而驰——理解边缘地带的权力帮助我们避免通过文化缺陷的模式理解克劳迪亚和她的同辈,该模式假定于当前科学教育中的改革框架之内,或媒体、书本、流行文化中所长存的局限、不正确成见之内。同样有助于我们定位我们所需的工具,以理解如何有差别地制作科学、个人经验、赋权、转型。青少年的生活和青少年的科学——如果我们去聆听——给予我们一种方式重新思考科学、学校教育、边缘地带社区的本质,以及它们来到一起的方式。

第6章 科学能力培养/能力障碍

在如今的校园里,学生的成绩和心声经常被忽视。在个人的选拔制度中,通过评分等方式实现课程目标的标准化,学生对集体工作所做的贡献基本都被掩藏。以学分制为代表的制度化教育问责制,忽视了学生教育活动的连贯性和复杂性,仅仅只把他们带到评估选拔机制中,从不考虑他们是否真的应该集中实现某些课业目标。[①]

——沃尔夫-迈克尔·罗思和米歇尔·K.麦金

在前两章中,我们看到有一批孩子和青年对校园科学抱有负面的情感,他们即使付出了巨大的努力,也照样得不到令人满意的分数。即便是他们可能名列前茅,这也基本上不能激发他们的上进心。他们的需求,如同各类人种的需求一样,除了中产阶级白人男性外,均没有得到满足,这在很大程度上使他们被排除在科学教育之外。在学校的科学教育中,性别、种族和社会阶层均会造成学生成绩的天壤之别。在笔者与当地教师共同设计推广的创新性、实践性、话语聚

[①] Wolff-Michael Roth and Michelle K. McGinn, ">unDELETE science education:/ lives/work/ voices," *Journal of Research in Science Teaching*, vol. 35, no. 4(1998), 399-421, at 401.

焦性的自然科学日程中,观测到学生取得成就的差异,但其他众多研究并未发现这样的差异。同时,笔者近期的另一个教学项目测评显示,7 个得到最高分数的学生中的 5 个都是当地教育部门(加拿大,北温哥华)指派的被认定为学习低能或社交障碍的学生。当我的同仁们问起,为何在我的实验中得到高分的学生,并不是通常会得高分的那类学生时,我感到无比尴尬,因为我不能给出一个明确的答案。我后续的数据分析显示,尽管通常被认为"残疾"或者"低能"的学生有时在写作任务上存在困难,但如果使用不同形式的测试方法,他们就能够得到与其他学生同样甚至更好的分数。这些分析可能部分地回答了我同事的问题,但我们仍然缺少一个范式来解释为何传统排名在我设计的课程方案中会不同。这说明,如果我们采用系统的视角来看待学生应该参与的活动,我们就会明白为何这些有"学习障碍"的孩子能够表现得如此出色。

本单元将会说明,所谓的"能力"或"低能",不过是某些特定课程组织方式的结果,这些组织方式会阻碍或剥夺学生去了解和学习的机会。同时我们还会说明,同样的一批被认为学习低能的学生,在做很多事情时却能够表现出出色的能力。我们将展现情境是如何调和关于"能力"和"低能"的评价,以及这些评价如何后续归于同样的学生,为他们"定性"。但如果我们把认识科学和理解科学视作情境概念而不是与个人有关的概念,我们就能从科学教育中得到许多启示。

活动,日程与身份

本章选取的是在第 2 章和第 3 章讲述的那两个欧申赛德的学生的故事。这两人均被学校和当地的教育系统认定为学习低能。他们参加了社区的一个环境科学研究分队,下章将有这个分队的介绍。

在社区的其他活动的基础上,我们合理利用了所有的表现形式。教师(包括我作为合作教师)开始鼓励学生独立开展自己的研究调查,去选择和掌握他们感兴趣的数据收集和工具。音频、录音手段,以及对于亨德森河流域相关的学生活动,照片、绘画和其他记录工具均开始增多(参见第七章),以此为学习活动提供情境,这些学习活动使得原本因为其他指导形式而被排除在外的女学生和原住民学生的参与度提高。同样地,它还意味着必须抛弃在这个社区中原有的对于科学和科学教育的理念。最后,学生在一个由环境学家们组织的年会上展示自己的工作成果。他们每年的议题聚焦于亨德森河的生态健康。

环保分队通过在不同班级的反复工作,让整个社区都参与到教学当中。社区成员的全面参与在两个方面整合了13岁少年们在本社区的工作。第一,社区成员包括原住民,环境学家、科学家和来学校的家长。他们均在活动中协助学生和教师。第二,学生们的活动关注到该社区一个非常重要的议题。科学课带学生走出校园,走进社区。共同的关注联合了学生活动和社区活动。学生在社区事务中,以合法的方式参与边缘事物,因为在很多因素上学校和社区生活都走向联合。正是因为这种活动系统与社区日常生活的"交叠",学生们所做的工作显得更加实际。学生们参与其中,为社区的集体生活做贡献,而并不是准备课外生活或是未来的科学课程。正是在这样的环节中,学习构建了每个人都能参与的话语空间。

该方法的一个重要的方面在于,它付诸努力去理解如传统构建的系统,同时注重科学知识和科学实践的活动系统,理解它的历史局限和产生的文化环境。与之类似,研究参与者(个人或组织)的社会身份则是由活动系统中所有的中介关系所决定的。因此,如果不仔细研究该地区由部落狩猎和水域转为农业区，并且面临日益增长的城市用地的压力这种历史变化，我们就不能真正理解本章介绍的活动的动机——环境问题。相应的不管是机构，还是理解和学习的活动，都不是基于个人的特点，而是基于"参与改变人类活动进程"①这种情境性的用于传播的口号。总的来说，个体机构，理解和学习活动整体上都包含在社会机构、社会性学习之中。人类活动，如交谈、耕作、环境保护，也因此都属于社会现象。正如丝线由众多不同的纤维构成却自成一体，社会现象也不能简单地理解为个体贡献的总和。

在本章中，我们展现了至少有一部分学生，远不是低能或者学习低能，参与到从历史上延续下来的活动系统中。另外一部分学生，他们社会地位不一样，主观潜力也不一样。但这两种学生临时整合在一起，努力实现这些激发他们当前行动的即时性情境目标。当学生被孤立于他们的意图、目标、工具和某些社会条件之外时，实际上就会表现得如同低能一样。教师，学校和行政关系共同建构了这种"低能"。但是，当这些学生能够以一种最适合维持努力的方式和立场做出贡献时，他们的"低能"就消失了。

当聚焦在集体而不是个人的生产力上时，教育的意义得到了彻底的改变。从上文中线和纤维的例子中我们可以看得更加清楚，尽管线是由纤维组成，但线的性质却并不来自于一根根纤维的总和，而纤维的性质也不来自于线。这里，线和纤维的本质就产生了一种对立张力。通过类推，个体与其所属的社会之间也是这种关系。集

---

① Jean Lave, "The Practice of Learning," in Seth Chaiklin and Jean Lave, eds., *Under-standing Practice: Perspectives on Activity and Context* (Cambridge: Cambridge University Press, 1993),3-32, at 12.

体活动相当于线,个体贡献就是单个的纤维。因此,科学素养和科学无知,都是在具体的社会语境中认知形成的,并不是个体的属性,也不是个体心智的状态。把它想成是一条条纤维构成的线是很不明智的,远不如把它理解成一根支撑纤维的线,给予它们方向和形状。

在以下的两部分中,我们将会展示一种校园环境制造出"低能"(数学)的情况下,而另一种是如何制造出了科学"能力"。有一些环境能够被视为是锻造人的,对此我们并没有疑虑。但另一些则使学生更加"低能"。但我们仍需要质疑这种将情境的因素作为最后给学生打分的标准的形式。学生们会因无法摆脱这些标签,而影响他们的身份认同。因此,学校和教育系统不断给学生标上"学习低能""注意力不集中症""精神失常""心智发展滞后"的标签,他们当中的许多人不得不接受后续的"特殊教育",失去接受许多锻造能力的机会。关于情境对人的锻造和阻碍作用,在人种数学的研究中,有许多众所周知的例子。比如,吉英·拉夫曾展现了一个在超市购物时擅长思考最优化购买方案并保持 99% 的正确率的成年人,在学校设计的笔试答卷中却只能答对 50% 的题。[1] 这说明,真实的超市环境锻造了他的能力,而笔试问题阻碍了他能力的发挥。与之类似,吉欧夫·萨克斯展示了一个巴西青年的案例。他无法阅读数字,也无法处理学校设计的金钱数学问题,但却非常擅长买卖糖果维持生计。[2] 这时,经销办公室和街道市场组成了锻造能力的环境,这个年轻人由此为家庭和社会做出自己的贡献。以下的两节将说明,学校环境如何制

133

---

[1] Jean Lave, *Cognition in Practice* (Cambridge: Cambridge University Press, 1988).

[2] Geoffrey B Saxe, *Culture and Cognitive Development: Studies in Mathematical Understanding* (Hillsdale, N. J.: Lawrence Erlbaum Associates, 1991).

造出"低能"和"能力",这也驱使我们反思对于科学素养和科学无知的认识。

学习低能的产物

学习低能,有人建议把它视为是环境的产物而不是个人在环境中的结果。科学能力的评价,是由社会建构的,带有价值评判的。[①] 这一点在欧申赛德初级中学体现得非常明显,我(迈克尔)在这个中学里做了很多关于环境科学的教学工作。在学校里,那些被认为有学习障碍或者需要特殊教育(因为他们是原住民)的学生,当他们的学习活动与社区生活需要融合时,他们并没有表现出任何学习低能或问题。

这些学生来自于工人阶级或者中产阶级家庭。约 10% 来自原住民家庭,但没有选择部落学校,而是在公立学校接受教育。[②] 在这个学校,大量学生被认为需要特殊教育(学校对特殊指导收取费用)。例如,我们教的一个班共 27 个学生,15 个男生,12 个女生,其中有 5 人被认为是学习低能,需要特殊教育。另外有 4 名学生来自当地的第一国民群体。在我们的课程任务中,我观察到有相当数量的原住民学生不参与学校活动,他们被退学或是得到很低的分数。但当我被邀请为原住民孩子建立一个通常原住民自己教授课程、作为科学夏令营的工作坊时,我观察到同一批学生,在当地的环境中开展活动

134

① Hugh Mehan, "Beneath the Skin and Between the Ears: A Case Study in the Politics of Representation" in Seth Chaiklin and Jean Lave, eds., *Understanding Practice: Perspectives on Activity and Context* (Cambridge, England: Cambridge University Press, 1993), 241 - 268; Dana Fusco and Angela Barton Calabrese, "Representing Student Achievements in Science," *Journal of Research in Science Teaching*, vol. 38, no. 4(2001), 337 - 354.
② 土著学生可以选择就读当地的部落学校或公立中学。大约 10% 的中学生拥有土著居民身份。

时,他们的参与性发生了极大的改变。

在先前的研究中,我曾设计了具有创新性和动手实践的课程,聚焦于他们参与性的学习,而不是把知识灌输进头脑中。在活动中,13岁的男生和女生并没有表现出差异。并且两个"学习低能"的学生,史蒂夫和戴维,在一次当地居民教师设计的单元测试中,得到了最高分。戴维甚至成为专家,作为一名七年级河边实验课的助手,他还参加了当地社区环境活动组织举办的开放会议。他们在一次单元测试答案的摘要中,展现了他们的理解水平,但同时(尤其是戴维)也展示出他们的拼写问题。传统的评定方式隔离了学生和社会物质资源,在另一个社会背景中,他们被视为具有极强的素养功底,并以此接受考察。也因此建构了阻碍他们成长的"学习低能"。这种学习低能的建构,当我在数学课上观察戴维伊时表现得更加清晰。

数学老师卡姆同意与科学老师纳迪因合作,共同教会学生多种绘图技巧。通过合作,卡姆发现纳迪因的科学素养可能会毁掉学生理应培养的数学素养。这天,卡姆准备了一张白纸,上面有一些供学生选择处理的数据。他解释说这是一个找关系的任务,并提醒学生注意他教过的一些画图技巧,比如饼图、柱状图、散点图等。他把画图纸和写有任务描述及数据的试题纸发给学生,并鼓励学生使用铅笔,方便改错。

学生得到试卷后开始拿起铅笔、尺子和橡皮。这天加米和戴维分在同一组。加米是个很文静的学生,总是专心于自己的任务和老师要求他做的事情。他属于老师认定的"良好学生"中的一员,虽然不算最好的学生,但总是能得出值得信任的结果。戴维似乎并不明白他们要做什么,于是问正在课桌间穿行的老师。

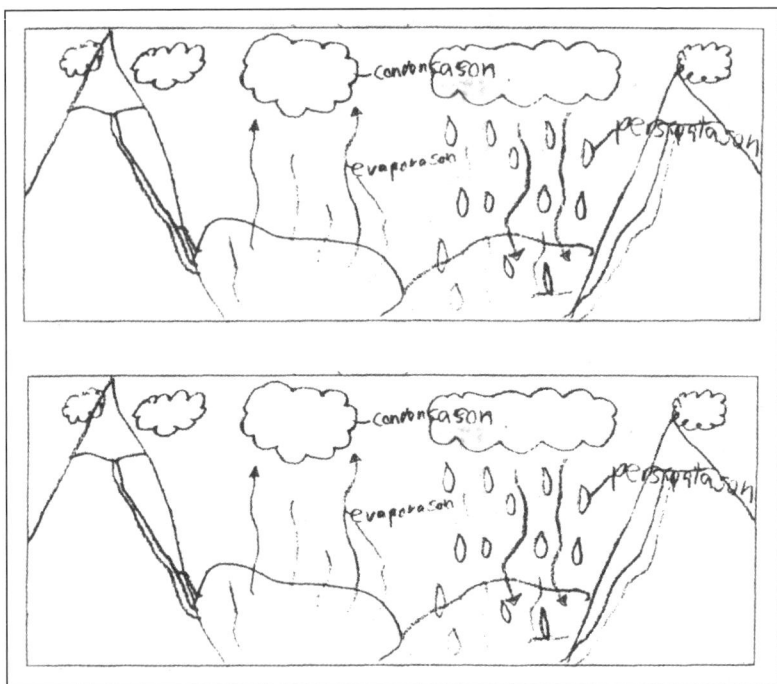

图 6.1 这两份摘要来自于史蒂夫(上图)和戴维(下图)的单元测试,说明他们的理解水平,以及戴维并未在其他的方面表现出的"障碍"

135   戴维:我们该干嘛?画个柱状图?(指着身前一本书上的柱状图示例)

        卡姆:散点图,并选好速度和其他的范畴。

        戴维:我们在比较这个(指着任务卡上的一栏)和这个(指着第二栏)和这个(指着第三栏)。

        卡姆:那就画个散点图比较这两件事儿。

        戴维:可我们怎么画散点图?(焦躁地走出座位想离开)。

        卡姆:你不做这个了吗?(轻轻把戴维伊推回座位)。

136   戴维伊:杰米耶来做。

卡姆：那你做剩下的吗？好。

尽管老师一直在鼓励，他走开到别的组之后戴维还是站起来走了。一分钟后又回来了。杰米耶虽然是个好学生，但他似乎也不知该怎么做。

杰米耶：我们要干嘛？

戴维：我以为你会呢。

戴维并没有提供什么帮助。他不仅没回答问题，还把所有责任都推给了杰米耶。他想依靠杰米耶来了解这个任务，也许他真的认为杰米耶会做。

当杰米耶开始在他的答卷上画轴线时，戴维走向另一组，并扔给他们一些纸。他先是站起来，四处走动。走向一个组，又走向另一组，聊他正在喝着的柠檬水。之后又回来看一会儿杰米耶，然后又先后跟左右的学生聊天。杰米耶专注于老师布置的任务，头都不抬。除了有一会儿，戴维在看他时，杰米耶让他去找表格中数据的极值。于是戴维帮他找到，并大声念了出来，之后又把注意力转移到其他的任何事情上去了，甚至还吹起了口哨。

当卡姆走过来时，戴维说："我们不会。"但这时老师走向了其他组。戴维看看他左边的学生，开始聊天，当老师走向他旁边时才重新注意杰米耶。坐在他旁边的布拉德也加入了。

卡姆：(跟戴维说)你做事儿了吗？

戴维：做了一些。

　　布拉德：你用了哪种图？

　　戴维：我不知道怎么弄。

　　用"做了一些"回答老师的问题，戴维免去了万一老师发现他没做任务时的麻烦，但同时也暗示了他某些程度上参与了任务。虽然没详细说明干了什么，但说明了当特别需要他时，他也愿意合作，于是老师满意地走开了。但显然，当布拉德问起他和杰米耶用了哪种图时，戴维并不知道怎么做。即便老师提示时间所剩不多，戴维却再也没有回到自己的任务上。他走出了教室，和别的学生分享饮料，时不时看看别的组做的工作。他不愿意参与任务，不愿意听从老师，于是老师再一次走向他的座位。最后，戴维在26分钟的任务时间内花了不到两分钟与杰米耶互动，与老师讨论，或者以其他的方式参与。这个班级的科学和数学老师在课后看到这个和别的一些录像带时，暗示戴维一直是这样表现的，他可能有多动症，可能存在严重的写作问题。基于这些原因，再加上学校心理教师所给出的测试结果，他被定义为"学习低能"。戴维时常被拉出教室接受"特殊教育"，这是"学习低能"学生的"一项权利"。几乎没有人去质疑这种把戴维单独拉出去特殊对待的做法是不是弊大于利。在这个学校里，教师的理念和原则就是戴维是个问题儿童，在接受常规教学前，他得首先接受规训。似乎没有人考虑这些特殊教育可能实际上是一种伤害。即便戴维和第5章中的女孩拉蒂迪亚都花费了更多的时间在额外的课程活动上，但他们的成绩依旧毫无起色。

　　为了更好地了解和解释这种数学教学上对低能的建构，让我们再整体性地反思这些活动。（活动的动机位于社会层面，因此远远高于学生完成的教学任务。比起实践性活动，也许我们应该讨论的是实践性任务)戴维面对的不是他选择的任务,该任务的目标对他来讲比老师要困难,因此这个任务本身就有固有的矛盾。他不了解原始数据,对数据背后的背景也不熟悉。更重要的是,教师限制了可以选择的方法。教师并没有让学生使用教室的 6 台电脑,也没有去使用隔壁的 26 台联网的电脑,只让他们使用了纸和笔。那么这个活动在设计上就存在矛盾。实际上,学生能够接触到更高级的工具,但这不是允许使用的工具。不管从文化还是历史上来说,这个活动本身可以设计得更加先进。教师允许学生成组练习,分担任务,这样弱一点的学生也可以部分参与任务的完成。但是戴维却让杰米耶做所有任务。这说明,教师对于成对练习的目的和戴维实际的贡献之间也是相互矛盾的。

在这样矛盾的情境中,戴维没有画出任何图,也没有按教师的意图做出自己的贡献,这等于是无疾而终。联系在社群内外"产出即消费"的理论,这对社群内的个体也同样适用。这样,戴维没能成功地做出什么结果,反过来影响了对他的评价,失败成了他的标签。他不仅没能成功地画出图,而且在整个过程中他都被视为是失败的。现在,虽然"结果的失败既是指成果的普通、平凡、缺乏知识性,也是指在活动整体中的表现糟糕",[①]但当下的情形却是因为结果的失败产生了"学习低能"的标签,导致他人使用这个标签来建构戴维的形象。正如下一节会讲到的,戴维作为失败者和学习低能儿的形象完全与他在其他情境中作为优秀的个体的表现形成鲜明的对比。我们试图将这种对比作为依据,来建议教师和心理咨询师,更多地去评定活动(评价每一个部分,形成活动—理论框架),而不是学生个体。

138

---

① Lave, "The Practice of Learning," 12.

制造博学

戴维和史蒂夫在他们日常的课程中都经历了学习方面的问题。然而在我(迈克尔)整个的设计第一部分中,戴维和史蒂夫都表现得十分博学。他们不仅学到许多科学知识,还在课程中帮助了同伴和成人。戴维和史蒂夫的参与和博学说明,如果我们关注个体,评价其"科学能力"后,这些属性就会归于学生。然而,我们描述了四个场景,试图说明戴维和史蒂夫在这个单元中表现得像个专家,而不是学习低能儿。这个部分的任务,主要包括把知识运用到解决与社区有关的问题中。在任务中,两人展现了非凡的才能和科学素养。在结果活动系统中,社区调和了被试对象(戴、史两人)和活动目的的关系,使他们能够合法参与到外围活动中。

野外的戴维和史蒂夫

这是七年级外出活动的第二天。教师要求学生们熟悉不同的数据收集工具和手段。戴维、史蒂夫和杰米耶组成了一个小组。录像显示,他们决定去调查土壤的温度在周边不同的地域是否也不一样。与第一天相比,他们得到了通用的刚性酒精温度计,可用来测量土壤的温度。杰米耶则用笔记本记录观察所得。下面这个场景是他们正在测量温度。

139

> 史蒂夫:通常温度会下降,跟我上次观察的一样。外边儿的土壤温度更低。
>
> 戴维:(近处观察温度计和下降的温度)它下降了。
>
> 史蒂夫:看看位置,把它记下来。
>
> 杰米耶:高树桩和草地。

史蒂夫：把温度计拿出来吧。

戴维：不行，它还没完全降下去呢。

史蒂夫：好吧我再把它插进去。（杰米耶还在记录）应该不会花太久时间了。昨天我们一共测了五六或七个。（近处观察温度计）这是到了……（暂停说话）你想看看它灵敏度多高吗？（拿出温度计）看！

戴维：但我们想测的是——

史蒂夫：快看！（把温度计拿在手里，液体柱并未变化。）也许是因为灰尘吧，可能还要些时间。

戴维：这东西不灵敏。

史蒂夫：另一个我们一摸他就狂变。（指的是温度计的温度变化）

戴维：可能是不如另外几个灵敏。

史蒂夫：是啊，看起来是。我猜这才是我们要在这儿做的。

戴维：我们还没做完呢。

史蒂夫：不啊，做完了。

戴维：你拿出来，它还是降了啊，只是降得慢。

史蒂夫：看，涨到十五度了。杰米耶，该轮到你了。

戴维：我想实际可能更低（看了看罩子）。那个（指了指另一个没罩子的温度计），没罩着，应该不一样。

在这一个片段中，史蒂夫和戴维对于土壤温度计的变化非常敏锐。通过观察温度计刻度，史蒂夫发现它下降缓慢，于是把它从土壤里拿出来给戴维看。戴维之前认为温度还未下降完。史蒂夫还通过把温度计拿在手中而液柱不变证明了温度计的灵敏度缺失，提出

140　　该温度计不如前一天所用那个灵敏。戴维则重申了这个结论,并据此提出他们得重测温度,因为史蒂夫没测完就把它拿出来了。史蒂夫则觉得实际温度应该比先前那个点要低,因为那个温度计没有被套上,而是暴露在阳光中。

　　在这个情境中,史蒂夫和戴维并没有生搬硬套地使用工具测量温度。从可靠性到加温过程,他们认定该温度计并不如前一天使用的那么灵敏。因此从戴维的陈述中可以明显看到,他们需要花更长的时间去测得温度。他用了先前的方法,将它放置在更温暖的地方,以此作为论据证明他的观点。这体现了他们具有的知识非常丰富,而不只是简单地如许多学生在活动中那样生搬数据。

　　戴维和史蒂夫在这个活动中非常投入。他们有许多实施不同调查的想法,但发现他们的老师没有给予他们充足的时间去调查亨德森河。他们也像同伴一样,收集数据,建构海湾的基本信息框架,最终通过社区报纸和环境保护组织网站(第 2 章中提到的赞助此次活动的网站)给社区提供的数据。在许多情况下,学生建构视觉模型的方式与环保活动家和志愿者的方式并不一样。但就像图 6.2 所展示的那样,戴维和史蒂夫画出的水湾的模型,却与环保组织的模型惊人的相似(同时参见图 2.3)。其不一样的地方也是由不同的建模手段造成的,学生用铅笔,环保组织用电脑软件。

　　在整个活动中,戴维和史蒂夫热情地参与其中,展现了杰出的专业能力。不管是和谁一起工作,杰米耶、环保活动家还是陪同外出活动的班级家长,他们都不再被视为是学习低能儿。相反,教师们在观看录像带时发现他们比起同伴展现出极高的知识素养。当他们用低能的视角看待这两个学生时,他们从未发现这些智慧的光芒。当科学老师要求学生作为志愿者在另一个七年级班级展示自己的研究和结果时,戴维和史蒂夫均自愿担当志愿者。

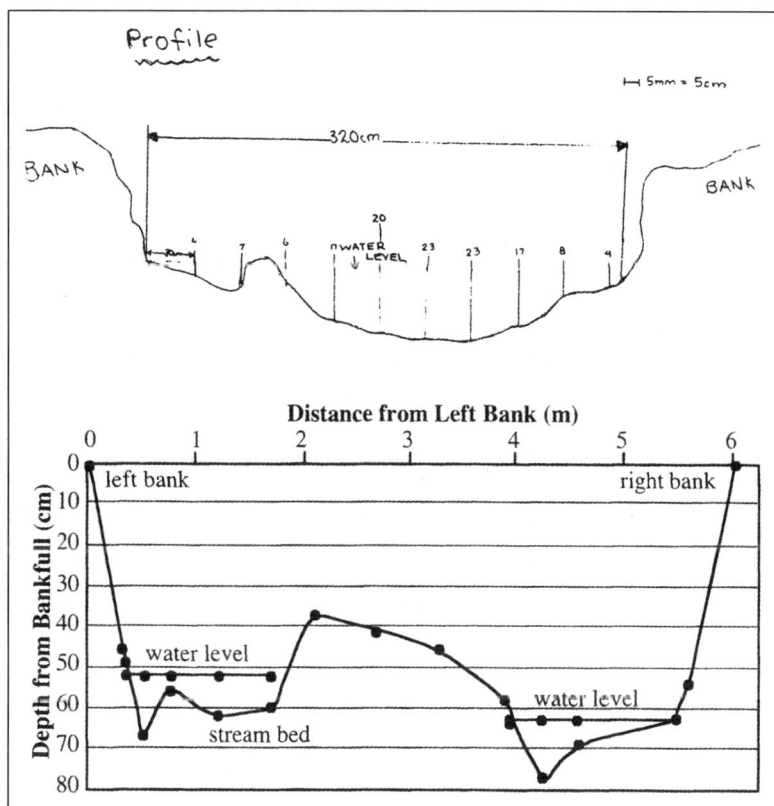

图 6.2　上图为史蒂夫和戴维在他们的调查中所画出的亨德森湾横截面图。
下图为环保组织成员在亨德森河另一个部分画出的横截面图

在其他科学课上展示研究

141

　　不论在调查中扮演着什么样的角色,戴维和史蒂夫都是该研究
的主要参与者。因此,当他们和老师(纳丁)以及其他 4 个同学(包括
在下文中出现的丹妮尔和尼尔斯)在另一个班级上汇报他们的研究
和结果时,他们并不只是乏味地逐条陈述。相反,他们在整个展示过

程中表现得非常积极活跃,知识渊博,对其他听众十分负责。在报告过程中,另一个班的学生和科学老师(劳拉)不断地向他们提出问题,下面是他们所做报告中的一段摘录。

142   在其他研究参与者和纳丁老师结束了他们进行的无脊椎动物研究汇报后,史蒂夫补充道他们还做了其他调查。

史蒂夫:我们不仅仅研究了无脊椎动物。我们还研究了许多东西,比如温度和溶解氧。

丹妮尔:我们还研究了小溪的水温。因为如果有树遮盖在小溪上方,那么小溪的水温就会由于树荫的遮挡而变低。如果小溪在高温下的氧气含量会变少,水中的生物便难以存活。

劳拉:所以它们在低水温环境下的存活率比在高水温环境下的存活率更高?

尼尔斯:是的,因为溶解氧含量在前者环境下远远高出许多。

劳拉:那么,温度较低的水中含有更多氧气?

史蒂夫:没错。我们还发现,在同一条溪流中,不同部分的水温也是不一样的。所有的河流都是这样。

戴维:就像丹妮尔说的那样,我们还做了一些测量,比如她刚才说的在溪流上方灌木的覆盖程度。我们还测量了水中的溶解氧含量,并发现在树荫下方的水中它的含量更高——因为氧气对生物有影响。

纳丁:鱼儿的呼吸需要氧气,因此高浓度的氧气十分重要。如果在水中没有足够的氧气,可能也就不会有那么多鱼群出现在那里了。

丹妮尔将亨德森河部分因被树荫遮挡而导致的低温区域与氧气浓度联系在一起。当温度较高时,氧气浓度较低。当劳拉老师就存活率和水温之间的关系提出疑问时,尼尔斯立即做出了解释。当劳拉老师进一步提问氧含量和水温之间的关系时,史蒂夫和戴维先后做出了详尽的回答,表明氧含量(通过从环保人士那里获得的溶解氧测定仪测量)和水温之间存在一定关系。他们同时还提到了树丛和灌木的覆盖影响了水温,在前面的单元已经提到过这个问题(见第5章)。纳丁老师指出氧含量影响着生物的呼吸,氧气的缺乏会导致相关水生物的存活率变低。

在本例中,学生们和纳丁老师在汇报研究结果时并未依靠任何的提示或道具。他们的展示内容丰富、科学合理。学生们不仅吸取了关于氧含量的知识,并且亲自对氧含量进行了测量。他们学习了如何正确操作各种各样的仪器(如工具),并且根据自己的需要使用它们。更重要的是,学生们不仅根据某种具体要求收集了数据,并且根据所收集的数据构建不同类型的观测值(变量)之间的联系。当被劳拉老师提问时,基于对相应知识有着深入的了解,他们能够正确、自如地做出回答。而根据之后的任务报告和采访显示,劳拉老师也从来自另一个班级的这些学生的交流中学习到了知识。尤其需要在这里指出的是,一位老师(劳拉)通过戴维和史蒂夫获得了科学知识,而他们两人却被认为是有学习障碍的学生。

在其他班级展示研究成果只是戴维和史蒂夫帮助他人学习的方式之一。当被问及是否有人愿意帮助劳拉和迈克尔带领他们的班级进行一个关于亨德森河的独立研究时,他俩皆是首批志愿者。通过参与研究,为其他班级的学生提供活动支持,戴维和史蒂夫为他人带去了学习机会,也为自己参与和学习科学增添了许多可能性。同时,

143

正如我们通过参与持续的、社区性的以及有意义的相关活动获得知识一样，他们在过程中也丰富了自己对于该学科的知识。

增加他人的学习机会

作为教师和辅导员，戴维和史蒂夫为劳拉老师的班级上了一堂生动有趣，富有教学意义的科学课。两人都在全班面前进行了汇报，例如讲解仪器的使用，并带领学生小队沿着河流进行研究。在以下摘录中，戴维和老师们（劳拉和迈克尔）向劳拉老师的班级介绍用于捕捉无脊椎生物的赛伯取样器和 D 型网（D-nets）的基本原理。

> 戴维：请看，你们只需要在这里面进行操作（在赛伯取样器的金属正方形内），如果你们想要找出究竟有多少条虫子，你们必须非常正确地操作它。你们可以尝试着用这个 D 型网估测前面的区域，但是由于它并不精确，你们只能试着捕捉到尽可能多的虫子。
>
> 劳拉：戴维，你将它放置在那里直到收网需要多长时间？
>
> 戴维：我不确定。我只是在那里走来走去，大约一到两分钟，只想把它们全部抓到。
>
> 米歇尔：有了 D 型网，你需要将范围锁定在约一平方英尺以内，否则我们将不能对该地的捕捉数量进行比较。

在本例中，戴维向学生们展示了如何使用用于无脊椎动物取样的赛伯取样器和 D 型网。除了学生外，从未使用过这些工具的劳拉老师也学习了收集样本的步骤。和许多其他戴维参与的视频记录的案例一样，戴维在本例中并未显示出学习障碍的痕迹。不论是对于自身还是他人，他在一个同时涉及了学生和成年人（例如老师，家长）

的情况中向大家传播了知识。他是帮助劳拉老师班级的学生了解和学习科学的若干知识渊博的参与者之一。

之后的视频显示,在同一节课中,戴维同时帮助了两组学生进行实验。其中由三个男生组成的小组决定测量河流的流速。一旁的女生小组则收集无脊椎动物样本。

戴维:好,你们(男生组)先选取一个测量点。可以沿着它(溪流)找。然后你们需要测量他有多深,并以此点将溪流划分为两部分(上游和下游)。

约翰:这真的是5米吗?

戴维:是的。接下来把这个(泡沫塑料)放到溪流的中央,在那溪流有些许流动。然后你们只需要让它在那飘着并记录时间。(走至由丽莎带领的女生组)你们像这样把网放到水里,然后这样做(冲洗在赛伯取样器前面的岩石),然后你们就能抓到许多动物。

丽莎:它们会游到网里吗?

戴维:是的,水流会把它们带进网里。你可能同时会捞出很多沙子。

约翰:我们可以用绳子,然后将时间乘以二。

戴维:没错,这样行得通,拉绳子。谁有秒表?

约翰:我有。

戴维:将指针对准零,当你释放球的时候,按下开始。

伦恩:我们要检查水虫吗?

戴维:之后再检查,我们首先测量溪水的流速。

本例中,戴维同时完成了多个任务。他组织约翰和他的组员进行调查,向他们展示工具的使用,并示范和解释如何在河流中选取一个取样点对无脊椎生物进行取样。于前文提到的数学课形成了鲜明的对比,戴维不仅完成了自己的任务,而且做到用他的知识同时帮助两组同学开展并完成了不同的调查。他指导大家如何记录测量结果——这也正是调查活动的意义。例如,向约翰和他的组员展示应*145* 该如何使用表格记录河流流速和河流宽度(表 6.3 第一张)。随后他帮助该组向老师寻求帮助,制作一张可视化数据表格(表 6.3 中的曲线图为一位生物学家所画,帮助学生以图表形式对测量结果进行了说明)。戴维好几次急于帮忙,以至于经常忘记自己的协助身份,自己做起了任务。老师不得不提醒道他的职责是协助学生们的调查,而不是代替学生们进行调查。

尽管人们会将认知和学习归因于学生自身,上述案例却证明,戴维展现出科学素养而非学习障碍。再次重申,本案例中,学生们展现出了自身的科学素养。我们并未看见任何学习障碍的痕迹。我们只看到了学生们在另一个有着更多参与此类调查经验孩子的协助下进行并完成了调查。

开放参观日的展示

在社区中心举办的开放参观活动面向广大的年龄层,包括成年人以及比他们年幼的儿童。在开放日中,史蒂夫和戴维与参观者进行了交谈。同样,他们并未表现出学习障碍和问题。反之,他们凭借着自身专业的知识获得了其他学生和参观者们的充分认可。也就是说,根据传统心理学理论,分析戴维在开放参观日中的表现,戴维具备高水平的专业知识。

例如,从视频中可以看到,史蒂夫正要张贴一张海报,上面是他的调查地点的地图、照片、工具列表、不同无脊椎动物的图示，以及一张不同生物频率的条形图。此时一位成年人走过来，并问史蒂夫他在张贴的是什么。在史蒂夫开始谈论项目的时候，戴维也加入了互动。

　　史蒂夫：我们去了三个不同的地址，大世纪公园，在马尔科姆路的欧申赛德学校，和欧申赛德农场。你知道它们在哪儿吗？

　　成年人：（点头）知道。

　　史蒂夫：我们进行了计数。（指向他们所绘的柱状图，表6.1）。我们收集了所有的这些样本（指向无脊椎动物图示），对他们进行了计数，并且将数据绘制成图表（指向图表）。

表6.1　亨德森河沿线三个取样点每平方英尺无脊椎动物数量柱状图，由史蒂夫和戴维绘制

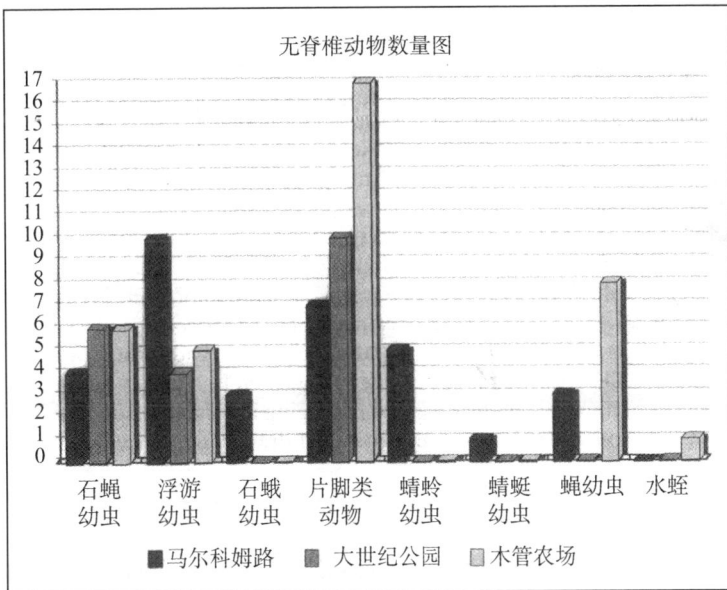

表 6.2   亨德森河不同区域(上游,下游)的流速与河流宽度相关性数据表和散点图

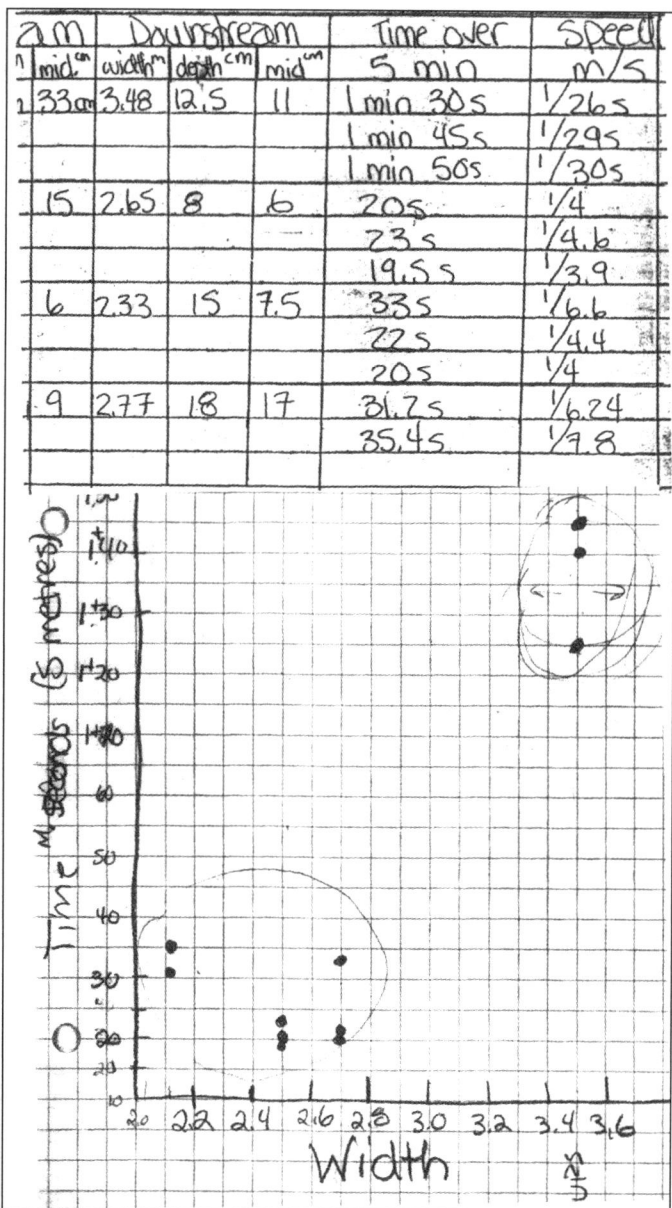

a.m.	Downstream			Time over	Speed
mid cm	width m	depth cm	mid cm	5 min	m/s
33 cm 3.48	12.5	11		1 min 30 s	1/26 s
				1 min 45 s	1/29 s
				1 min 50 s	1/30 s
15	2.65	8	6	20 s	1/4
				23 s	1/4.6
				19.5 s	1/3.9
6	2.33	15	7.5	33 s	1/6.6
				22 s	1/4.4
				20 s	1/4
9	2.77	18	17	31.2 s	1/6.24
				35.4 s	1/7.8

然后我们发现这些生物在某种程度上是水虫（成年人看向生物图示）。

成年人：现在它们（指向石蝇幼虫图示）在这里吗？它们是蝇幼虫吗？ 147

戴维：我们可能抓住了一只。我不确定。但是我知道我们捕捉了非常非常多的蜉蝣和片脚类动物。

史蒂夫：还有蠕虫。

戴维：我们还捉到了小龙虾。

史蒂夫：还有一种叫红蚯蚓的生物。

戴维：这些生物在某些区域很常见。有些地方有很多蠕虫，但有些地方就可能一条蠕虫都没有。通常，在每年的那个时候不会有非常多的蜉蝣。

成年人：你是怎么抓到它们的？

史蒂夫：像这样（指向学生们使用赛伯取样器的照片）或者用D形网。看，我们使用了这些工具（指向工具列表），D形网就是一个形状像D的网。它的底部是一个平面。我们仅仅需要冲刷它前面的石头（用手掌拨弄水面），水虫们就会自己进到网中。然后我们只要收网（指向照片），并且将它扔进桶里即可。之后我们就可以把它带回学校研究了。

戴维：（对成年人说）到这里来，我放了一个（在显微镜下），你可以观察一下（走到显微镜边，为成年人调焦）。

在本例的第一部分，史蒂夫和戴维运用他们的知识向参观者介 148 绍他们的研究，调查地点，调查类型以及所找到的生物出现的频率。

戴维指出,每年的某一个时间段有一些生物是找不到的,他们取样时恰逢该时间段。随后,成年人提问他们是如何捕捉到那些生物的。戴维和史蒂夫借助身边立即可取得的资源做出解释。他们利用照片对工具进行描述。他们清楚地讲解了以下流程的关键特征:如何从溪流底部分离样本,如何将它们引入网中,以及如何将网中的生物清到桶里,随后将它们运回学校。紧接着是史蒂夫最后的陈述,戴维向成年人介绍了他是如何使用显微镜观察无脊椎动物的。他将托盘放置在显微镜下方,使成年人能够观察显微镜中的生物。接着,戴维和成年人尝试着通过对比显微镜下的标本和一套用于确认生物类别的图示确定该显微镜下生物的种类。

在开放参观日的案例中,社区积极分子们向大家展示了他们的海报,来自各个年龄层的参观者逐一参观每项展览,而史蒂夫和戴维是这项公共活动的真正的贡献者。尽管录像带显示,戴维在数学课上的表现以及单元测试的书面声明(见图6.1)让他被定义为传统评价标准中具有学习障碍的学生,这一案例却表明戴维具有很高的学习素养。显然,在传统的学校环境下导致学生学习问题和障碍的因素在这里并不存在。相反,史蒂夫和戴维的参与在很大程度上反映了我们在这里想要研究的现象——科学素养。

日常活动的知识性

在之前的章节,我们描述了若干不同的情境,录像带中对话的文本,并且直观地展示了戴维和史蒂夫通过借助身边的资源和社会关系进行研究或帮助他人进行研究的实例。戴维和史蒂夫在这个单元结束后感到很成功。作为调查员、展示员、教师以及开放日解说员,他们不仅能够在学校参与活动,更重要的是他们还能够有机会面向

社区。他们深入实地进行考察,和同龄人、活动家、长辈、老师以及开　*149*
放日参观者互动交流他们所进行的关于亨德森河的研究以及相关流
域的环境保护(他们进行调查的目的)。就亨德森河的调查,他们采
用科学的可视化表示方法进行展示。在此过程中,戴维和史蒂夫将
自己塑造成一个在社区科学中有能力的、合格的辅助性参与者。换
言之,根据上述情况(以及我的录像带),结果显示这两名学生的头脑
并不简单,人们或许会重新考虑他们的科学素养。但这就产生了一
个矛盾:戴维和史蒂夫怎么会既被认为有学习障碍,又有较高的学
习素养? 为什么戴维不能在数学课上完成数据分析,却能准确地帮
助其他学生绘制调查数据的图表? 既然在某些特定情况下他们拥有
超强的学习能力,戴维(经常)和史蒂夫(有时)又怎么可能会被排除
在班级之外需要"克服"学习障碍?

在这个科学单元的情境中,戴维和史蒂夫选择和同学们一起开
展对河流的调查,并且选择了他们想要的调查内容。因此在老师和
学生的个人调查目的之间不存在矛盾。此外,学生们选择了进行调
查的工具和仪器,也就是说,他们拥有生产资料。并且,之前出现在
数学课上的相应矛盾也不复存在。在普通的学校教育中,老师即代
表着社区。学生完成老师布置的任务,而老师是他们学习成果的唯
一评估者,他们给出的分数决定了学生们作为学习者的学习水平。
在本文呈现的情况中,社区因素包括其他班级的学生,老师以及广义
上的社区。通过开放日的沟通与交流,新闻报道或活动家们的网站,
史蒂夫和戴维将亨德森河调查的相关知识传播给社区。

我们并非断言学校是唯一导致失败的环境。失败和成功在日常
活动中持续发生——尽管和在学校的成功和失败相比,它们有着不
同的数量和特点。我们并不反对失败。但是学校布置的任务存在问　*150*

题,它们将许多学生引向失败。这些失败,正如表 6.1 所示,随后以质量(轶事)形式("好学生""差学生"等)或者成绩的形式成为学生的标签,从而导致对这类学生的偏见和歧视。因此,对于戴维和史蒂夫来说,即便他们在科学单元有如此优越的表现,矛盾仍然存在。他们依旧无法在其他课堂上达到老师所决定的标准,依旧会被当作具有学习障碍的具体案例并且将被带离常规的教学设置来"克服"学习障碍。

反思科学学习能力和学习障碍

科学教育者应在影响学生学习的中介中,找寻并建立可替代性活动系统,使各种各样类型的学生都能得益。我们需要的活动系统能够拓展对科学素养的认知并且长期地保持这种认知,而不是当前学校和相关政策所推行的狭义层面的科学素养。我们在一所中学内进行了为期三年的人种学研究项目,在项目中我们(学生、老师、家长、活动家和学者)根据社区的其他活动动机制订了一套教学课程。在过程中,学生们通过和他人交换知识和工具并且为社区提供其所需的知识从而提升自身的知识素养。我们的分析显示,在本单元中,以学生为主的活动系统和以社区中其他个体为主的活动系统有很多相似之处。因此,在类似于探究水流和划分水域相关的日常活动中,成年人决定了调查意义、目标、工具、劳动力分配和互动规则等(见第二章)。同样,我们发现儿童行为的动机离不开与他们密切相关的生活的方方面面,这适用于每一个正常公民。我们已经证明,这样的活动系统消除了许多以普通学校教育为特征的矛盾。

现在,在本文中呈现的考虑和发现引领我们从不同的角度看待

"能力"和"障碍"。由于在这项研究中的研究单元是一项完整的活动,活动对象一直都与活动系统中的其他因素以及他们自身引起的因素存在关系。我们应该看到(考虑到评价实践中早已包括的元素),诸如戴维在数学课上被要求做数据分析,或者戴维在另一个七年级班级中作为老师助手开展关于河流的调查,这些活动涉及了所有个体以及联系,这些联系在活动的系统意义上十分重要。正是这些具体情况有着科学的教育意义,但无法单纯地用数据衡量。"好"学生、"学习障碍"学生和"令人讨厌的"学生永远只是在特定情况下的标签,并不代表着学生的固定属性。(我们假定诸如"差"或"能力强"这样的属性会在不同的情况下被用来描述同一个学生。)随着活动系统(在这里指学校教育)的不断发展,活动主体也在发展,他们从活动中汲取经验形成自传,就像由无数纤维元素编织而成的细线。最后形成的细线(例如每个学生个体)是否能够被确切定义为"学习障碍者"或者"学习能力者"是由学生们所在的不同情况(包含动机、工具、规则、社区以及劳动力分配)决定的。

读者们可能已经注意到,主体既是研究的参与者,也是活动的收获者。这是主体的辩证构成的一个方面:我们一直在参与活动,但是我们的角色是由活动结果所决定的,其中包括与他人的互动。我们看到,戴维和史蒂夫在与其他孩子共同参与的活动中充分显示了他们的学习"能力",这些活动和那些涉及社区成年成员参与的活动具有一样的动机(见第 2 章)。在开放日中,史蒂夫和戴维和活动家们一样被当作合法的参与者。继而发生的一系列对话打破了常规的学校教育模式,使得学生终身参与此类活动成为可能,并且打开了正式的学校教育之外的在生活其他方面终身学习的可能性。更重要的是,对于像戴维和史蒂夫这样的学生,该单元为他们提供了一个环

151

境,在这个环境中,他们不再只是学习障碍的个体,而是一个有能力为社会做出贡献的人。

如果学校科学教育、环境保护主义、管理工作和志愿服务的动机都是相似的,都是根据工具、规则、劳动力分配和社区的性质来设定,我们便可以期待,沿着这样的轨迹发展的个体(主体)将不会被塑造成学习障碍者。这类活动将知识贡献给社会,而参与这类活动的学生在长大成年后,会继续投身于关于环境健康类的活动。培养学生或者非学生参与度的种种情况都清楚地表明了这种转变的可能性。

152 在对话中制造科学素养

我们可以认为,史蒂夫和戴维参与了不同的对话,这些对话在语义和句法上往往无法再简化为独立的特性。我们可将对话视为身份不同的个体所共同参与的活动。互动的个人构成对话的主体并关注某个话题,比如史蒂夫、戴维和其他成年人共同讨论学生们的研究成果。在这个过程中,对话者利用(相同或不同的)话语汇编、图示、绘画和图表(代表他们产出成果的方式)。劳动分工指的是听众与讲者的不同角色,每个个体在对话过程中会反复交换角色。互动还取决于影响角色轮换或相互尊重的原则。最后,参与者参加的是公开日活动,而公开日是欧申赛德的一部分。在这个活动系统中,学习能力或障碍既非个体参与者的性质,也非活动系统中作为资源存在的先验前提。相反,能力或障碍是在当地的不同对话中根据具体情况获得的结果。同理,能力或障碍是在校园环境中的对话里产生的。

显然,我们可以把情景设置为"最近发展区"。学生在"最近发展区"中可以产出更多成果,胜于他们在单打独斗、无法获得一般校外可得资源时的情形。[①] 我们的研究视角让我们反思"最近发展区",这一概念,因为它关乎身为活动、关乎能力或障碍的对话。在以活动为中心的理论中,所有实体中,社区(社会)决定了主体与客体的关系。个人(有限的)行动只是社会中所有(一般)行动的一个子集。因此,个体日常活动与集体产生的、在历史上新出现的活动形式之间的差异相当于"潜在学习区"。因此,对话(如公开日或公众集会上的对话)相当于学习与发展区,让集体能够产生并进一步磨砺能力。

我们把学习视为集体活动中不断变化的参与行为,这提出了另一个问题。传统教育者认为,除非个体提前掌握(某一情景内含的)知识,否则个体就不能在参与的其他活动中习得知识。这种分析值得商榷,因为它把整体情景分解成事物(个人主体)和装载这些事物的容器,把各方面因素分别归给事物或背景。然而,若从活动的角度出发思考,重要的就不再是电脑上有无存储、个人主体是否掌握了某些知识手段和人工成品。一旦系统内有相应的工具,工具就对活动起作用。唯一的差异在于,若事先习得,工具的使用就能上升到自动(默认)、日常操作的水平,否则知识则可能仍停留在有意识行动的层面。

我们把认识和学习视为文化与历史活动的两个方面。认识我们和其他人在日新月异的社会实践中以与时俱进的形式参与其中,我们就能从中看到学习的存在。由于互动和参与不能视为个人针对稳定环境采取行动的简单综合,学习也就不能被视为发生在个体身上的事情。相反,如果学习出现在特定背景中、体现在不同主体上,教

153

---

① 参见 also our discussion of the "zone of proximal development"的第三章。

育者就必须注意,要容许不同参与方式的存在,即允许发生于教室以外的新形式集体活动。本着批判精神,作为科学教育者的我们尤其应关注那些可拓展到校外活动、有助于推动终生学习的参与形式,而不是那些割裂正规与非正规学习环境的形式。我们也关注那些让学生有机会成功、体现其能力的对话,而不是打压学生,让他们沦为边缘群体乃至被遗忘。上述案例说明,我们很可能需要打破传统上对于产出方式、活动动机的束缚,以及对决定活动的群体的限制。

结尾

在其他活动系统中(如刑事案件与精神病治疗),人们逐渐认识到,把所有对象关在相关机构中(监狱,精神病院)不一定能解决问题,反而会加剧问题(在福柯的《规训与惩罚:监狱的诞生》一书中,他明确阐述了监狱、精神病病房与学校在起源、结构与工作方面的相似之处)。在一些刑罚系统与精神病医院中,人们详尽地(采用有限的方法、有时在监督下)制订体系,让每一成员都参与所在社区的日常活动中。意大利于 1978 年出台法令,下令关停了所有精神病院,转而在社区建立了类似住宅区的机构,让患者得以在白天慢慢重新融入社会。就像琼·拉弗(Jean Lave)笔下的成年购物者与杰弗里·撒西(Geoffrey Saxe)写到的巴西儿童街头小贩一样,那些以前住在精神病院的患者能够在社区里得到支持,即使尚且无法根除疾病,也有助于减少以个人精神特征名义建立慈善机构的问题。

此处介绍的学习场景中,学生同样不再被限制在教学楼里,不再脱离大街小巷、被当成婴儿照看,身心均受到严格规训。相反,学生们更广泛地参与社区活动中。他们不再被划分到某一特定场所(学校)、某段时间、某一地点受到束缚。学生的工作成果有了意义,并在他们和父母、兄弟姐妹、老一辈、市议员以及社区其他成员共同生活的现实世界中做出贡献。我们在第四章介绍的纽约市青少年亦然，他们参与设计，将一块荒地打造成社区公园。因此，他们的工作也有了意义，对社区有所贡献，既把社区纳入活动范围，又以最终成品回馈社会。如改革方针所言，科学应该为大众服务，我们就必须提供参与的机会，让学生发挥长处，利用学生的兴趣点，而不是构建情景，体现学生们的有限能力或甚至无能为力，进一步加剧不平等现象。我们或可将科学教育视为关注集体成果、鼓励并促成学生广泛学习的一种活动。

这种观点表明，(科学)教育者应营造利于学生发挥能力的情景，让学生集体发挥能力，而不是在不利于发挥的情境中为了未来就业局限自己。同理，科学教育者应将科学视为生命之线的诸多纤维之一(其他还包括本地知识、原住民知识、常识等，以及关乎这三者的所谓误解和替代机制)。这样，科学教育者就能集中精力，将学习解读为参与解决(具有社会意义的)日常问题，而不是纠结是否要在传授学生"原子具有电子层"等知识之前教他们"原子核由质子和中子组成"或者采用相反顺序。本着批判精神，身为科学教育者的我们提倡，不应把个体与其日常生活的社会环境、物质环境割裂开来。我们提倡，不应切断生产方式、社区、劳动分工和普通环境中的相关规则之间相互影响的关系。这样，在普通(传统)教室中出现在像戴维和史蒂夫等学生身上的学习问题与学习障碍，在我们倡导的情景中便能几乎不复存在。我们特别强调"几乎"不存在，因为正如上文提到，人类学研究的数据显示，人们在超市环境中采用正确方法的平均比例可达 99%，然而在根据超市制定的文字问题中则只有平均 50% 的正确率。

直至今天，原住民、女性和贫困学生仍经常被科学拒之门外，无法在日新月异的科学环境中发挥能力。若教育者能关注营造有益的环境，让学生尽情发挥而非束手束脚，他们就有可能以更多方式参与其中。当前，几乎还无人阐述过相关的可能性、难点和从中出现的求知学习过程。研究者仍任重道远，需要进一步研究我们所采用的方法中会出现哪些基于情境的认知模式。

第7章 科学教育与公众科学

当前改革提出了各种实现科学素养的手段,却未能预见不同人群如何采用更广泛、更多样、符合社会责任的方式来实践科学。①

——玛格丽特·艾森哈特,伊丽莎白·芬克尔,斯科特·F·马里昂

我们该教授生物、化学、物理、数学,还是教会年轻人如何在世界上生活?②

——耶拉德·弗雷兹

现代科学教育之父保罗·德哈特·赫德(Paul deHart Hurd)曾指出:"科学素养的合理解读必须符合人们对科学的流行看法和社会正在发生的变革。"③对许多人来说,这意味着把实验室科学作为科学的一个模板,独立于科学教育改革议程上有所提及的认识论范式。

---

① 参见 Margaret Eisenhart, Elizabeth Finkel, and Scott F. Marion, "Creating the Conditions for Scientific Literacy: A Re-Examination," *American Educational Research Journal*, vol. 33, no. 2 (1996),261 - 295,at 281.

② Gerard Fourez, "Scientific and technological literacy as a social practice," *Social Studies of Science*, vol. 27, no. 6(1997),903 - 936, at 907.

③ Paul deHart Hurd, "Scientific Literacy: New Minds for a Changing World," *Science Education*, vol. 82, no. 6(1998),407 - 416.

理科课程往往沿袭旧习,把学生推到科学家的世界中,而不是帮助学生融入他们的现实生活。除了白人中产阶级男性,其他不同人群的需求均未得到满足,因此在总体上导致了后者与科学的割裂。尽管人们往往宣称科学改革已经竭尽所能扩充内涵,但在很大程度上依然无法培养出具有科学素养的公民。

　　针对科学素养的学术讨论往往基于三种(心照不宣、有时可能毫无根据的)假设:科学素养是个体属性;科学是理性人类行为的典型模式;校内知识可在课后应用于生活。这些假设促使科学教育者思考以下三个问题:(a)该如何使个体学会应用(内化)或建构特定的科学概念;(b)该教授哪些科学内容;(c)该如何让学生把科学应用于课外情境中。在本章中,我们希望更深入地反思科学素养。我们已在前文提出两点拙见:第一,科学素养是集体情境的属性,描述的是不可简化为个体特性的互动;第二,科学不是理性的单一标准框架,只是人们在日常的集体决策过程中可以运用的许多资源(纤维)之一。我们在这里提出,当我们认为科学教育意味着并服务于参与必然有其政治意味的社区生活,科学素养便得到推广。个体以具体方式投身社区生活、投身集体对社会状况的操纵行动,个体就能掌控自己的个人境况,这是因为各自的个人境况会影响社会状况。学生能够产出知识,从中获得权力,在边缘与中心的动态变化中占取新地位,颠覆他们在传统上被建构的弱势群体形象。也就是说,通过参与有意义的活动、对社区整体做出贡献,学生能够逐渐掌控自己的生活(拥有更多自主性)。

　　我们认为,自主性、知识和学习并非个体的特性,而应从因地制

宜、星罗棋布的"人类活动变化进程的参与度"[①]的角度来理解。个人
自主性、知识和学习都是社会内普遍可能实现的自主性、知识和学习
过程的具体体现。也就是说,人类活动(包括对话)是不可简化的社
会现象,不可理解为个人贡献的综合。社会就好比一根线,每个人都
是一条(或多条)纤维,分别与其他纤维互动,互动中产生的新属性不
可归于每条单独的纤维。因此,线和纤维之间存在辩证关系,以此类
推,个人和其组成的社会之间也存在辩证关系。主观性首先属于社
会整体的特性,个人的主观性则构成了集体主观性的具体、个人化的
实现。

公民科学

研究公众对科学的认知,建构了科学家与非科学家之间的互动
图景,揭露了远为复杂、多变、相互影响的性质,不同于传统上科学专
业知识与对科学知识的无知、拒绝之间的简单对立。在社区的日常
生活中,科学的形象并非条理分明、客观无疑的知识与实践之集合
(见第 2 章和第 3 章)。相反,科学往往呈现不确定性和争议性,无法
回答与当前特定(本地)议题相关的重要问题。在日常生活中,公民
思考或可提供比科学思维更全面、更有效的行动基础。

因此,明智的做法是把科学素养理解为"公民科学",这是"科学
的一种形式,在公民投身日常活动时能够反过来关注公民自身顾虑、
感兴趣的事情及其活动。"[②]在我们的研究中,公民科学关乎不同语

159

[①] Jean Lave, "The Practice of Learning," in Seth Chaiklin and Jean Lave, eds. , *Understanding Practice: Perspectives on Activity and Context* (Cambridge: Cambridge University, 1993), 3 - 32, at 12.

[②] Edgar Jenkins, "School Science, Citizenship and the Public Understanding of Science," *International Journal of Science Education*, vol. 21, no. 7(1999),703 - 710, at 704.

境,从个人问题(如获取安全饮用水)、生计(如最佳的农作实践)、休
闲(如采用可持续、有机的方式开展园艺)到投身社会运动、组织抗议
活动等,不一而足。针对当前把科学素养视为个人特性的主流意识
形态,我们进一步提出反对意见,认为应把科学素养视为公民科学的
某些日常情景的性质。在这种语境下,"'学习'这一术语便只代表部
分人与其他人建立了特定的关系,正是在这些关系中,每个人都能获
得参与活动所需的信息,也有足够时间完成工作、磨砺能力。"①这意
味着,科学教育者不应继续苦苦营造教育环境、诱导学生做出某些表
现,而是应该让情景服务于学生,宽容接纳多样化的参与模式,这样
也更符合民主理想与实践,让人们为自己的人生与利益做出决定(见
第五章的三个案例研究)。如果我们希望科学教育能与人们的日常
生活与公民身份密切相关,我们就应尽量鼓励学生广泛参与不同的
关系中。因为,若只教授一类关系(学校机构),却奢望学生为关系复
杂的现实世界做好准备,这种想法是不现实的。

把社区水问题纳入课程内容

教育者们需要找准并构建其他活动系统,与"正常"科学有所区
分,让系统中起作用的各实体以不同方式影响不同学生群体的学习
过程。合适的活动系统应对科学素养具有更广泛的愿景,不局限于
当前的学校和相关政策的狭隘视角。批判性科学教育的一个目标应
该是培养学生去敏锐地评估身边环境,认识科学技术如何与生活体
验无缝对接。当学生也能关注直接关乎自己生活与社区的议题时,

---

① Ray P. McDermott, The acquisition of a child by a learning disability. In Seth Chaiklin and lean
Lave, eds., *Understanding Practice: Perspectives on Activity and Context* (Cambridge:
Cambridge University Press, 1993),269 - 305, at 277.

他们的视角就得以扩充。三年多的时间里,我们录制并记录下成年公民与学校学生共同参与的研究西北岸欧申赛德社区居民如何应对当地水问题的许多活动。

由于欧申赛德的水问题形势严峻,因此我们不难说服老师同意学生参与研究,通过调研当地亨德森河流域来学习科学。那两年里,我们在两到四个月的学期里协助三个七年级班级开展科学教学工作。在这些课程上,学生自己设计方案,对亨德森河展开研究,为的是在亨德森河项目的年度开放日上展示自己的成果(图 7.1 即学生选定的一个研究地址)。这些科学课程的出发点是,让学生成为活跃公民,获得知识并为社区做贡献。其他初中和高中学生也参与了水域研究,他们成为当地政府资助的"护河卫士"项目的一员或在为科学比赛做准备。通过这种方式,学生参与了知识的形成,这种知识随后能够传播给社区成员和环保人士(并为后者所用)。亨德森河项目的成员、报告作者、学生家长和原住民老人都以不同方式教育孩子,包括组织工作坊、进行演讲、帮助他们搭建研究框架和收集数据等。

考虑以上因素,加上我们在过去十年里记录并系统阐述知识与语境的统一性的研究成果,我们据此帮助老师设计教学单元,让七年级学生在学习科学知识过程中,用知识服务于社区。科学教学从阅读社区报纸开始,上面刊登的文章记录了欧申赛德本地及其周边地区出现的环境与水相关问题。以下选段突出说明,要开展欧申赛德所在半岛周边海洋的修复工作,首先需要改善亨德森河及其支流的健康:

"团体就是恶水上的大桥"

如果帕特湾(Pat Bay)和佐治亚直道(Georgia Straight)想要

开展复原工作,流入它们的溪流与河流首先必须得到修复。(欧申赛德)有一个团体希望再现(亨德森等)河流的生机。

图 7.1 学生进行研究的其中一段河道,这里夏天水流呆滞浑浊、
散发恶臭,氧气含量低且水温很高

161

……破坏的根源是河流改道和砂砾的流失。把河道改直不仅导致河水过快流出涵洞、流入后面的河床,同时还破坏了周边植被。这就进一步侵蚀了鸟类及其他动物赖以生存的环境。

首席……谈到,在他年轻的时候,当地的鱼类、贝类和其他野生动物资源是多么丰富……

至于长期工作,项目协调员表示,需要有更多的社区成员参与其中……

老师们跟学生一起读完这篇文章,然后问他们是否有必要修复海洋(孩子们立马给出了答案,因为一些父母就喜爱钓鱼或以捕鱼为生)。在讨论结束时,老师提问,他们这个班级该如何参与海洋保护,因为他们也是社区的一份子。学生们开始头脑风暴,大部分的想法都是关于净化河流或进一步研究亨德森河、找到问题所在。后来,他们在河流的不同位置进行了实地考察,学生们开始构思初步调研甚至整个研究项目。

在这个学校科学课程项目最初开始时,我们(迈克尔、他的学生以及其他相关老师)依然认为,所有学生在参与社区活动时应基于传统上认可的科学实践——设计实验、根据结果画图,诸如此类。也就是说,校园科学的模式深受科学家式科学的影响。然而,我们很快认识到,要求所有学生测量一系列变量、在直角坐标系或直方图中找出相关性,可能会使得一些女生或原住民学生无法融入。他们可能依旧参与数据收集,但随后的数据分析和数学活动往往会让他们兴味索然。因此我们在后续的课程中改变了方法。我们从允许用不同方式呈现结果的其他社区活动中得到借鉴,鼓励学生自己展开调查(图7.2),根据自己的兴趣和需求来选择数据收集与展示工具。录制介绍音频、拍摄视频记录水域情况与学生活动、拍照、画图等其他形式快速涌现。这催生了不同的知识与学习形式的变化,提高了那些曾经被忽视的学生的参与积极性,这也告诉我们,必须抛弃过往对于社区中如何实践科学、开展科学教育的认识。最后,孩子们在环保人士

162

组织的年度公开日活动上展示成果，共同关注亨德森河流域的环境健康。

父母、环保人士、原住民老人、科学家、毕业生以及其他社区成员都是科学单元不可或缺的一部分。每隔一周，班级学生就会花上整个下午（中午到下午两点半），到河流及其周边地区。父母共同开车把孩子送到河道的不同位置，参与教学、提出建设性的问题、从旁协助并监督孩子们的举动。环保团体的成员们也参与其中，他们给孩子们作展示，教会孩子如何使用某些工具、如何开展河流研究、如何分析数据、如何把某些生物取样带回教室。已经或接近完成自己任务的学生则可以在其他的班介绍自己的成果，并帮助其他同学开展田野调查和数据分析（见第 6 章）。

因此，社区成员的参与让孩子们的活动与社区活动以两种方式实现有机结合。第一，社区成员走进学校，帮助学生和老师开展教学活动。第二，学生活动关注社区当前面临的紧急问题，而科学课程带领学生走出校园、走进社区，即学生活动的动力与其他社区成员采取行动的动机是一致的。至于我们的活动系统模型，显然存在合理（周边）参与，因为两个活动系统的动机存在共同之处（学生们也享受了参与科学的过程，因为这样打破了学校强加在他们身上的常规课程和严格管理，但这也是老师们在尝试打破常规时每每面临的矛盾之处）。正是科学课程与社区日常生活相交的部分［动机、主体（社区）和工具］让孩子们的成果显得"地道"。孩子们不再为了走出校园后的人生、为了未来的科学课程做准备、打基础，而是能够直接参与社区的社会生活，并做出贡献。在这个过程中，（不同个体参与在不同对话中体现出来的）学习真真切切地发生着。

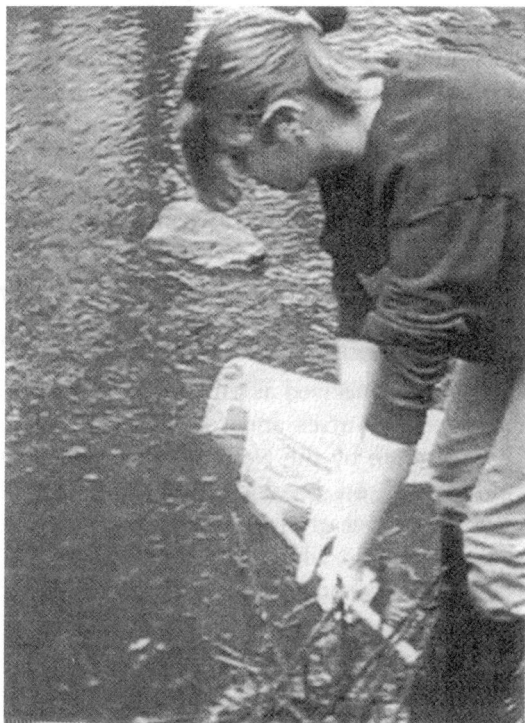

图 7.2　一名学生用网进行河流微生物取样。这是确定某段河流中
微生物种类与数量的项目内容

社区内的学校科学

　　学校科学往往被视为预备性的学科，为的是给之后的理科学习
与日后人生打下基础。美国国家科学教师学会（National Science
Teachers' Association）发起的项目"领域、顺序和协调"（Scope,
Sequence, and Coordination）显然希望打破不同年级的课程内容之间
的藩篱并做恰当调整、相互协调。尽管已有关于其他学科（如数学）
的研究显示，学校和日常活动、生活知识之间存在断层，科学教育者

却仍未能批判性地对待传统假设,依然默认校园里的学习有助于日常的课后活动。这个问题直接关系科学教育能否有助于科学领域的终生学习,能否打破学校教育的界限、开启终生学习的大门。

本节展示我们在研究校内科学课堂时收集到的证据,这些课堂采用的课程设计与社区内的其他活动具有相同的动因。在这个过程中,学生相互交换知识与工具,为社区带来知识,使得知识为社区共享并消化吸收利用。此外,这个以学生为主的活动系统与社区其他成员为主的活动系统分享了具有许多相似之处。也就是说,在日常的水域相关活动上,成年人定义了活动的目的、目标、工具、劳动分工、互动规则等。类似地,我们还发现,孩子们活动背后的动力与其他即将发生的现实世界动态有机融合,这显示了一种更加自主的公民身份。

项目与展示形式的多样性

设计本单元时,我们参考了社区其他成员如何参与保护本地流域及其主要水源亨德森河,让学生按自己兴趣开展调查。当地社区成员曾经创新地使用多种形式展示流域、河流和眼下面临的迫切问题。因此,我们改变了重点,从最初的"科学展示"(如图 7.3)改为鼓励学生根据自己需要创造各种表达形式。

虽然决定该活动系统的主体即亨德森河及其流域,在所有学生小组开展的大部分调研中保持不变,但是学生所用的不同工具以及影响系统内各类关系的不同方式最后导致了截然不同的结果。不过,不同的结果最后都以各自的方式对某一个或多个班级的最终成果有所助益。我们认为,学生活动的真实性在于,他们的活动与社区中的其他活动有着相同的动机,也关心同样问题。社区中的不同成员,尤其是环境保护团体,通常都参与这个以学生为中心的活动系统

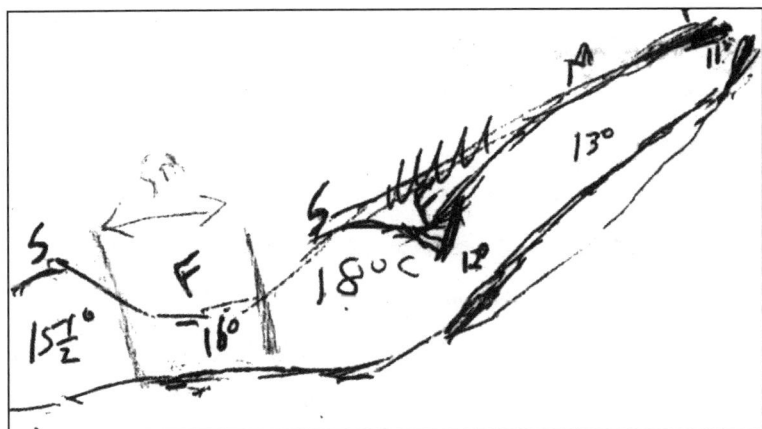

图 7.3 某研究选址的手绘地图,包括河流温度和植被覆盖情况。该图由三位"具有学习障碍的"学生制成,另有一位访问研究生/科学家从旁协助

中来。社区中不同活动系统之间的相似性还在于部分用到的工具(色度计和标尺)。可想而知,以学生为主的活动系统产出的部分成果也跟社区活动系统的成果相似。比如说,使用色度计、酸碱计和溶解氧测量仪等工具得出的都是河流健康的数字指标。暑假期间参与亨德森河项目的中学生和大学生均画出了十分类似的图表(如图7.3)。此外,科学家设计的展示形式(水质评估、物理评估)都帮助学生完成了暑期工作,让中学生制作出环保人士可作他用的成果(如用于申请拨款、推广修复工作等)。

从教经验告诉我们,如果科学课程能够鼓励学生按兴趣探索问题,自发选择成果展示形式(仪表、相机、话语等),传统科学教学中常见的冷漠与排外便不复存在。通过制订他们自己的研究日程、选择自己的研究问题和展示形式,学生们就能用不同方式清楚地表达个人所学。一名叫玛格达(Magda)的学生这样描述该项目:

166

我们正在研究亨德森河，为的是找出不同地域的不同水体与生物情况。我们希望搞明白的一点是水质。水质决定了能够存活的生物，并取决于深度、宽度、河底情况（是沙质、多石还是多砂砾）、水温和流速。我们将给生物取样，第二天进行计数，在显微镜下观察。我们也会制作图表，展示得到的所有不同信息。也会有其他教授加入我们，帮助并告诉我们具体该怎么做。

另一名学生凯西（Kathy）和她的小组成员则进行了一系列采访，希望了解"社区成员的真正想法"。他们采访了欧申赛德市长、亨德森河项目协调员米根·麦克唐纳（Meagan McDonald）、一位 WSANEC 老人以及其他社区成员，记录并分析了采访内容，随后在公开日上把采访内容向公众公开。

凯西：过去十年里，是不是（河里的）鱼在不断死去？

米根：其实在过去五十年里，切喉鳟的体型不断缩小，种类和数量也都不断减少。所以现在鱼群的规模还在缩小，也不像以前或正常状态一样健康。

凯西：人们以前会在亨德森河钓鱼吗？

米根：会，我们是从原住民的口述和历史中了解到的。人们最后一次在这里钓鱼，大概是三四十年前了，就是殖民者和原住民最初开始在这里钓鱼。

凯西：亨德森河是怎么污染的呢？

米根：亨德森河流域的中间地带曾经有一片很大的湿地，但是在十九世纪末期被抽干了，后来就被挖成了沟渠。湿地被抽干导致栖息地流失，水质也就逐渐变少。由于林木植被减少，因为水面没有足够的树荫，水温上升了。

我们认为科学素养不是米根教给凯西的内容。相反，在这个例子里，科学素养在互动中产生，在问答中形成。这样的参与过程允许变化发生，除了这个采访过程，在跟其他人的采访中也有所体现。在本例中，米根的答案是从历史角度出发来看待亨德森河问题，而这是在凯西的问题启发下出现的。正是由于凯西就孩子们的亨德森河项目进行采访，才催生了一次具有科学素养的对话，而不是就其他话题展开的闲谈。

盖比（Gabe）是当地 WSANEC 保留地的一位原住民学生，他极少参与任何课堂布置的任务，也不想参与学生小组。不像其他人一样，他对开展调查不感兴趣。但是，他喜欢在镜头后面记录其他人的活动，采访了解他们的调查，尽管学生在进行数据收集与分析。

> 盖比：能聊聊你的观察结果吗？
>
> 妮可：我们正在讨论不同选址的土壤水分和酸碱度。
>
> 丽萨：我们还在努力研究看看有植被的地方会不会有所不同。
>
> 妮可：对，还有昆虫和其他东西，挺好玩的。

古勒先生（Mr. Goulet）是其中一个女学生的家长，他对项目活动也乐在其中，提出参与每一次田野调查。他并没有把自己视为一个监督孩子、提醒他们处处小心的角色，而是在一旁支持学生调查。我们跟他聊了聊，为什么让学生自己制定目标、提出建设性问题并进一步探究，要比给出绝对的答案更有意义。最后，他几乎列出了所有叫能的情况,解释学生可以如何切入学习。举个例子,他曾跟一群男学生合作,他们决定去研究河道剖面与河水流速的关系。古勒向他们提问,希望引导他们想出更有创意的方法,来测量河流的深度和宽度,因为河水太深,学生不可能走进河里,也就是不可能过河。他还积极参与河道测量,冬天刮风下雨也风雨无阻。最后,小组决定的河流宽度测量方式是在绳子一头绑上木片,扔到河的另一边,拉直绳索让木片能够躺在另一边河岸上,然后在绳子上做标记记录位置,再把木片拉回来,最后测量绳长。结果,木片在河里浮了起来,这催生了一个关于密度问题的"教学时刻"。

> 古勒:它为什么会浮起来而不是沉下去呢?
>
> 约翰:大概是这块太大了吧,如果它能小一点……
>
> 古勒:就会沉下去?
>
> 约翰:是的,或者说如果它重一点的话也会沉下去。
>
> 古勒:好吧,那你怎么确定它会不会沉呢?
>
> 提姆:我们觉得,木头一般都会沉下去才对。
>
> 古勒:该用什么方法确定呢?为什么这个(锤子)又会沉呢?
>
> 提姆:因为它小而紧实。
>
> 古勒:那么,如果我把它跟等体积的水进行比较,锤子应该更重。所以?
>
> 约翰:它会沉下去。

在古勒向约翰和提姆提问的语境中,对话主题是木片在水里的沉浮。对话记录讲的是重量的"紧实程度"和与水的相对重量,呈现

168

的是解释浮沉原理的定性理论。再次强调,科学素养是该情景的性
质之一,但是如果任何一个因素有所改变(比如把情景改成关于密度
的书面考试),科学素养就可能变得无法观察。

向社区提交报告

由于孩子们用不同的工具进行调查和展示,他们得出了五花八
门的成果展示也是理所当然,其中包括地图、照片、无脊椎动物绘制
图、所用仪表和工具、活的无脊椎动物及用来观察的显微镜、玻璃缸
里更大型的生物、采访记录,还有其他不同的科学展示形式(如图表、
直方图,见图 7.4)。学生的展示形式与此前环保人士进行的各式展
览几乎无异。也就是说,孩子们的展示反映了社区中常用的科学。
我们接下来将简要介绍并给出报告记录,以清楚呈现社区中(包括孩
子)的科学素养。

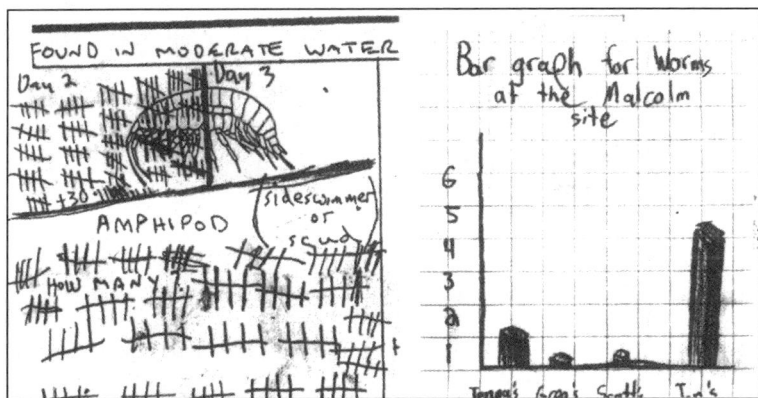

图 7.4　一个学生小组在某研究选址记录的异脚类生物数量;相比之下,另一个学生小组
基于他们小组和另外三个小组得到的测量数据得出的蠕虫数量

米歇尔(Michelle)和她的三个(女)队员都更青睐定性而非定量
的展示方式。例如,她们的一个项目用到了磁带录音机,用于录卜河

169 道沿线不同区域的口头描述，还用相机记录女孩们找到的一些突出问题。相应地，他们在展示中摆出了很多照片，用来举例说明河道被改造成沟渠的地方与自然状态之间的差异。他们在野外开展的工作则主要以口述方式介绍。接下来的一段说明就是她呈现其研究结果中相关信息的典例，参见图 7.1。

> 沟渠里没有鱼，只有小虫子，一条鱼也没有。而在世纪公园的河段里，仍可见切喉鳟和刺鱼的踪迹，那里的水也要干净许多。因为那条沟渠靠近公路，开车经过的人们或路过的行人都会往里面扔垃圾，所以我们（在那）看到更多垃圾，比如说我们找到了汽水罐、麦当劳的汽水杯、薯条盒之类的。

公开日的一个重点在于，学生们得以与各年龄层的观众进行互动。七年级学生和比他们更小的孩子们之间的互动就跟他们与成年观众互动时一样投入。在每个情景中，科学素养常常会以出人意料的方式出现。克里斯（Chris）在平时的课堂上很少跟同学交流，因此其他人都觉得他是一个"电脑呆子"，老师也觉得很难让克里斯参与 *170* 完成任务或发挥他的潜能。但是，克里斯在科学领域一马当先，还用自己和其他同学的照片与文字建了一个网站。

在开放日活动上，克里斯参与了许多互动情景，科学素养也在其中变得具体可感。正是在互动中，也通过互动这种方式，接下来一段对话中的成年人才学会正确使用立体显微镜观察异脚类生物，而不是错看成蚊子的幼虫。

成人：这儿有昆虫吗？

克里斯：有。但是不要移动它（显微镜下面的玻片），因为我已经对好焦了。

成人：（走近显微镜）你对好焦了？

克里斯：是的。（此时成人只从两镜头显微镜中的一个镜头往下看）你可以两只眼睛一起看，那样更清楚。

成人：这些小东西是啥？是蚊子的幼虫吗？

克里斯：不，这里没有蚊子的幼虫。

成人：你瞧瞧，那些小东西是啥？（指向镜头）

克里斯：哦，这些在游来游去的是异脚类生物，它们喜欢绕着边游走，很有规律的。

成人：这样，那些鳟鱼主要吃什么？

克里斯：这个嘛，让我想想。

成人：[看向展示的其他图片（类似图7.4左），并指向其中一个]噢，这就是苍蝇幼虫的样子，谢谢你啊。

这段采访记录展示了两人间的动态互动过程，可以看到克里斯如何大大促成了科学素养的发生，而不是一般人那种对科学的无知。在这个情景中，克里斯积极参与社区活动，协助其他人学习，从而把在学校语境里产生的知识和成果带入社区。一开始，只有克里斯是对河流及里的动物更为熟悉的。随后，成人也逐渐了解学生的工作，而且也学会分辨不同生物体。在这个互动中，成人发现，学生并没有在河流里找到他以为存在的蚊子幼虫。通过这次发现，七年级学生发现的一个小事实带回了给了社区。

在另一个情境中，乔迪（Jodie）跟亨德森河项目的联合发起人之一、在第3章出现的米勒斯·马吉（Miles Magee）进行互动。乔迪个

知道的是,米勒斯还是住在当地社区的一位政治科学家,致力于帮助
当地人民提高自主性,改善社区的环境条件。米勒斯对学生们的调
171 查结果很感兴趣,并跟其中几个成员有所交流。有一次,他询问乔迪
关于展览上出现的色度计的问题,这种仪表跟那些暑期勤工俭学的
学生开展水质测量与评估时用到的仪器相同(见第 2 章)。他们的互
动产出了这一特定仪表而它的使用方法也应运而生。

　　　　米勒斯:这是什么?

　　　　乔迪:一支色度计,它用来测量河水的清澈程度。

　　　　米勒斯:哇,色度计?

　　　　乔迪:你把这里的清水倒进杯里,然后看这里,(把水倒进
　　　仪器,然后按下几个按键)校准,相当于初始水平。然后,你换下
　　　这个杯子(拿出另一个瓶子),把河里取来的水倒进去。(把样本
　　　盖上)现在分析这个样本。然后你就会看到水里的漂浮物都是
　　　什么。

　　　　米勒斯:超出量程了,这是什么意思?

　　　　乔迪:(按下几个按键。)

　　　　米勒斯:哦,就是说污染程度超出范围了,我懂了。

　　　　乔迪:我得先重新校准一下。(校准)然后我把河水拿过来
　　　(把装有河水的瓶子放进仪器,按下按键)。

　　　　米勒斯:哦,我懂了,挺简单的嘛。

　　这个互动并没有导致无所不知的成人(专家)和孩子之间的对
立,没有哪一方轻视另一方。相反,米勒斯和乔迪的对话体现的是,
双方在互动过程中寻求真理,解释说明了该仪器的工作原理。在这

种辩证的冲突中,在寻求信息、得出答案并完成演示的过程中,科学和技术素养得以体现。

"成功"的"度量标准"

在社区里开展科学活动会带来评估上的难题,当任务方向被非西方的社会取向所取代时更是困难。举个例子,一组奥地利的学生认为学校里的正式评定低估了他们完成的环境工作的价值。而他们自己的评估标准是以现实生活里的评价标准(而非学校)为基础的,因为那是他们跟社区成员打交道时面临的情况。开放日学生、活动家和社区成员之间的互动不仅促进了科学素养的产生,也证明了这些孩子开展活动的合理性。在环保人士看来,孩子们为开放日的成功做出了巨大贡献,为活动提供了展示内容,孩子们作为一个促进因素,他们的出现带动了许多父母、亲戚也参与其中。因此,环保人士们认识到七年级学生的贡献,学生们的活动合情合理,跟他们曾在(前文引用的)报纸文章上呼吁的一致。学生们的调查结果也登在了电子刊物和社区报纸文章上。

(欧申赛德中学)调研的目标是查明三个不同地点水底的无脊椎动物社区的健康状况,向社区提供有关亨德森河健康的信息,为(欧申赛德)中学的学生展开生态调查提供重点,亲手接触河流生态系统。初始数据大概可以说明,世纪公园往下一点的试验点……是最健康的。我们还需要进一步调研,拿到比现在更多的定量收集数据。总的来说,调研非常成功,因为学校的孩子和他们的父母都从中学到很多知识、得到很多经验。这次调研活动也为各地点水底的无脊椎动物社区的健康状况提供了大致说明。整个班级还参与了四月份的亨德森河开放日活动,他们为自己在亨德森河开展的工作建了一个网站。（欧申赛德）中学的其他班级乃至其他学校的学生也热切希望在亨德森河周边地区制订类似活动或方案。

说到亨德森河流-肯纳斯流域项目，相关人士（米根·麦克唐纳）表示，改变现状的只能是人类……开放日上将有几个展览，展览包括……（欧申赛德）中学的七年级学生在亨德森河进行的无脊椎动物研究……"我们希望看到的，是社区成员理解并接受健康水域的概念，然后承担起责任。"周日，她在亨德森河的岸上这样表示并补充道，在过去几年里，水质变差，当地河流栖息地的减少也严重影响了鳟鱼的种类、数量和大小……过去两个月里，（麦克唐纳）她跟（欧申赛德）中学学生合作，热切希望辨认并弄清楚半岛上不同地点的无脊椎动物生存情况，这也是水质评估的另一个指标。研究早期结果表明，欧申赛德公园往下的河段水质情况最好。

这些出版物着重指出孩子们的工作对于亨德森河流域环境健康项目做出的贡献，也进一步强调了活动本身的合理性。从"合理周边参与"的角度来思考，孩子们的贡献远非微不足道，而且大大丰富了社区成员对环境健康的知识和学习方法。

173　在孩子们的经历中，他们在社区中的活动、与社区成员发生的互动占据了一个重要地位。当他们被问及自己干了什么、学到什么时，许多孩子不由自主地讨论起来，并写下社区与自己开展的活动之间的关系。

我很努力地画地图和开展工作。在这个过程中，我学到怎

么进行现场考察，怎么在河流取样、测量水温和流速。我也跟社
区成员合作做了一些活动，这让我学会怎么跟人合作、怎么在社
区里工作。我发现，自从我们那篇亨德森河的文章发表在……
新闻评论（News Review）上，公众也开始认识到河流的问题了。
（萨莉）

在亨德森河小组里，我参与并帮忙的工作包括：参与构建
河流模型，在戴维、布兰登的帮助下录入并打印各地点的说明，
最后由史蒂夫帮忙剪下来。我在文化中心工作。我从中了解到
有关河流的具体问题，也学会了怎么跟公众（社区）合作。我了
解了其他人对亨德森河的了解程度。比如欧申赛德市长赫尔伯
特先生，他就了解得比较多。然后就是，怎么有成效地、充满乐
趣地跟朋友合作，还有怎样使用一些特别的仪器，比如"D"网、显
微镜、色度计以及其他各种各样的仪器。（乔迪）

萨莉注意到，以上提到的报纸文章让社区成员（"公众"，其中包
括老师）了解以前甚至从未注意到的河流。萨莉的意见或许意味着，
她（和她的同伴）之所以能在公众论坛上得到认可，成为公共社区生
活的正当参与者并从中得到满足感，报纸文章功不可没。杰米的评
论也说明了他对现有知识的认识日益加深，也为自己能够参与使用
科学仪器而表示骄傲。

预备学科之外：科学教育作为以社区为导向的实践活动

传统科学教育的一个核心谬论在于，它强调把实验室科学作为
检验标准用来跟科学教育与学习过程作比。这样的方法教会学生用
科学眼光看世界，而不是建立自己的世界观，它鼓励学生循规蹈矩，

而不是独立自主。大部分社区和卫生积极分子展开的研究结果表明，其他求知和参与社会的方式才有助于解决迫切问题。也就是说，正是通过与艾滋病宣传人士互动以及后者做出的贡献，试验新药、双盲治疗控制研究等传统科学实验方案才能被新的、以前不被接受的药物测试方式所取代。

174   **从学校为本到社区为本的科学**

在本章介绍了学生们如何根据他们的个人兴趣继续开展研究，利用那些最能满足他们自己（知识、动机上的）需求的工具，产生大量不同的展示河流与流域健康状况的形式。我们的系统视角关注不同活动系统中的动机、客体、工具与主体，研究结果重点表明，一些日常的校外活动与学生构建关于河流健康的知识所做的课外活动之间存在相似性。孩子们对开放日活动做出贡献，尽职尽责地在当地报纸上报导、展示自己的调查结果，成为（成人为主的）社区社会生活的正当参与者。反过来，社区成员——包括活动人士、生物学家、原住民老人、同伴、教练、老师、父母以及我们自己——参与了孩子们的活动，促成科学素养作为集体活动系统的产出得以出现。

我们在中学的研究工作显示，孩子们能够出于与成人类似的动机参与活动，他们也能以多种方式跟老师以外的成人对话。因此，这些对话打破了传统学校教学模式的桎梏，使得终生参与此类活动、终生学习成为可能，而不会出现正规学校教学与生活其他方面之间的断层。如果说学校科学和环境保护背后的动机、管理工作和志愿者精神具有相似之处，那么基于工具、规则、劳动分工和社区的性质，我们就可预计，个人（主体）的人生沿着各自轨道前行，不一定出现其他转型可能带来的断层。参与活动的孩子们向社区贡献知识，在成长为青少年乃至成人后还能继续参与和环境保护有关的活动。这种转变的可能性清楚地表明,不同情形下的组织都能鼓励学生或非学生参与其中。比如说,我们在学校开展的研究工作表明,初中生和高中生都开展了关于科学博览会的调查。作为他们职业生涯准备的一部分,一些本地的高中生选择参与"护河卫士"项目,该项目向任何个人、团体开放,旨在促进生态系统的恢复与修复。某年夏天,来自全国各地的三个年轻人团体通力合作,参与亨德森河项目、改善流域环境条件,先是清除本土植物,清理出 11 000 平方米的区域修建池塘、恢复湿地,以改善当地水质。高中生和大学生参与了数据收集,这也是他们受资助的暑期工作项目的环节之一。当地大学的硕士生也是主要的参与人,他们开展社区调查,产出多层次的(地理信息系统)展示成果,其中包括一张地图,上面注明了地被(植被)、地表地质、土壤、蓄水层、地质学、土地用途信息(住房、区划、地籍)等信息。

175

把科学教育重新定义为公民科学,其中包括参与社区的政治生活,把科学素养重新定义为集体实践的过程与结果,这样做可能带来相当大的政治后果。因此,当学生们不仅阐述关于环境污染的事实,还直接点名公开其中涉及的个人、团体和公司,公众(的态度)就开始发生改变。比如说,其中一位中学生格雷姆(Graeme)没有直接参与,但是他对项目很感兴趣,于是他研究了一种生物污染物大肠杆菌的数量在河流不同的河段。在我们的研究团队的帮助下,他联系了一些大学实验室,得以分析他在不同河段取得的水样。他不仅在学校、在当地的科学展览上展示了自己的成果,也参加了亨德森河项目组织的开放日活动。他的报告具体指出了几个污染严重的地方,并点名指出那些大大增加了污染物浓度的农场。

这里是鸡场。这里(大肠杆菌数量为 375)显示,由于试验地上游为农业用地，因此水里有大量大肠杆菌。但是，你不能在这里做测试。在杰弗里农场，我发现大肠杆菌的浓度是500/ml，远高于正常值，远高于河水流入格莱姆河口时的浓度。所以我想，格莱姆河口和杰弗里农场之间，有大量大肠杆菌进入河道，才导致这么高的浓度。

格雷姆的总结得出，鸡场和杰弗里农场是大肠杆菌数量增加的罪魁祸首。我们无从得知农场主们对这一调查结果是否表示反对（我们不确定格雷姆口中的"你不能在这里做测试"具体是什么意思），但是可以明确的是，孩子们对于社区知识做出了贡献，也潜在地对农场主、工厂主们改变现行做法施加了政治压力。格雷姆的研究成为政治斗争的一部分，推动改变了曾经给亨德森河带来污染的一些社区农作实践。格雷姆在社区事务中的参与也说明，年轻公民有巨大潜力为社区做贡献，具有政治甚至经济上的意义。一位叫雅克·的索特尔的同事（Jacques D'esautel）告诉我们，魁北克也有几位教七年级学生（十六七岁）的科学老师，他们也给河流和小溪取样，界定它们的污染水平并公布污染源，让学生慢慢习得关于繁殖、遗传学和卫生方面的专业知识与技能，然后给年轻的女性（母亲）宣讲，因为节育和生殖健康跟她们息息相关。再次强调，这些是学生们开展的政治行动，已经促进了社会的良性发展。

除了直接参与，部分科学教育者还提出以学校为单位开展模拟活动，比如共识项目模型，旨在给学生提供经验、知识、技能和看法，让他们有能力在新兴的社会科学议题上与科学家合作交流。这类项目十分值得称道，因为它的出发点不是某个科学议题，而是一些富有争议、属于现实生活的社会科学问题。此外，这个模型强调了寻找集体解决方法的重要性，强调了科学对于解决争议性问题的潜在贡献。但是，我们认为这种方法也存在两个主要问题。第一，在学校教室里实行共识项目，将加剧学校与日常生活的分离。共识项目的过程和结果也会以学校的目标作为评定标准，而不是它们对社区生活的贡献。学生不得不扮演科学家、环保人士的角色，或是在模拟活动中饰演当地居民，而不是更广泛地参与社区生活。第二，这样的模型假定了学生在学校的模拟活动中学到的知识可以转移到日常的知识体系中，而这个假设恰恰十分值得质疑。

人们往往期待老师把学校科学和日常生活结合起来，或是帮助学生达成这一目标。然而，在帮助学生结合两者的过程中，老师会碰到很多问题。即使这种结合已经存在（比如在模拟的问题情境中），问题的解决过程依然可能是相互割裂的。在正规学术话语与日常生活之间建立桥梁依然困难重重，因为课内与课外活动之间依然存在鸿沟。教育者不应追求建立两者之间的联系，而应直接让学生走进现实生活。如果学生活动就是日常课外活动的一部分，那就再无鸿沟可言。也就是说，新式科学教育超越了传统科学作为预备学科的定位，而是力图让学生为更高级别的学习和校园以外的生活做好准备，同时给学生提供机会，参与日常的（相关）活动，参与建设社区、塑造个人身份。其中的重点在于参与解决日常的争议性话题并做出贡献，而不是在人工模拟的鸿沟之间建立桥梁。

基于我们对于社区内科学的研究，我们提出另一种接触科学与科学教育的新方式，这种方式承认科学存在局限性，但这不等于低估科学探索的价值。真正认识科学的本质，认识科学可在社区内得以实践，我们便可开阔眼界，丰富对于科学的认识，将科学视为一种充满创造力或者想象力的活动，摆出相互认同的证据，把真诚、真实作为原则。这样,我们也能看到权力、知识和地位的作用,懂得边缘与中心之间的动态变化。这种方式让团体和社区成员能够在科学知识和其他形式的知识之间制订不同的关系,其中包括不同形式的情境学习(比如传统的、相互关联的形式)。我们不应优待科学训练,而应构筑情境,让顺应特定(争议性)问题的不同形式的知识之间相互作用,让其在社区的日常生活中自然出现。

在以社区为基础的活动中学习

"情境认知"相关研究大体上指出,校内知识和日常实践几乎没有任何联系。比如说,日常生活中用到的数学能力往往与学生在数学课堂上接触的知识无关,在学生接触到的知识数量与内容上都是如此。因此,出现这种情况不应令人意外,即对许多学生来说,学校里教的知识——相当于用来交换分数、升入高年级的商品,并不能令人心服口服。[①]用更好的方式教授一小部分关键的科学概念和理论,往往与日常的知识体系和常识存在冲突,但也无法明显地改变现状。而当学生开始参与"公民科学"时,他们就进入到多元关系中,从而在社区里实践科学。这是一种更好的科学教育,因为它能让学生更熟悉科学实践,让学生参与真正用到科学的大量关系中。系统视角是一种清晰构建学习情境的好方式,因为它以历史和变化为构筑基础和考虑因素。

我们认为知识和学习存在于一定文化与历史背景中,属于集体活动,涵盖了权力、知识和边缘中心的不同维度。通过注意个人和他人在不断变化的社会实践中如何改变参与形式,我们便能看出其中

178

[①] 有些人认为,即使所有的学生都学习了科学概念,他们也不会以对社会负责的方式自觉运用科学;没有证据表明受过训练的科学家会这么做。此外,它并没有改变通常与在学校表现良好相关的社会代价,在那里,不遵守中产阶级价值观和内在模式往往导致抗拒和随后的失败。

的学习过程。这可在他们与社区中其他人之间建立的特别的关系中辨别出来。由于互动和参与不可视为个人为了稳定环境而采取的行动总和,我们便也不能将学习理解为个人身上发生的事情。应该说,如果学习诞生于一定情境、存在于广大人群中,教育者就需着重培养多变灵活的参与形式,即培养集体创造社会活动新形式的能力。因此,我们对参与形式尤其感兴趣,因为参与形式与课外经历相关,有促进终生学习的潜力,不再割裂正规与非正规的学习环境。

　　参与社区生活能够为改变参与形式提供机会,即产生多种多样的学习形式。这类机会来自参与集体活动,而集体活动高于个人层面的活动。因此,参与集体活动意味着能够达到高于个人行为的水平。参与超出个人能力范围的活动也带来了学习的机会。个人可以自己完成的不同水平之间的差异被称为"最近发展区"。我们的工作促使我们重新思考"最近发展区"这一概念,因为它还关乎对话互动及其中的科学素养。我们认为,在所有关系中,主体-客体关系受到社会影响。具体的个人行动是社会一般行动的子集。"最近发展区"描述的是日常个人行动和历史上集体创造的新型社会活动之间的差异。也就是说,我们的学生所参与的不同对话(如开放日或公共会议)构成了"最近发展区",在集体层面产生并发展科学素养。无论是中学生、高中生还是在社区进行暑期工作的学生,他们都参与这些对话中。当他们继续升入不同年级、在社区工作或作为外行人在地方、国家乃至全球层面(如参与绿色和平或无国界医生等组织)参与讨论各类环境议题,这种参与就得以延续,避免断层。

　　在此处概述的途径中,学生们的科学知识和科学素养作为实践运用与成果,组成了具有生命力的课程。学习不是为了升入更高年级(科学是入门学科),科学不再作为预备性学科;学生能够积极参与社区的社会生活,丰富了关于当地河流健康的可用知识库。对这些学生来说,科学是一门富有生命活力的课程,正如保罗·德哈特·赫德曾形容的那样,学生们"感到自己参与掌控自己的个人发展,认识到他们可以运用所学知识。这种在科学课程开发上的风险让我们认可了科学的社会化,认识到科学是如何影响我们的文化、我们的生活和我们的民主历程。"①有生命活力的科学课程需要集体努力,不只跟科学有关,也跟社会科学、人文、伦理学、法律和政治科学的学科知识相关。然而,采用跨学科的方法,在认识论层面上把所有学科放在平等位置而不是把科学放在特殊位置上,这不一定导致科学教育的改革。赫德继续列举了一些每个个体需要掌握的具体的社交、认知和个人概念。我们不同意这种看法,因为它跟我们推动真正民主教育形式的承诺背道而驰(不是服务于资本家利益的意义上),这样教育形式允许个别成员发展对突出问题的表达。

---

① Hurd, "Scientific Literacy," 411.

第 8 章 危险的教育：把科学作为实现社会正义的手段与环境

沙古夫塔(Shagufta)在这个黑暗安静的房间里环顾四周，仿佛是在确保没有其他人偷听，然后她转向我们，开始述说她成为老师的故事。她的讲述夹杂着乌尔都语和英语，并且声音很小。她语速很快，还特意提到了自己从小家境贫寒、在巴基斯坦的市区长大的事。由于家庭贫困，也没有任何的社会捐赠能供她上高中，于是她报了夜间进修课程，成为一名老师。当其他老师和学生在房间外面的走廊上经过时，她会暂停叙述，然后再继续述说夜间课程让她遭到社区的排斥，还被叫作"夜里的女人"的事。

沙古夫塔今年二十三岁，未婚，父母都是穷困的工薪族。她是极少数能从贫穷的工薪家庭(进)入专业或半专业性职位的巴基斯坦女性之一。我们将在本章后面的内容里做详细介绍，沙古夫塔为了得到这份教职，曾有过一段孤单又艰苦的经历。但是她相信，这段经历对她自己和她的社区来说都具有重要意义，她觉得自己有责任帮助祖国的其他贫穷孩子接受教育，从而挑战并改变塑造他们生活的社会与经济标准。完成教师培训课程后，沙古夫塔就开始了她的全职教书生涯——在一个贫穷的社区里教五年级的学生。沙古夫塔非常珍惜这份教师工作,她觉得自己有义务——实际上是一种道德义务,来帮助其他工薪阶层和那些沦为孤儿或家境贫穷的孩子,教他们用知识来摆脱贫困。但是,她也相信,无论最终他们能否脱贫,她都必须帮助自己的学生改善生活(改变困住了他们生活的其他条件)。学校要求沙古夫塔帮学生备战全国统一考试,虽说这的确决定了他们能否升入高中,但是由于许多人会在升入初三之前就中途辍学,因此大部分人根本不会接触到这场考试。因此,沙古夫塔心里有一个更远大的教学目标。她一边遵循国家的教学大纲授课,另一边却着重强调健康问题、环境问题和培养学生的读写能力。她开展教学活动的核心是:鼓励学生对这类问题进行批判思考,并针对出现的问题积极采取行动。

本章开头,我们简要介绍了沙古夫塔的从教经历,这使我们思考,如果社区里科学素养的形式只是字面上的生死问题,那么社区里的科学教育的目的和目标又该是什么。沙古夫塔的学生过着贫穷的生活,因此不能把科学课堂纯粹作为获取知识的地方。不过,正如沙古夫塔讲述的全国统一考试的故事表明,科学课堂也不可能实现其他功能。对穷学生来说,这就是他们的第二十二条军规。

对于那些住在避难所的美国儿童,和住在亨德森河流域的农民和原住民来说,科学带有很强的政治属性,因为科学不仅让我们投身到相应的话题中(虽然这只是政策制定者们的说法),而且还需要我们努力改变使人们陷入贫穷、沦为社会边缘群体的权力关系。在第4章和第5章,我们研究了权力关系、科学和个体是如何被自发参与科学实践的年轻人所改变的。在第6章和第7章,我们看到七年级学生通过研究河流和在环保人士组织的为期两天的开放日活动中,向公众汇报研究结果的方式来参与社区活动,并做出贡献。在格雷姆的例子中,在那些无家可归的城市年轻人自发建设社区公园的案例中，我们看到了年轻人的参与他们成为了政治行动的主要人物。这类行为将深刻影响我们教育这些年轻人的方式方法。在本章，我们将研究一种关乎科学教育的激进政治立场，并阐述为何这种危险的立场是师生们的必然选择。

危险的教学

德里克·霍德森（Derek Hodson）提出，科学教育必须放在社会政治的框架中，这样科学教育从业者才能成功建设具有批判性的、科学的、有文化底蕴的、公正合理的社会。[①] 搭建这一框架的重点在于，要把科学教育视为政治行动来实践。也就是说，除了城市青年把废弃停车场改造成公园、学生们调研河流并在环保活动上汇报结果等，算作参与了和科学以及权利知识相关的政治行动，而且他们的老师也是在参与政治行动。科学教育必须让年轻人认识到生活中社会文化与科学层面之间的联系，必须给年轻人提供机会，让他们在真实的社会环境中参与科学实践：

183

> 那些把忧虑转化为行动的人，对问题（及其对人、对环境的影响）有着深刻的个人理解，并在处理、解决相关问题时能投入自我。那些采取行动的人认为自己有能力带来变化、有可能促成改变，也知道具体该怎么做。学校的科学课程必须以更明显公开的方式促进这种转型的发生。学生们只认识科学技术受到社会、政治和经济力量的影响还不够，还需要学会如何参与并真正经历参与过程。仅仅让学生们纸上谈兵是不够的！我想说的

---

① Derek Hodson, "Going beyond Cultural Pluralism: Science Education for Sociopolitical Action," *Science Education*, vol. 83, no. 5(1999),775 - 796.

是,要想培养具有批判精神的科学素养,教育就必须同时推广政治素养,并且把教育视为社会重建的方法。①

　　在科学教育领域,很少有研究者撰文评论在学校课堂上传授批判性科学素养结果的好坏,在学校课堂上,学习科学也是一种旨在推动社会变化的政治行动。但是,大体上看,现有报告指出,其中的难度是带来一系列复杂问题,尤其是当教学目标在学校的规范教育与促进社区赋权和转型之间发生冲突时,学生、行政人员或父母就会抵制。② 在停车场改造项目中,我们看到让"外人"参与到话语中来,更有利于广开言路,寻求公正与真实。

　　玛格丽·奥斯本(Margery Osborne)是一名研究少儿基础科学的教师研究员,她用"危险的教学"来形容把科学教育当作政治行动来实践的后果,因为这类实践往往会让师生陷入迷茫:

　　　　我用"危险"一词来形容我在开展这类教学活动时的感受……实际上,要开展"解放的"或"民主的"教育,就必须维持目标和多种表示形式之间的紧张关系。如果这类教育的定义在于

① Ibid. ,789.

② 一些优秀的案例可参见: Margery Osborne, "Responsive Science Pedagogy in a Democracy: Dangerous Teaching," *Theory into Practice*, vol. 37, no 4(1998),289 - 296; Kenneth Tobin, Gale Seiler, and Ed Walls, "Reproduction of Social Class in the Teaching and Learning of Science in Urban High Schools," *Research in Science Education*, vol. 29, no. 2(1998),171 - 187; Lorie Hammond. "Notes from California: An Anthropological Approach to Urban Science Education for Language Minority Families, "Journal of Research in Science Teaching, Vol. 38, No. 10 (2001),983 - 999,2001; Gale Seiler, "Reversing the 'Standard' direction: Science Emerging from the Lives of African American Students," *Journal of Research in Science Teaching*, vol. 38, no. 9(2001),1000 - 1015.

让个人、团体得以发展，社会重建成为可能，民主教育的本质就会变得危险，因为教育需要构筑空间，而这个过程就可能让差异成为对立。在一种紧张的状态中维持目标，充满危机感，这些都由老师来承受，也决定了教师在这样的课堂上该扮演的角色……我认为，为了实现我的目标，我必须维持这种冲突，制造这些矛盾。在我的课堂上，我无法缓和或压制矛盾。[1]

若科学改革文件只能就课程必须覆盖的内容、过程技能和思维习惯给予指导，教师（或学生、父母和教师培训人员）该从何得知，当学生（与教师）的余生也成为科学的一部分时，他该如何应对？当科学教育不再单一地围绕内容与技能的理解来建构，而是容纳多种形式，使个人的理解能与世间事物的存在形式相交，困难的新领域便现于人前。玛格丽·奥斯本告诉我们，孩子、年轻人和老师利用规律的科学环境，不只是在构建科学理解，更是在发挥创造力建构他们自己，包括他们的声音、信念、目标和行动方式，不受已建立的或所谓"正确"的科学思考方式所限。他们看到其他人人云亦云，而自己跟他们不同；他们学到了某一科目的精髓；最后，他们把自己置于理论要义与更广阔的社会联系之间。也就是说，正如我们在前两章里提到的，学生不仅能产出物质成果和丰富知识，同时还能塑造个人身份。把一个人的身份放在社会环境中，意味着需要对自我与社会进行批判。这一领域难以驾驭，因为它依赖未知，即孩子生活体验的完全复杂的集合（不只是那些跟科学紧密相连的部分），这是教师往往无法提前准备的。类似地，它还把自我批判和社会批判视为一种让构建科学与构建自我

---

① Osborne, "Responsive Science Pedagogy," 290.

（身份）并驾齐驱的方法，这个过程有助于缓和个人主观感受与科学的政治本质之间的冲突。在危险教育中，教育环境中的大量参与者间弥漫着紧张气氛，包括学生、父母、教师、行政人员、学校、课程、标准化测试、地方及国家级社区、用于实践不同学科研究的试验社区等。

不过，沙古夫塔认为危险教育势在必行，因为她的学生和他们社区的人的生活和世界正岌岌可危。事实上，把科学教育视为一种政治努力，这种想法本身就是危险的——对老师和学生来说，要构建一种新型的合作和相互理解的方式。对社区和学校来说，他们将不得不和那些有权用科学去追求更多美好的老师和年轻人打交道。对政策制定者和教育界领导来说，他们可能被问到各种问题，比如如何证明期末测试比社区改造项目更重要。

我们在本章开头就简单地讨论了关于把科学教育作为政治行动来加以实践的举措，既是一个开始打造更公正社会的机会，也是一种危险的行为。因为机会与危机之间的冲突十分明显地构成了沙古夫塔和她的两位同事（哈丽玛和法伊扎夫人）的经历。事实上，我们在巴基斯坦市区针对老师们做的研究显示，把改造社区和核心工作赋权给城市贫穷青年是可能实现的。她们的经历也表明，挑战女性工作的政治规范（如把教师视为传统的保卫者）、挑战城市贫穷青年的社会位置［被动地接受不宜居的条件，从而维持主导（中产）文化的霸权地位］有其危险性。不过，我们针对教师所做的研究还表明，这种实践的风险绝大部分落在了这些女性的肩上。把科学教育作为政治行动，超出了学校的界限，从而科学实践横跨了不同人群、不同环境——如本书许多章节所述，这既要求学生走进社区，也需要社区的参与。这种教学立场蕴含了她们所参与危险工作的一个实际因素，虽然研究中的三位女性都认为自己是有义务这么做，但是采取这样激进的政治立场会使她们在学校、社区乃至社会上都陷入危险。我们从这些老师身上得到了许多启发：她们把科学教育塑造成政治行为，并在自己所处的社会、文化和政治环境中进行协商谈判的努力。

学习三位身处险境的女性的人生

本章所讲述的三位老师均在东巴基斯坦的同一片城区任教。其中一位老师就职的学校专门接收家境贫穷的学生，课程设置整休上侧重人权与学生生活；一位老师是同属一个贫民慈善学校系统的女校长；第三位老师任教的学校因其开明和变革的倾向而未能得到国家政府的认可。三位老师均为女性，母语分别为旁遮普语和乌尔都语，投身教育也是出于同一理由：教育行业是接纳她们这个社会阶级女性的少数职业之一。她们相信自己能够给社区带来改变，因为老师的身份能够起到关键作用。其中一位老师出身贫寒，另外两位则来自不算十分贫困的工薪家庭，教龄从两年到十年、年龄从二十出头到四十多岁不等。

186

1999 年到 2001 年期间，我们用一种叙述个人经历的方法逐渐了解三位老师。我们选择这一方法主要有以下几个重要原因，在叙事中了解自我（并且这种方法能帮助我们理解个人知识、信仰与过往经验的本质和意义）是十分重要的，因为每个人都是通过叙述的形式来使别人理解他们。① 叙述个人经历的方式也让我们明白了信仰、知识

---

① 参见 Kathleen Casey, *I Answer with My Life: Life Histories of Women Teachers Working for Social Change*(New York: Routledge,1993); Jean D. Clandinin and F. Michael Connelly, *Narrative Inquiry: Experience and Story in Qualitative Research* (San Francisco: Jossey-Bass Publishers, 2000); Corey Drake, James P. Spillane and Kimberly Hufferd-Ackles, "Storied Identities: Teacher Learning and Subject-Matter Context," *Journal of Curriculum Studies*, vol. 33, no. 1(2001), 1 - 24.

和经验是相互联系和互相关联的系统,而并非割裂的碎片。这种系统化视角有助于他们更精确地展现个人构建、维持、评估和改变对自己的理解以及对所处环境的认识。最后,科学教育的叙述中融入了老师的知识、信念和过去的经验,也形成了老师向城里的贫困儿童传授科学知识的方式。

收集这三位杰出女性的故事激发了我们的思考,这也是个具有挑战性的经历,我们努力更好地理解三位老师的人生,她们以科学、教育、赋权之名,与学生、社区开展怎样的互动,以及她们为什么认为自己有义务参加这样危险的活动。从研究角度来看,这也是一次考验能力的经历,因为我们需要找到不同语言和文化之间最好的交流沟通的方式,也需要在一个社会关系与政治行动监管森严并且与美国(安吉为美国公民)政治关系紧张的国家里设法接触社区里的老师。虽然我们已特意组建了一个多元化的研究团队,但我们仍努力地克服工作中的种种障碍。我们的团队成员有:一位白人女性,她是美国大学的研究员,也是一名教师培训员,粗懂乌尔都语(安吉);一位尼泊尔籍男性,他在美国攻读博士,精通乌尔都语(巴斯卡尔);还有一位巴基斯坦女性(鲁比纳),她是巴基斯坦的一名专业教师培训师,乌尔都语水平流利,旁遮普语稍逊。虽然安吉和巴斯卡尔都不是巴基斯坦人,但是她们对当地风土人情都相当熟悉,因为他们过去都曾研究和走访过巴基斯坦。尽管我们认为,我们在研究中与这些女性已经建立了积极互信的关系,但我们也明白,有时候那些已成惯例的权力关系是很难克服的。有时候,跟安吉的对话受到语言和文化的阻碍——虽然参与研究的所有老师均以英语为第二语言(这是巴基斯坦规定的科学课程的授课语言），但有时候其中一位老师仍会认为用乌尔都语或旁遮普语交流自己的经验和想法要更容易。此外，安吉代表着一个富裕的国家（美国），而美国在我们的研究期间对巴基斯坦进行了严厉的制裁（巴基斯坦国内普遍认为那些制裁是不公且霸道的）。鲁比纳虽然是巴基斯坦人，与参与研究的其他女性有着许多共同的风俗习惯，但她来自的社会阶层相比三位老师要具有更大的支配与控制权。鲁比纳也是一名教师培训师，她给我们研究中的一些老师提供了支持和指导。巴斯卡尔来自巴基斯坦的邻国，会讲流利的乌尔都语，但由于他是男性，因此在一些事情上女性教师不愿意跟他分享。为了建立信任，在实际情况中恰当处理这些差异，我们花时间跟这些老师待在一起，跟她们分别独处，分享并述说我们的经历，从而做到相互理解。我们相信，差异和不同能让我们以不同的角度去看待并理解这些老师的故事，从而强化我们对那些故事的分析。

法伊扎夫人：打造社区与学校

创办学校：跟社区建立关系

法伊扎夫人四十多岁，是一所孤儿慈善学校的校长。在巴基斯坦市区，学校之间自有一套等级制度，从上到下分别是私立精英学校、政府公办学校、非政府组织（NGO）运营的学校、其他私立学校和慈善学校。顾名思义，慈善学校本质上是福利机构，主要依靠巴基斯坦 NGO 机构、个人慈善捐赠和国外非营利机构的支持。慈善学校普遍具有良好的公众形象，因为它们往往是贫民社区里的孩子唯一能上的学校。虽然政府也在贫民社区设立学校，但是那些机构的学费

188   往往远超大部分严重贫困家庭的承受能力。① 法伊扎夫人的学校现
有约两百名住在同一个孤儿村里的学生,另有一百多名学生住在邻
近的社区。她的学校只对非常贫困家庭开放,这些家庭必须出示从
地方法官处得到的宣誓书,以此证明他们的收入低于学校设定的门
槛。要求出示宣誓书的理由是,她需要确保有钱的家庭不会占用学
校资源,同时也让父母表明他们支持孩子接受教育的决心。法伊扎
夫人认为,拿到宣誓书能够证明他们的动机。但是,她也给出了例
外:如果她知道一些孩子确实家境极其贫寒,父母甚至没有财力资
源或文化资本去获得那份宣誓书,她也会容许这些孩子来上学。

图 8.1 法伊扎夫人(中)、安吉(左)与巴斯卡尔(右)

① 根据国家法律,公立学校是免费的,因为它们不收学费。然而,还有许多与学校教育的相关费
用让一些人上不起学校,比如出勤费、书本费、实验费、注册费等。此外,在一些极度贫困的社
区,学校像鬼一般的存在,也就是这些学校只是存在纸面上,政府资金被转交给经营学校的个
人,实质上这些钱被分配给个人所有,因为学校实际根本不存在。

法伊扎夫人(图 8.1)自 1996 年学校创立以来一直出任校长的职位。学校创立之初,法伊扎夫人到家家户户走访,向居民介绍她的学校。学校所在社区的一些人以及她所在社区的街坊邻里(她不住在学校所在的社区)都认为,她这么做是疯了,因为那个街区一向声名狼藉。但是,法伊扎夫人觉得冒这些风险都是值得的。事实上,她提到大部分父母(住在学校附近且孩子在她的学校上学的)会走路送孩子上学,因为这片区域不太安全。她对这种情况感到既遗憾又无奈,但是她相信,学校能够帮助提高所在区域的安全性。

最初,法伊扎夫人必须努力寻找合适的方式与社区建立更强的联系。她把学校视为社区集合的一个场所,让居民可以共同学习、解决社区的需求。但是,法伊扎夫人也觉得左右为难。首先,社区居民不相信她和她的学校能够公正地响应他们的需求。街区里的每一户人家都害怕学校,因为它可能代表着凌驾于居民之上的权力。此外,由于学校本身为孤儿学校,法伊扎夫人担心,一些社区居民可能不希望跟这样的学校扯上关系。学校把孤儿集中到一个资源本就短缺的社区里,因此法伊扎夫人认为,自己需要一步一步地取得大家的信任。她希望社区各个家庭认识到,她渴望得到大家的信任,不是为了对他们颐指气使或者决定社区未来的发展方向,而是为了更好地回应大家的需求。为了达到这一目标,法伊扎夫人不断努力:组织活动让父母来参观学校,让大家提出建议、投诉或质疑。对于学校领导(尤其是贫困社区里的学校领导)来说,这种方法是前所未有的,因为他们的地位往往被认为高于社区其他成员。她对建议与批评采取开放态度,虽然平衡了学校与社区之间的权力关系,但这也让法伊扎夫人女性领导者的身份变得更加脆弱。在一些场合中,她还得跟小部分认为她不是一个有效率的领导者的男性对抗,因为她没有"掌控权威"。

法伊扎夫人也会在下午组织特别活动,请住在附近的父母无论他们的孩子在不在这所学校上学都能参加。慢慢地,法伊扎夫人得到了社区居民的信赖。五年后的今天,学校已经成了社区组织集会的场所,在解决社区问题方面也会提供资源与指导。

法伊扎夫人获得社区信任的途径跟巴基斯坦其他高贫困率的社区截然不同,因为在历史上,学校一直都是受教育与未受教育群体的分水岭。打开学校的大门,不仅模糊了受教育与未受教育之间的界限,降低了她在受教育群体中的地位,也让教育的目标和知识的意义呈现出另一种发展的可能。学校的目的不在于为社区规划未来,相反,法伊扎夫人希望与社区建立合作,满足社区的需求。她愿意承受地位下降的风险,只为维系她认为学校所需要的关系。

190

图8.2　法伊扎夫人的学校没有供暖系统,工人聚在一起取暖

世代变化

法伊扎夫人的学校资源匮乏。目前,学校既没有供暖系统,也没

有安装空调。冬天，当地夜晚的温度总是低于零摄氏度，白天也极少高于七摄氏度，因此，学生、老师和其他职员都得穿得严严实实，并想方设法取暖（图8.2）。由于资源有限，法伊扎夫人禁止大家把学校里的材料带回家。此外，她也知道许多孩子在放学回家后还得参与劳动，因此她规定老师不要布置家庭作业。学校的上课时间延长，从早上八点到下午一点，因为她想让学生提高出勤率，也尊重老师回家处理家务事或进行其他工作的需求。她还发现，许多学生无法空出一整天来上学，于是规定学校周六也上课，时间从早上九点到下午一点，为的是弥补浪费掉的上课时间。她的目标是让所有学生读完十年级（这是巴基斯坦高中的最后一级），有机会接受缝纫（女生）或木工（男生）的高级培训，从而在离开孤儿院后也能确保他们达到一定程度的经济独立和工作竞争力。

　　法伊扎夫人学校的运营经费几乎全来自捐赠。她毫不介意使用二手书或其他二手用品，甚至还弄来了几台旧电脑。学校只有最基本的电力系统，因此电脑全部存放在一个有电源插头的地方。她也争取到当地一个教师培训学校全体教职员工的支持，让他们给学校的老师提供免费培训。她精心筛选老师，希望得到敢为人先、敢于另辟蹊径的教职员工的支持。事实上，那个教师培训学校并没有得到政府的批准，因为它不提供也不支持政府制定的课程。法伊扎夫人却认为这是额外的好处，因为这意味着在那里工作的人员愿意冒险。

　　学校周边的贫民窟里住着巴基斯坦城区最贫穷的一些家庭，这也是法伊扎夫人最担心的一点。贫民窟基础设施条件差，往往人口过密，卫生条件差，废水和供水不分彼此，直接流淌在露天的水管里，更没有统一的垃圾处理系统，家家户户直接把垃圾就地焚烧或扔在废弃的停车场上。孩子们玩耍的空间往往只有街道和垃圾场（图

8.3）。虽然附近的社区里有公园,但大部分都收取门票费。法伊扎
夫人一方面指责政府对穷人缺乏同情,另一方面也理解贫民窟的生
192 活就是一个恶性循环:住在里面的家庭都极端贫穷,婴儿和孩童死
亡率极高(往往源于水和食物导致的疾病、营养不良、医疗服务不足
等)。因此,一个家庭往往有很多孩子,因为他们需要更多的人去工
作赚钱,父母也不指望所有孩子都能长到赚钱养家的年龄。这些家
庭也不会让孩子上学,因为那样就会减少家里的劳动力。然而,要是
没有教育,孩子们就永远没有提高社会地位的机会。即使这些孩子
本就几无可能进入专业人士阶层,法伊扎夫人依然认为,至少孩子们
可以学会识字、掌握一门手艺,从而更好地帮助家庭脱贫。许多学校
里的孤儿就来自这样的环境,因此她想利用学校来打破这一恶性循
环,一个一个地改变孩子。事实上,法伊扎夫人相信意识是关键——
孩子、父母和社区都需要认识教育的力量,所有人都需要认识权力在
社区里的运作机制。

图 8.3 当地孩子们玩耍的垃圾场

法伊扎夫人认为,她的祖国正处于她所谓的"世代变化"之中。

就像她招来的绝大部分老师一样，年轻一代重视教育，认为教育是打破种姓制度的方法之一。她完全同意这一观点，也希望利用这种日益改变的社会思潮帮助社区里的孩子得到更好的条件。法伊扎夫人坚信，真正的变化还需要得到政府和外界的经济投入，因为在极端贫穷的贫民窟里，父母需要孩子投入劳动，因此"不鼓励孩子上学"。

校长的角色

法伊扎夫人的校长角色在维系学校和社区时起着关键作用。尤其在科学教育方面，法伊扎夫人跟她的老师们紧密合作，为他们争取科学课的所需资源，让学生学到有用的知识。法伊扎夫人对资源的定义十分广泛，包括材料在内的几乎所有物质资源都是免费得来的，因为都是些二手或捐赠的资料，其他社会和人力方面的资源则包括校内老师和社区内的父母的想法、创造和经验。这是一种全新的认识。法伊扎夫人表示，"（社区里的）所有父母都没有受过教育，因为他们都来自下层阶级。"重视那些不属于正规教育的经历，在父母和学校之间建立一种新的关系，这样至少能够帮助未受教育人群消除一些负面的羞耻感和社会对他们习惯性的低期望。

法伊扎夫人要求学校里的所有老师运用直接和间接的手段，都要教授幼儿园到十年级的学生学习科学课程。她相信，跨学科地接触科学以及其他所有学科才是正确的方法。她承认，在科学与社区的联系方面，大部分科学老师的政治立场不如她那么坚定。她不认为自己能转变她们的政治立场，因为她知道这是一个非常敏感的话题。但是，她认为自己能树立榜样。她想在教育学生的同时也教育老师。如果她能提出关于科学、关于孩子们的能力与未来的问题，那么或许她的老师也能类似地发问。法伊扎夫人的这种远见体现在她在人权方面的工作，她和教职工一起开发课程，在学校各个年级教授以人权为导向的相关内容。虽然人权课程关注的话题更多地涉及和平(反暴力、宽容)与帮助他人,法伊扎夫人相信,这样做至少能够启发学生就人权问题提问。在国家认证的课程之外,正是师生所做的这种努力才带来了真正的权力。她认为,重视人权话题的教学与老师们对于教授科目知识的理解密切相关。她最关心的则是人权如何跟教育水平、卫生意识挂钩。

法伊扎夫人还相信,传统学校的成功办学虽然看似与人权课程截然不同,但对于改变贫困孩童的经历起着同样重要的作用,因为大量的社会权力取决于个人达到一定教育程度的能力。她知道,她的学生很难达到高水平,因为他们的家庭没有足够资源,这也是社会的常态,但是她认为,打破这些障碍能够提高学生的自主性。法伊扎夫人表示,学校里的孤儿几乎全部都能从高中毕业,但是住在周边社区的孩童中则只有一半能够毕业。因为后者背负着更大的家庭和社会压力、被迫离开学校而去劳动工作,而这些孤儿们则由学校护工照顾,必须在年满 18 岁离开学校前学会一门手艺。

此外,法伊扎夫人也让学生完成一些更常规的任务,比如写论文和画画,因为她希望学生也能参与当地的比赛。她希望其他校长知道,自己学校里的孩子与其他任何孩子一样有能力的。她相信,自己的责任还包括让其他人认可穷孩子也是有能力。如果巴基斯坦的教育系统要发生变革,那么她在教育孩子之外还需要做更多——教育那些掌权的人。

沙古夫塔: 挑战权威

接受教育

当我们初次与她见面时,沙古夫塔(图 8.4)只有 23 岁,在巴基斯坦拉合尔市的一所慈善学校教五年级。沙古夫塔在许多方面跟其他同事显得格格不入。虽然她很年轻，但她患有白化病，因此一头长发都是白的，皮肤也十分苍白。这跟绝大部分有着深棕色头发、棕色皮肤的巴基斯坦人形成了强烈反差。

在巴基斯坦，大部分小学老师都是女性，只有极少数男性老师教的是技术课程——其中大部分人来自中产阶级。沙古夫塔与学校里的其他许多老师都不同，她来自一个赤贫家庭，从小在巴基斯坦北部的农村长大，五年级以前都在一所农村的公立学校里学习。当时，她的家庭搬到了拉合尔市。沙古夫塔对此感到十分庆幸，因为只有在搬到拉合尔之后，上高中才成为可能。搬到新家后，就读高中的机会就多了很多，在城里的家里也不需要干那么多家务活。沙古夫塔是她所在的社区里少数几个读完高中的人之一。虽然她现在认为自己接受的教育还不够好，但无疑那样的教育也帮助她，证明自己的能力，并最终进入教师这一职业。

195

图 8.4　沙古夫塔（中间）、农吉和巴斯卡尔

在家里,只有母亲和外婆支持沙古夫塔继续上学。她的父亲和哥哥们都觉得并女性接受教育就是浪费时间。沙古夫塔特别想上高中,艰难地说服了父母让她完成学位。但是,读完高中后,父母都不同意她继续读书。就算是最初支持她的母亲,现在也不希望她继续读下去。沙古夫塔的母亲相信,对她(和她的姐妹们)来说,更重要的是学会做家务活——做饭、清洁、照顾孩子、洗衣服,而不是上学。沙古夫塔的母亲遵循巴基斯坦的习俗,即相比任何正规的教育,女儿学习打理家庭更有助于父母帮她找到如意郎君。然而沙古夫塔的想法恰恰相反,她相信教育才是唯一让她"自力更生"、改善家境的方法。沙古夫塔还相信,正规教育除了让她能够学习卫生、环境等不同领域的知识,还有助于获得社会和政治权力,从而进一步帮助她的家庭。如果她能向家人证明,她接受的教育对家庭(而不只是对她自己)是有利的,那么她的弟弟妹妹们或许就能有机会在高中毕业后继续读书。

沙古夫塔花了整整一年的时间,让母亲相信大学教育是值得的。她知道,"要想得到一丁点上学的希望,我只能从改变母亲的想法入手。"她这样解释:

> 首先,我说服了我的大姐。然后,她跟我站在同一阵线。她也跟母亲说,如果她想上学的话,那么你(母亲)应该支持我们……然后,随着时间的推移,母亲认识到,如果我真的想那么做,那么她应该让(准许)我去那么做。但是后来,我的外婆也……对我母亲说,我外婆已经八十岁了,她也深信我应该接受教育……后来还有一位老师,纳木那西什老师,她也帮忙说服我的家人。这就是我最终能上大学的由来。

最后，即便是她花了一年时间说服母亲让自己去上大学，但是父亲和其他哥哥对此依然强烈反对。

> 他们总是嘲笑我，笑着对我说，"yay pani baraygee"（她要打水）（巴斯卡尔笑了）（他笑着说）"Pani baraygee, miss banaygee ya, leeshay bayjayn college…"（要打水，要成为老师，咱们把她送去学校吧）

196

在巴基斯坦，这些用乌尔都语说出的话带有讽刺意味，旨在侮辱或冒犯对方。沙古夫塔的意思是，她的哥哥们不相信教育，尤其是女性接受教育，能够帮助改善生活。他们坚信，女性的角色就是"打水"，无论在娘家还是夫家都是如此。沙古夫塔的哥哥们认为，让女性上大学不能减轻他们的家务负担，因此觉得让沙古夫塔上大学只是在浪费时间和家庭资源。虽然哥哥们没有上过大学，也从未获得任何有实权的岗位，他们在家庭的决策过程中依然掌握着话语权。

由于未能取得父亲和哥哥们的支持，沙古夫塔最终去上夜校，并且在半年内完成了两年的课程：

> 即使我没法上大学，我还是找到一个与科学相关的专科院校，上了半年课，一周上两个晚上，每个月交三百卢比的学费。让父母每个月拿出三百卢比也是很难的，但我告诉他们，"只用上六个月，之后你们就再也不用帮我交钱了，六个月就行了。"所以他们就同意了。

沙古夫塔选择夜校是很实际的，因为学费更便宜，准入门槛更低,还能让她白天在家参加劳动。后来沙古夫塔和全家人发现,他们所在的社区居民都强烈反对她上夜校,这时父亲才开始表示支持她接受教育。事实上,那些邻居都认为沙古夫塔给社区里的其他女孩树立了坏榜样,因为其他人可能也会因此要求接受大学教育。居民们都对沙古夫塔避之不及,就因为她去上夜校,虽然这是她兼顾学业和家务、在家照顾其他兄弟姐妹的唯一方法。邻居们还担心,如果他们的女儿也参与这种"夜间活动",其他人就不会把她们视为合适的媳妇或妻子对象。社区里传闻四起,声称沙古夫塔之所以在晚上很晚回家是因为她在做妓女。她的社区不能接受也不能相信,她那么晚回家是因为要上课:

197

  沙古夫塔:社区的反响并不好。他们总是说坏话,比如"你的女儿总在晚上出去啊。"(暂停)哎。(指向安吉)"Aap ko pata hai jistaraha ki hamaray masaray mei batei hoti hain."(你知道我们这儿的人都是怎么搬弄是非的)

  研究员:Jee.(表示认可)

  沙古夫塔:你太清楚了。

由于缺乏身边人的支持,沙古夫塔认为自己经常都是在孤军奋战:

  这很艰难,因为我家里其他人都没有接受过教育。所有事情我都得一个人扛着……比如说,还有谁了解教育呢?我关注的是教育。我的父母完全不了解教育。这就是为什么那段日子非常艰难。

　　沙古夫塔的大学教育使她在家庭和社区中处于一种全新的、相对强大的地位。虽然她的亲戚们认为，她现在"太骄傲了"，因为她已经拿到了教师执照，但是她也因此得到了其他人的尊重，现在的她也是父亲在做出重大抉择时首先咨询意见的对象。

　　　　当然，我觉得相比我的家庭，我有了一些变化。像我的表亲们、哥哥们、姐妹们还有我的父亲，都会觉得我跟其他兄弟姐妹不一样。他总跟我说话，什么时候碰到点问题都会先告诉我。

　　这是地位的重大变化，因为在某种程度上来说，沙古夫塔在家里的威信已经超过了她的十个兄弟姐妹，其中就包括四个哥哥。

获得教职：服务社区

　　巴基斯坦社会的一条不成文规矩是，女性不能开车。大部分职业女性都由家人开车接送，或是雇佣私家车服务。公共汽车则被普遍认为不适合职业女性通勤（不包括穷人）。沙古夫塔不走寻常路，选择坐公车上班。虽然父亲会走路送她到车站，她还是得一个人坐车到学校。她这么做的部分原因在于，她负担不起私家车的服务费。她的收入全部贡献给父母和兄弟姐妹，用于家里的日常生活花费。另外部分原因在于，她从小就坐公车，这也是学校里孩子会坐的交通工具——如果他们有幸也有这个机会的话。

　　沙古夫塔尽心尽力地给城里的贫困学生传授知识，她相信教师的一个核心作用是让学生在生活中、在自己的社区中能够发表看法、获得权力。作为小学科学老师，沙古夫塔对来自贫困家庭的学生尤为上心。她自己出身贫寒，认为自己接受的教育还不够。但是，她也相信自己有责任把自己掌握的所有知识传授给同样出身贫寒的其他学生：

> 在那样的条件下，我接受了教育。我应该——无论我学到了什么，我都得传给别人。就像那些同样来自贫困家庭的孩子一样，他们也在上学，他们需要教育。我得用好方法教好他们……我们得把他们教得更好，因为我们来自同样的背景。

沙古夫塔认为，虽然她已尽力，但由于各种复杂的因素，贫穷儿童依然无法获得适当的教育。学校缺少物质资源——事实上，在她的学校，他们根本没有真正的科学仪器，只有自己利用到处收集来的材料自制器具；该校的大部分老师都对孩子们的未来抱有消极态度。虽然沙古夫塔认为大部分老师都是好老师，但是她仍表示，大部分老师不相信孩子们能够读完八年级，甚至认为他们没有足够的智力读完，就是因为他们贫穷的出身。最后，因为学校也没钱，所以付给老师的薪资相对很低。沙古夫塔认为，许多在那里工作的老师之所以留下来，只是因为找不到更有威望的教职。但是，沙古夫塔是自愿选择在该校任教，因为她愿意尽全力帮助贫困人群。

对沙古夫塔来说，身为老师的一个重要角色是挣脱社会的限制，跳出等级差异，担起教育贫困儿童的责任。沙古夫塔让我们想起，在巴基斯坦，成长于社会地位较低的家庭的孩子往往也具有较低的经济地位："如果一个人成了清洁工（地位非常低的工作），那么他的一家都会被视为清洁工。他们无法提高社会地位，因为存在着各种各样的社会壁垒，比如这些家庭由于缺少教育机会而无法获得工资更高的工作。"

科学的政治领域

沙古夫塔相信，科学教育需要从孩子们的社会、物质环境出发，比如教授环境和卫生知识，这类话题十分接近学生的家庭和周边地区。"首先，我们从家里开始。我会告诉孩子们，首先看看家里的环境。然后，孩子们要去看街道，观察大街是什么样子的。街上干净吗？巷子里干净吗？环境意识从家里开始培养。"但是，在沙古夫塔关于科学从家里开始的说法中，关键在于其中的政治含义。她强调的其实是从塑造贫穷生活的种种问题中着手研究科学，而不是那些无关的普通家庭经验。比如说，沙古夫塔介绍学生会沿着社区中的街道行走，并如何在过程中观察堆满垃圾的废弃垃圾场和巷子里淤积的污水。

这类环境问题就是沙古夫塔希望学生在家里、在学校积极探索的。她指出学校周边社区的严重问题，不是因为她想让学生认为她们的居住环境差，而是希望让孩子们学会为自己、为社区做出有益健康的选择。她试图通过学习活动激发学生自主提出那些问题，而不是光听她的灌输。从学习的角度出发，正如我们在前一章提到的，当科学学习与具体语境结合，学生们就更容易受到鼓舞、充满热情，并且愿意学习科学概念。

沙古夫塔的整个科学课程都围绕一些小项目开展，通过小项目把健康和环境问题与孩子们生活的社区、与国家规定的课程结合起来。她介绍道，有一个项目需要学生走进社区里，调研空气污染、水污染和噪声污染的程度。她希望和学生们一起，制造出测量噪声水平和空气中微粒的仪器，并利用调研结果帮助学生理解那些污染物带来的健康和环境风险，从而设计出在家里可行的实用方案，改善家里的生活环境。她希望把解决方案推广到整个社区而不只是局限于

199

个人,但是每一次沙古夫塔把学生带出校园学习科学时,校长都会对她严厉训斥。作为一个单身女人、作为一群年轻孩童的老师,这样的举动违反了社会规范。沙古夫塔还试图让学生参与讨论调研过程中暴露的一些主要问题,从而结合研究结果跟标准的课程教育内容,比如:"我们离开水就不能生存。如果所有水源都变脏了,我们该怎么办?"

但是,沙古夫塔在开展此类教学活动时遇到许多障碍。虽然她没有这类研究通常需要的科研仪器,但是她相信学生应该只需要用手头能够获得的材料。这本身就带来了一大挑战,但还不是唯一的问题;她的教学计划跟学校和社区的规范与习惯做法发生了冲突,而这严重妨碍了她的工作。她特别提到了以下三类障碍。

图 8.5　这是沙古夫塔所在学校附近的空停车场。清理这类停车场是沙古夫塔的首要任务之一

第一,沙古夫塔所在的学校提倡,科学课堂应该安静守规矩,而这跟沙古夫塔的想法存在分歧。或许,沙古夫塔的政治立场中关乎

教学的更为突出的一点是，她相信科学素养需要去质疑一些人们习惯性接受的事物，这也贯穿了沙古夫塔的人生。教育应该提倡自由提问、自由表达观点与意见，并且在课堂内外自由选择自己想做的事情。

> 首先，我们应该教他们，然后给他们自由去做想做的事。我们教育孩子，但却不给他们自由发挥的空间。我们总是告诉孩子，他们不该做什么，应该坐在哪里，问题应该怎么问。赋权（Salaahiyat）是指让孩子做他们心里想做的事情。孩子们应该有足够的自由表达自己的想法。

第二，国家的法定课程中，巴基斯坦的学生都需要进行年终考试，这会直接决定他们能否升入高中或大学。因此，最终大家关注的都是国家制定的课程大纲。沙古夫塔认为自己有责任教授大纲上的内容，因为如果学生选择继续读书深造，他们就必须掌握那些内容才能升学。但是，教育的意义应该更广。虽然她希望学生都能有机会上高中，她也意识到，出于经济和文化方面的原因，大部分人都不会继续读书。科学教育必须具有实用价值。虽然国家规定的课程中也有部分话题与各类社区问题相关，但是这样的内容太少，而且相互之间缺少联系。沙古夫塔把她的课堂内容围绕社区问题展开，而学校行政并不十分赞同她偏离正常课堂内容的做法。

第三，作为一名年轻的女老师，沙古夫塔碰到了种种社会限制，她必须竭尽全力挑战社会规范。由于女性不得不遵守的社会价值观和地位问题，女老师向来不能把学生带到教室以外的地方，然而沙古夫塔不时地打破这一惯例。

　　由于这些障碍的存在,沙古夫塔感到自己仿佛被撕成两半。其中一边需要利用社区和环境条件,向学生教导那些她认为有必要的内容,因为有年末考试的压力。另外一边则需要关注能够对这些高度贫困(贫民)社区带来真正改变的专题研究。沙古夫塔的许多邻居和学生都曾因水源不洁而患病,因此她认为自己必须有所作为来改变这一现状。于是,她努力协调两种角色的方式就是在科学教育中用她以社区为导向的看法将考试要求的概念编织于其中,然后再加入她认为对于采取行动有必要的其他观点与概念。沙古夫塔表示,让出身贫困家庭的孩子学会这些并不简单,因为第一他们缺少启蒙,(还)也没有认识到自己也有权质疑权威;第二,他们缺少政治力量和财政支持,难以把自己的选择付诸实践;第三,对他们来说,压力更大的是完成日常的家务活,而不是思考如何表达诉求自己的权利。学校体系所支持的说教式教学并不容许学生跟老师互动,这样就产生了等级。沙古夫塔也看到,类似的现象在社区里层出不穷。

哈丽玛：把科学教育作为赋权手段

成为教师培训人员

　　哈丽玛在科学研究(学习科学)的过程中逐渐接触科学教育行业。她取得了植物学的学士和硕士学位,也有几年投身实验室研究的时光。自 1995 年来,哈丽玛原本是巴基斯坦市区一家教育机构的科学教育项目的讲师,后来晋升为系主任。在这个教育机构里,哈丽玛一直参与教师的职前培养和职内培训项目,除了组织游学活动,还跟学校合作开展不同项目、教授环境科学。

　　202　　作为巴基斯坦城市地区的一名教师培训人员,哈丽玛把自己的时间用于教授职前基本科学方法、为在职教师组织服务工作坊,并针

对城市地区的教师和孩子开展基于行动的研究。哈丽玛接触的所有小学教师几乎全是女性，她们来自中产及以下阶级，几乎没有科学教育经验，许多人甚至承认自己恐惧科学。因此，（觉得）哈丽玛将自己这份培训教师的工作看成一项挑战来帮助那些女性学习科学、学习如何运用科学，让她们自己有能力改变生活、更好地理解孩子，并认识到身为老师的他们能够对孩子们的生活产生深刻影响：

> 我现在教授的对象是在接受十四年教育后即将成为教师的人员。有时候他们对科学有些了解，有些人则毫无科学概念……对我来说，这些小学老师仿佛从未意识到，他们也是这个世界的重要组成部分。尤其是那些女孩！这些老师中，98％都是女孩，都来自中产及以下阶级。她们也可以有所作为！

哈丽玛认真对待这份培养科学教师的工作。如果学校要有所改善，如果贫穷的城市学生要得到有意义、有价值的教育，如果老师要更有底气地改变学生的生活，那么哈丽玛就必须跟老师们联手，让他们感到自信，对于（接触）科学更加自在的接受，进一步了解科学对于改变贫困学生的生活以及贫困社区现状的作用。

哈丽玛认为，学校正在给贫困学生的生活拖后腿，这使她更有动力进行科学老师的培训。她认为当务之急是理清学校功能不如人意的原因，并带动上岗前和在职的老师一起分析。哈丽玛特别指出了这些（薄弱）贫困的城市学校及其师生面临的两大难题：（a）缺乏资源；（b）老师准备不足。哈丽玛提到，贫困（穷）学生在家里无法获得那些专业（职业）家庭可以给孩子提供的学术资源，比如读写能力的指导、书籍、益智玩具等。她还提到，贫困（穷）孩子上的学校往往只有极其有限的资源(比如缺少书籍或只有过时的书籍,缺乏科学仪器、电脑或其他教学技术,黑板面积也极为有限),在一些情况下,最
203 贫困(缺钱)的一些学校甚至连教学楼都没有。哈丽玛表示,老师真正了解孩子们家庭背景非常重要,因为贫困也有不同的表现形式,还会把孩子们分成不同的贫困等级,光知道孩子们家境贫困还不够,"首先,在贫困地区,我会担心他们是否挨饿,然后是家庭背景,还有导致贫困的背后原因,因为穷人里也分成不同的等级。"然而做好这点非常困难,因为城市里的"穷"学校往往缺少符合资质的科学老师:

> 我们没有经过培训的老师以及充裕的资源,甚至不知道如何利用现有资源,也不了解如何把科学与孩子们的日常生活联系起来。如果老师都不知道怎么利用当地的资源,这就构成了一个很严重的问题。老师需要学习在何时、何地、以何种方式利用当地资源和身边的环境。学校是一个独立的单位(把孩子从所在的社区里独立出来),这会强化学生的孤独感。科学(如果以适当的方式带动孩子们学习)能够帮助学生把知识跟日常生活中的需求与经验结合起来。

科学教育为个体和社区赋权

哈丽玛表示,城市地区贫困学生接受的科学教育必须在根本上提高个人与社区的自主权,必须着力推动基层的社会变化:

> 老师应该用科学教育来提高学生的自主权,让他们更多参与社会变革,因为在我看来,这就是教育的终极目标。我看到许多父母和身边的人会倾听孩子们的想法。哪怕只是从家里做

起，父母也能感到骄傲，感到自己能够从孩子身上学到东西，或是因为孩子日益关心环境问题而自豪。社区亦然。整条街道、整个社区也会意识到这一点，这种政治变化能让整个社区提高自主权。非常重要的一点是，其实并不是人们不想这么做。在巴基斯坦，我觉得在许多其他国家亦然，就是人们有时候由于缺少该怎么做这方面的知识，有时候可能只是因为他们平日的安排过于繁忙，因此习惯了等待别人带头。我见过太多这样的情况了。连孩子们都开始照看花园，告诉其他孩子、其他大人不要随便摘花。大部分时候，父母都会表扬他们这么做，孩子们也会相互倾听。同理，我们会思考社区里的垃圾处理问题，然后我们该怎么做？一开始没人愿意思考，然而一旦孩子们开始行动，所有母亲就也开始行动。他们在不同家庭的园丁的帮助下开始堆肥，并且在社区里相互分享。

哈丽玛首先提出，科学内容和实践中习得的技能有助于提高自主性，而这些内容和技能应该囊括在学校课程里。科学必须在相关语境中开展教学、进行学习，这对于孩子们的生活有着直接的意义，也能直接投入应用。哈丽玛特别提出，教学生运用科学改变生活，在环境和健康两个方面具有重要意义，因此在贫困环境里提倡科学教育时需要重点关注这两个话题。哈丽玛进一步介绍，她跟城市儿童的接触促进了她的思考：

　　我跟城市儿童的接触让我更加坚定地关注环境问题，因为我们跟其他第三世界的国家一样，在环境问题方面泥足深陷。环境问题正影响着我的城市、我的居住环境，记住这一点，我们就知道自己缺少基本的教育。我们没有任何责任感和主人翁意识。我会清洁自己的家,把垃圾扔到外面。我知道我无法改变整个巴基斯坦的情况。把一个购物袋扔到路上可能不会对环境产生什么影响,但是如果这个袋子能够完成使命、寿终正寝,那就很有意义了。

正如哈丽玛所言,巴基斯坦的城市中心区面临着严峻的环境问题。哈丽玛提到了回收和污染的问题,也分享了许多城市贫困家庭的关键生存问题就是因为环境问题而影响健康的问题。在巴基斯坦的城市地区,大部分住在贫困社区的孩子们没有足够的自来水,也没有合适的污水处理设施可用——事实上,大部分污水都直接排放到露天的灌溉系统里,有时甚至和饮用水源混在一起。从交通、臭氧、一氧化碳、碳颗粒物到工业废物和个人垃圾等方面,城市社区的空气质量问题都相当严重。

哈丽玛给我们讲了许多故事,讲到一些赤贫家庭能够洗上澡的方式只有通过"接水"(gandanalas),那是流经贫困社区道路的露天灌溉渠(见图8.6)。这些露天水渠往往带有高含量的工农业废物、人类排泄物和农业排放物,不适合人们用来洗澡,事实上还有健康隐患。但是,由于这是许多贫困家庭唯一能够获得的洗澡用水,他们就只能一直用这样的水。但是,获得清洁用水并不是唯一的问题。哈丽玛提到,许多贫困家庭用这些露天灌溉水渠来洗澡的部分原因是,他们不了解用这些污水中洗澡的健康风险或环境危害。哈丽玛认为,研究这些露天水渠有助于孩子们了解一系列科学、技术、社会和健康的相关话题。这类研究通过研究水渠的由来、水来自哪里又流向何方、水(流量/质量)如何受到天气影响、水中可能存在的(可见或不可见的)污染物及其来源(露天排污系统、工农业排放物等)，有助于把环境科学的知识融入其中。此外，健康科学也能在这类研究中有所涉及。贫困孩童可能患上的许多疾病(其中一些是导致贫困孩童早夭的主要原因)，比如伤寒、肝炎、痢疾、各种食物中毒等，都是污水带来的。哈丽玛表示，研究这些系统还可能启发不同流行病学的研究，比如癌症及其起因。

图 8.6　沙古夫塔的学校所在街区的公交车站，旁边有一条露天的灌溉水渠，又称"gandanalas"

　　哈丽玛还提到另一个关于空气质量的问题。她告诉我们，许多住在贫困社区的孩子都患有呼吸道疾病，因为家里通风不好。许多贫困的巴基斯坦家庭用木头和非纯木炭来取暖做饭，两者都会生成大量烟尘，从而导致呼吸道问题。这个问题孩子们应该去探究，去了解自己的家里为什么总是充满烟尘，这些烟尘又会对他们造成什么影响。这样的探索过程或可启发孩子及其家庭想出一些相对廉价的改造措施，从而减少他们吸入的烟尘，不仅能帮助孩子们学会一些有用的科学概念，比如空气质量、空气对流和呼吸系统等，还能让学生

206

充分利用他们在这些巴基斯坦贫困市区生活时感受深刻的过往经验。哈丽玛认为,这种组织科学教育的方式非常关键,因为孩子们能够获得所需的知识经验,带头改变社区的生活质量,还有助于改善贫困孩童的健康状况。在巴基斯坦,预防是健康教育的关键理念,因为穷人看不起病,或是压根无法接触到医生和医院资源。

第三个例子与园艺有关。我们待在巴基斯坦期间,哈丽玛和她的一批职前教师一起,在一片杂草丛生、遍地垃圾的公共区域开垦了一片花园。她希望向学生教授关于植物的知识,毕竟,正是她最初在植物学方面的研究激发了她对科学的兴趣。但是,她想把植物知识融入更广阔的社会、政治和经济语境中。她选择了一块需要事先进行清理的地方作为花园的选址,这个位置也有利于美化社区,同时让学生学会回收、再利用、腐烂分解等方面的知识。她选择在花园里种一些普通的作物与花朵,这样就能让科学跟学生的经验联系起来,至少能让孩子们学得更开心。这对她来说也很重要,因为她自己的学生,也就是那些职前教师,也对科学感到十分陌生甚至恐惧。贫困家庭往往吃不起新鲜蔬果,现在就能从花园里收获作物。最后,由于花园位于社区的中心地带,哈丽玛觉得这样也有助于让社区居民与科学持续接触,从而带动人们对科学认识的改变。

简而言之,哈丽玛相信,科学课程和书本需要顺应贫困社区孩子们的需求,实现这一点的方法则是聚焦环境和健康科学。这样,孩子们不仅能够学会如何为家庭种植食物、认识在污水里洗澡的风险,还能学会清洁社区、净化水源的方法,甚至能够学习到污染的来源,并参与相关活动,加强社区居民的环境意识、带动身边的人行动起来。虽然哈丽玛不希望把教学时间全部花在"负面"的内容上,比如水质、空气质量等问题,但是她相信,生活贫困的孩子们需要学会一些具体的方法来改善生活质量。因此，关注健康和环境科学不仅有直接的实用意义，还能加强孩子们的自主权。

哈丽玛经常通过言传身教的方式来形容那些贫困孩童提高自主权的作用和重要性来举例来支撑言语的描述。比如说，在接下来一段引述中，哈丽玛特别提到了科学教育中的自主性如何跟这两个方面密切相关：(a)学会利用可得到的资源来改善生活；(b)关注自己能做的而不是无法做到的事，从而对生活抱有积极心态。下面这段话也说明，哈丽玛非常希望那些贫困的孩子能够认识到，大自然对穷人或是富人都是平等的，因此他们每个人都应该充分利用这一点，学会为自己拥有的一切承担责任，因为资源是宝贵的，不应该受到破坏：

> 生活贫困的孩子缺少资源，温饱和住房都没有保障。一旦他们的视野局限于自身，他们就会变得十分敏感，只看到自己没有的东西。他们不会注意到自己现有的资源，我觉得他们有时候会受到蒙蔽，注意不到自己拥有的一切。他们都是完整的人类，有两只眼睛、两只耳朵、一双手。他们可以随意走动，能够跑步，也能改变自己所处的环境。我希望他们学会欣赏自然，因为至少这是地球人平等享有的资源。公园、土地、沙漠、动物和水体。为什么我们忽略了造物主，忽视了造物的目的？难道不是为了全体人类吗？我们是不是也能够做出自己的贡献？他们应该认识到自己的力量，感受那种归属感。

此外，哈丽玛还认为，参与推动变化的领导人对于贫困孩子的意义更甚于其他孩子，因为前者往往拥有更少资源，只有更少的人和组织服务于他们。因此,他们必须学会抛弃自怨自艾的想法,把重点放在如何努力改变现状。哈丽玛相信,提高自主权不仅关系到科学教育,还关乎整体的学校教育:

> 我认为,我们需要思考教育的目的。我们需要什么,教育还是教书?我们想让孩子们过上舒适幸福的生活,学会批判性地分析生活状况吗?……因此,我们需要学校成为传给人们技能与知识的实体。

哈丽玛对于贫民教育的理想憧憬关乎自主意识和社会变革,这也促使她把提高个人自主性的科学教育跟社区赋权联系起来。社区赋权对哈丽玛有着重要意义,因为这样才能带动"基层运动,促进社区的整体改良"。她用环境教育来具体阐述这一点:

208
> 为了踏上正规,我们得在基层开展科学教育。我认为,如果我能培养大家对于环境的正面看法,他们就会参与环境的改善和优化。

这一点非常重要,因为哈丽玛把个人和社会的能动性延伸到学校范围之外,把学习的目的从个人层面延伸到更广阔的社区里。这告诉我们,城市科学教育的根本在于其推动社会变革和环境改造的潜力。

根据哈丽玛的说法,城市贫困地区的科学教育者必须认识到,学生们有自己的能动性,而发挥能动性的方法就是让他们学会用积极正面的方式利用当地资源。一种改进的做法是利用社区现有的资源,比如把城市及其资源看成一个充满活力的科学实验室。这不仅对寻觅资源起到关键作用,还能让科学更加接地气。对于如何把城市作为一个大型实验室、用一种融入生活的方法开展科学教育,哈丽玛有很多思路。可研究的领域包括工业、生态、环境、健康,以及这些领域的交叉地带。那么,当城市成了一个充满活力的实验室,它可提供的就不只是资源,还可以在学校和社区内的工作者之间建立起有益的联系。

　　我们希望达成的目标将会需要社区的贡献与参与。这将成为一项研究,关乎特定区域的行业研究,研究那里的生态和环境、鸟类和动物、社区关心的一些议题,以及工厂和工业如何影响环境。

对哈丽玛来说,科学教育要想促进自主权和社会变革,就需要采用一种她称之为"实用的、与社会文化相关的"框架。知识和行动紧密相连,这种联系必须从职前教育开始建立,尤其是围绕贫困孩童的需要来进行。如果老师想学会如何教会学生提高自主权、促进社会变革,那么根据哈丽玛的说法,他们就必须认识孩子们带入课堂的生活背景,找到师生能够共同改善生活的方法。因此,职前教师必须开始思考日常的生活经验,比如烹饪和照料花园,在这里面能够如何产生科学知识。

　　我们从厨房开始,你在厨房里会做的就是烹饪和处理垃圾。这里面有什么学问? 该怎么做蛋糕呢? 你会用到什么,为什么要用那些? 那些包装材料会扔到那里? 还能用来干什么? 你曾经读过厨房用具的安全说明吗？洗发水、醋、油等用品的包装上都写了什么？

209 管理危险生活

在紧张中工作和生活

为赋权开展教学有其危险性，因为它会暴露矛盾。当已成常态的活动和信念被挑战时，不同力量之间的冲突就会显现出来，因为学生的生活也成为课堂活动的一部分。显然，参与我们研究的女性都是在多股相互交织的冲突力量中开展教学活动的。

在法伊扎夫人、沙古夫塔和哈丽玛的故事中普遍存在的一种冲突是，她们针对贫困年轻人开展科学教学活动都挑战了当前的科学教育目标，而这意味着她们需要挑战自己身为女性和老师的社会角色，也挑战了穷孩子在社会中的角色。这是一个极其复杂的动态过程。沙古夫塔希望帮助学生提高自主权和能动性，也就是说，她希望她的学生能够大胆提问，质疑现实，希望学生有足够的自信和知识来提出那些问题。她把自己的工作重点放在跟孩子们的健康和福利直接相关的科学话题上。沙古夫塔认为，这样孩子们学习的一些最重要的科学领域就包括贫困社区里"接水"的使用和具体位置、城市的交通系统、食品体系、垃圾处理机制、医疗保健（个人和社区）、孩子们的游戏场所等，每一个话题都跟学生的生活有所关联，涵盖环境问题、健康问题和社会政治问题。

不过，虽然沙古夫塔试图让这些问题成为学生课堂经历中的重要组成部分，她在行动上依然束手束脚，因为她是女性、是一名老师，并且由于她执教的是一个非常贫穷的社区里非常薄弱的一所学校，因此那里的教育受到严格监管，十分不公平。沙古夫塔希望利用教育让穷学生过上更好地生活，但是她在学校里可用的资源极为缺乏。她希望利用社区里的资源，因为她认为这是科学提高人们自主性的重要一部分，但是女性的身份让她无法把学生直接带到社区里，不能做到迈克尔能做的事情（见第 7 章）。虽然她不时地会违反相关规定，但她仍会面临来自社区的障碍，比如居民会认为教育就应该在教学楼里进行。她是一名老师，主要目标应该是传递价值观、文化和知识，但她认为，有些价值观和传统应该受到质疑而非简单地传承下去。她希望发挥利用自己的资源（比如她在贫困中如何长大并成为老师的人生故事），但她发现自己的故事在学校里并未受到重视，因为人们不认为那是学校课程的一部分。

210

　　尽管存在以上矛盾，沙古夫塔和哈丽玛依然坚持在学校工作，分别发挥老师和教师培训人员的作用，推动学校课程和政策正式纳入社区里的话题和经验，因为这样就能让她们就这类话题展开的教学活动为人接受，同时让那些不喜欢她们做法的高层领导忽视她们工作的政治色彩。研究这类话题并不是国家法定课程中正式提倡的内容，因此偏离国家法定课程就得面对人们的非议。现在，一国之内的社会关系并不支持老师（主要指女性）把学生带出校园参与政治活动或是脱离国家的管控。如果学校支持此类研究，老师就有理由相信自己在带领学生参与此类活动时能够有更多保障。

　　参与社区赋权的重要性，就社会政治议题发问、参与可见可感的社区发展活动的危险性，往往体现在老师把学生带到校园以外、社区之中后受到的严厉谴责。需要重点指出的是，严厉谴责可以有很多形式，包括肉体上的虐待和社区成员的孤立。帮助学生接受教育、参与政治活动的愿望还必须考虑到现实问题，即社会（包括当地社区和更广阔的社会）会（在某些时候、以某种方式）竭力阻挠大部分学生实现那些目标，主要途径是强迫他们早早工作养家的。

应对与重塑冲突：科学是语境也是工具

本章讲述的女性的故事，就跟前面章节里的亨德森河和欧申赛德的故事、市区废弃停车场改造的故事一样，指出了把科学作为一种政治与社会公正行动来开展教学的复杂程度及其中的风险。这些风险既有个人层面的、也有社会层面的，并对这些女性产生了实实在在的影响。虽然她们都以各不相同的方式承担着个人生活的风险，因为她们都相信努力提高贫困社区的青年自主性具有重要意义，她们还认为，自己必须利用自己所有的微小力量来将其付诸实践，或者用法伊扎夫人的说法，帮助推动世代变化的实现。她们的个人旅

211　程——获得权力，然后帮助他人——也伴随着类似的挑战与危险。每一位女性都反抗着社会、经济和文化方面的规范约束与对她们的期望，选择代表贫困孩童以及他们的社区而战。法伊扎夫人冒着个人安全和声誉受损的风险，把她的学校开放给她所在的社区居民。沙古夫塔冒着被社区排挤的风险，只为得到上大学的权利。她还冒着被社区群体进一步疏远的风险，自己独自坐公车上班，奋力反抗婚姻和家务方面的重担。哈丽玛承担的是自己在教师培训行业和所在社区里个人地位下降的风险。事实上，她所在的整个学校也承担着类似风险，因为该校支持的做法未得到政府认可。

对我们来说，这些女性的故事告诉我们，无论在课堂内外，无论个人的政治立场如何、立场明确与否，投身科学都带有政治色彩。无论是遵循国家的强制课程内容还是选择不给穷孩子上课，都跟这三位女性做出的选择具有同样深刻的政治意味和重要意义。但是，三位女性做出的政治选择挑战着社会规范，因此也让我们看到，她们的

行动如何影响着她们工作的学校、生活的社区和投身的（国家、全球）社会（并受到这三者的影响）。从这个角度来理解她们的角色和行动，有助于更广义地定位她们工作的影响力，也强调了科学教育的内涵总是大于在课堂上闭门造车。科学教育具有更大的内涵，因为课堂上的行动受到更多的（广阔）社会与政治关系的束缚，而那些关系决定了女性、贫困儿童应该如何行动、又拥有怎样的权力。科学教育具有更大的内涵，因为实际"开展"科学还需依赖过程参与者的集体经验与知识。沙古夫塔已经适时地提醒过我们，她的学生能够学习空气污染的知识，因为那包括在国家的课程大纲里，也是国家考试的规定内容。但是，空气污染并非真正的科学体验，直到这个问题在社区中得到探索，并且在日常生活中受空气质量影响的人们参与其中。沙古夫塔的叙述中还含有这样一个信念，即孩子们在社区里对于空气质量差的体验会显著影响他们的实际学习过程。没有了生活体验的支撑，空气污染就只能是纸上谈兵。同样，哈丽玛对于回收活动的报告也提出了类似的观点，即科学教育不只是在教室里闭门造车。

为了社会的正义开展科学教育，这改变了学习和实践科学的定位：从个人活动（或仅在教室）变成了互动，成为科学发生时所在语境与所处关系的一部分。换句话说，这些老师重新定义了孩子们的科学实践，囊括了人、事物和语境之间的协作。他们把科学置于具体关系之中，把原本被视为毫无权力的学生置于学校体系和所在社区里，并认为他们有能力采取行动。通过研究"接水"、废弃停车场和个人卫生问题，沙古夫塔不仅帮助学生在这些影响生活的问题上运用科学，还帮助他们利用科学空间挑战权威、挑战社会的决策过程。这些决策决定了孩子们应该成为怎样的人、应该生活在怎样的地方。

这些老师的方法是，把科学同时视为语境和工具，而不只是需要

212

学习的知识或是需要遵循的规定。也就是说,这些老师利用科学的空间来重点冲击那些加剧压迫她们的强势社会关系。我们所说的"科学空间"指的是总体的情景,比如通过巷子里淤积的污水来研究水污染问题,因为那些是学生们的生活条件。在这里,在社区语境中学习科学,让我们能够挑战关乎参与和个人身份的规范,能够带来不同的规则和边界条件,而这可能让某些事情更加为人接受。

老师们也把科学作为扩充语境和关系的一种方法或手段。法伊扎夫人曾谈到,她希望学校里的学生感受到自己也有权发问,哪怕他们的问题挑战了传统或权威。法伊扎夫人把科学当成工具,用来打开那些问题的言路。法伊扎夫人在这方面的政治立场也很明显,她采用的是非常传统的方式——让学生参与全市范围内的科学竞赛,在比赛上用学生的作品来挑战其他人对于穷孩子能力的成见。但是,跟孩子们的生活更直接相关的是,她在科学活动中让父母也参与进来,因为科学项目需要"动手",往往需要用到许多父母在日常生活中积累下来的经验和知识。关于科学的本质,法伊扎夫人的观点或许不如沙古夫塔、哈丽玛那么激进,但是她把科学作为一个研究领域,把学校周边的世界联系在一起,也跟国家的法定课程结合起来,挑战巴基斯坦城市地区由于经济不平等和学校教育带来的种种障碍。

展望未来

把科学作为政治行动来开展教学是很危险的,因为这样做就把科学直接置于人群中,置于权力关系之中,将科学看作社会进程和社会制度的一部分。把科学作为促进变革的工具,是在制定权力、塑造关系,这是一种互动的行为,用特定的方式把人和语境结合起来。把推动变革置于科学语境之中，让科学实践有了权力和可信度，否则这些女性和孩子可能竭尽一生也永远无法获得权力、为人信赖。

不过，由于科学源自互动而不是书本中的知识或某个人的脑海，把科学作为推动变革的工具和语境便意味着，参与这类互动需要应对广泛且深刻的风险。法伊扎夫人、沙古夫塔和哈丽玛都参与到这些危险的教学活动中来，有时候这样的实践在教室内外都存在风险，但她们都以各自的方式来理解，认为自己有义务，根据新的社会关系和环境条件、基于巴基斯坦城市地区需要实现的平等和社会公正，来重塑城市贫困地区的教学活动。三位老师都认可这种责任，因为她们相信，当前在贫困社区进行的教学实践不能充分应对（甚至是有意忽略）那些持续加固社会、政治和经济不公的关键议题。她们在行动中践行责任，即使有时候需要冒着个人安全和社会地位的风险。三位老师无私奉献，她们做的远远不止是选择在城市里的贫困地区教学，然后每天晚上像大部分老师一样回到自己的家里安逸度日。她们都直面公众风险，无论在单位还是在家都是如此。

我们得以一探三位老师的实践，但是这里的了解还远远不够全面。我们选择关注她们在推动社会变革方面的工作，因为这个问题对她们、对我们都具有重要意义。我们把重点放在她们的教学案例上，说明她们所冒的风险。但是，这些老师的生命是真真切切的，因此我们很难把这种信念体系套在她们所做的每一件事上。因此，虽然沙古夫塔努力把科学教学活动带到社区里，她也会把大部分时间花在教室里，在国家法定课程和她给学生设立的目标之间迂回。虽然哈丽玛热心培训那些职前教师，让他们学会加强贫困孩童的自主权，她仍然经常发现她的学生会拒绝接收她的观点、更习惯传统的方法。虽然法伊扎夫人关注社区和人权的需求，但她也关注国家考试、注意学生的考试表现,因为到最后,她认为考试才是学生成功的希望所在。

三位老师都谈到了政治控制方面的问题,谈到"学校应该做什么""科学教育应该为了什么"和贫困学生的需求之间的冲突。沙古夫塔尤其关心,在学校的教学组织里,贫困学生看似跟其他孩子有着同样的成功机会,因为大家有着一样的课程设置、参与的也是同一个考试。但是她担心的是,若不能恰当考虑贫困家庭的需求(比如对收入、卫生条件的需求),学校就永远不可能实现真正的平等。

把科学作为政治行动来开展教学,不应该只存在于拥有专制政体或社会文化价值体系不同于其他工业化国家的国家。相反,我们相信,提倡全球自由市场的工业化国家也需要这种"危险"的教学,来促进实现社会公正。我们不能继续破坏环境资源,不能再把自己的问题出口到其他国家,不能把工业生产、香烟生产与消费、"现代化"唯利是图的食品制造转移到第三世界国家。但是,我们必须教会学生,让他们认识到我们的社会、政治与经济力量形成了我们所知和所在。当教学能够促进人们积极参与公民科学、参与实现社会正义,它就成了一种政治行为。

实现社会正义是危险的,因为它会同时挑战许多方面的问题。把科学作为推动变革的语境和工具,这能够拓展老师的空间(虽然与教育者及其学生的人生的更大格局相比,这些空间可能相当有限),让他们揭穿传统教学的本质,赋予学生不一样的世界观。

索　引

216n9,220n7/中～

poverty,197/贫困～

professional, 186,192/专业～

social, 10,129,186,187/社会～

working, 181,186/工作～

Claxton, Earl, 216n8/克拉克斯顿·厄尔

commitment, 84,213/承诺

democratic, 179/民主～

epistemological, 44/认识论的～

ideological, 19/意识形态的～

theoretical, 52/理论上的～

Community Day, 89,93 – 95,103,105/社
区开放日

community, political life of, 51,158,175/
社区,政治生活

competencies, 17,74/能力

complexity, 7,13,31,35,45,52,53,69,77,
78,80,84,93,116,129,158,183,184,209,
210/复杂性

computer, 12,85,97 – 98,137,140,153,
169,191,202/电脑

Connelly, Michael F., 220n5/康奈利·
麦克

consciousness, 216n2/意识,

critical, 109/批判性的～

social, 3/社会～

consultant, 13,27,38,62,71/咨询～

impartial,18/公平的～

independent, 37,56 – 57/独立的～

scientific,17,40,52,54,71/科学～

contamination, 42,43,64,175/有毒的

biological, 63/～生物

chemical, 23 – 24,36,54/～化学品

chromium, 38/～铬

decontamination, 79/净化～

metal, 38/～的铁

contradiction, 9,26,39,52 – 53,58,62,72,
73,114, 137 – 138,149 – 150,163,210,
215n3/矛盾

control, 5,9,46,77,102,130,153,158,163,
166,187,210/控制

birth, 176/～生产

collective, 158/集体～

decentered, 29 – 32/去中心～

group, 51,127,173/～集团

political, 210,213/政治～

social, 8/社会～

teachers', 9,93,137/教师的～

courtyard chats, 93 – 95,105/开放日

culture, culturally advanced, 137/文化,
文明

cultural assumption, 128/～消费

cultural capital, 81,188/文化资本

cultural conditions,109,113,116/文化
条件

cultural construct, 127/～文化培育

cultural context, 131,185/～文化背景

cultural deficit, 128/～文化缺失

cultural dimensions, 125/～文化维度

cultural diversity, 217/～文化多样性

译后记

在科学教育、科技传播、科学普及及其相关研究中,科学素养是一个重要的概念。"科学素养"的英文是"science literacy",也通常被翻译为"科学素质",简单来讲,它是指对科学技术所具备的基本知识和理解。在我国,对科学素养的关注较早始于 90 年代初,"科学素养"多用于科学教育、科学传播,而"科学素质"较多见于科普方面,但两者本质上是一致的。本文关于"science literacy"的论述更多是与科学教育密切相关,为便于理解和交流,参照国内习惯用法,将"science literacy"翻译为"科学素养"。

科学素养一直是国内讨论的热点。虽然对其理解众说纷纭,但对其重要作用基本形成共识。公民科学素养是科技创新的社会根基,提升公民科学素质有利于营造良好创新文化生态,对国家科技创新发展具有战略性、长期性和基础性的影响。2018 年 9 月 17—19 日召开的世界公众科学素质促进大会指出,"提升科学素质,关乎个人前途、国家命运,赋予人类应对风险挑战、共建繁荣世界的智慧与能力。"科学素养的基础性作用是如何发挥的? 尤其随着科技与社会融合的深入发展,受社会复杂因素的影响,科技的转化、应用带有不确定性,可能对社会产生不可控制的后果,使我们处在风险之中,而科学素养影响人们的判断和行为,其究竟扮演什么角色? 通过科学素养我们又能够做些什么？这使我们不得不重新认识或反思科学素养。有关科学素养方面的系统阐述国内较少，罗思和巴顿两位作者关于科学素养的全新观点，无意将使我们的思考变成现实。

科学素养是个体特征还是集体或社会群体的特征？"传统上，培养科学素养、认知和学习的方法是基于站不住脚的、个人主义（新自由主义）的思想体系之上的，并未考虑个人与社会、知识与权力，或科学、经济学、政治学之间的根本联系。"而罗思认为，科学素养并非是个体的而是群体的实践特性，它是日常生活中集体决策过程的一种方式，通过参与活动来获得。科学素养实际是一个社会建构过程，并未简化到任何一个独立个体身上，它在对话中产生，是群体实践的塑造与重塑。对科学素养反思必将引发我们对当前教育的重新思考。作者关于科学素养集体或群体实践特征的观点反映了教育的社会性，也使我们不忘初心，从社会角度认识教育及其目标。教育不仅关乎人的自身知识得增长，而是影响对人与人关系的塑造和利益分配，关乎社会的公平正义。"素养本身是一种社会建构形式，由广泛的社会实践、社会关系、价值观、目标和利益所塑造，并反过来反映上述因素。"科学服务于社会，科学教育让所有人而非少数人获取基本的必需品和资源。同时，科学教育的目标是让科学素养成为集体性质而非个体品质，科学、知识和学习存在于集体现象中，未来科学即是公众科学。

本书观点独特、新颖，而且自始至终作者通过以调查、访谈、案例，生动细致并深入分析了科学素养作为群体实践特征，其分析过程和实证方法希望能对我们以另一种视角认识和研究科学素养提供一些借鉴。

值此译稿付梓之际，衷心感谢中国科普研究所所长、研究员王康友给予的指导,感谢中国科普研究所对本书出版的支持。在翻译过程中,中国科普研究所研究员郑念、中国科学院大学教授李大光、华东师范大学教授黄时进帮助校订,中国科普研究所副研究员王丽慧博士做了大量组织工作,并对一些翻译提出很好的修改意见建议,中国科协青少中心李水奎欣然接受了邀请并承担了部分翻译校对工作,发挥其在英语方面的专业优势,在此一并表示感谢。

由于译者学识浅薄,水平有限,译文错误之处在所难免,恳请各位专家学者、广大读者批评指正,以便日后改进。

张　锋

2018 年 11 月于北京